프랑스 축제와
문화콘텐츠

프랑스 축제와 문화콘텐츠

발행일 1판 1쇄 2014년 12월 15일 2쇄 2017년 2월 28일 발행인 오덕성
지은이 김미연 · 이건수 · 노은희 · 한용희 · 정재훈
펴낸곳 궁미디어(충남대학교출판문화원) 주소 대전광역시 유성구 대학로 99
전화 042-821-6045 홈페이지 http://www.cnupress.co.kr E-mail cnupress@cnu.ac.kr

ISBN 978-89-7599-525-5 03920
정가 16,000원

프랑스 축제와 문화콘텐츠

김미연 · 이건수 · 노은희 · 한용희 · 정재훈

궁미디어 GUNGMEDIA

머리말

우리가 살고 있는 21세기는 문화가 국가발전의 토대이자 원동력이 되는 시대입니다. 문화융성이 국가의 어젠다로 등장하면서 문화가 지닌 다양성과 풍요성이 사회 모든 분야의 기본 역량으로까지 여겨지게 되었습니다. 이런 문화 활동의 핵심인 축제는 상상력과 창의성 그리고 감성을 길러내는 원천이며, 타인과의 소통과 신뢰, 나눔과 배려 등 공동체의 가치를 배우게 해주는 현장입니다. 또한 축제는 억눌린 인간의 영혼을 자유롭게 해 주는 장치입니다. 평소 억압되던 감정표현을 사회적으로 허용하는 기회가 활짝 펼쳐진 뒤 다시 일상으로 돌아갈 수 있게 해주기에, 축제는 복잡한 현대의 일상을 살아가는 우리에게 삶의 에너지를 재충전 해주는 행복한 시간인 것입니다. 무엇보다도 축제는 지역의 이미지를 홍보하며 지역경제를 활성화시키는 중요한 수단입니다. 예컨대 프랑스 동남부에 위치한 인구 3만여 명의 소도시 망통에서 개최되는 망통 레몬 축제를 보기 위해 주민의 10배에 해당하는 30여만 명이 매년 이곳을 방문합니다. 축제 덕분에 망통의 경제가 활성화된 것은 물론이고, 조그만 지방 도시의 이름은 전 세계에 알려지게 되었습니다.

프랑스는 세계 최고, 최다의 축제를 지닌 문화콘텐츠 강국입니다. 우리는 축제라는 그릇에 담겨있는 음악, 미술, 영화, 만화, 애니메이션, 스포츠, 산업, 역사, 민속, 종교, 스토리텔링 등을 통해 수많은 사람들이 함께 모여 공감하며 즐기고, 배우며 행복해 하는 프랑스 축제의 참모습을 화두로 문화소통을 시도하고 싶었습니다. 프랑스에서 열리는 다양한 축제들과 그 문화적 생산성을 살펴보고자 이 책은 모두 네 장으로 구성되어 있습니다. 제1장에서는 축제의 역사, 제2장에서는 축제와 지역, 제3장에서는 축제와 테마, 그리고 마지막 장에서는 축제와 문화콘텐츠를 다루었습니다.

1991년 국내 대학으로는 처음으로 〈프랑스 문화〉 교과목이 충남대학교 불어불문학과에서 개설되어 전국의 대학으로 퍼져나간 이후 20년 만에 〈프랑스 축제와 문화콘텐츠〉라는 문화관련 교과목이 새로이 개설되었습니다. 이 교과목이 학습자들을 통해 한국 축제문화의 눈부신 재도약에 조금이나마 이바지하기를 바래봅니다. 2012년 발간된 『나도 프랑스 문화와 통하고 싶다』의 연장선상에서 나온 『프랑스 축제와 문화콘텐츠』는 프랑스 문화와 관련된 강의의 심화과정인 셈입니다. 필자들인 충남대 불문과 교수진을 이끌고 모든 과정을 기획하고 추진하는 데 있어 온갖 일을 도맡아 하신 김미연 교수님의 헌신으로 이 책은 세상의 빛을 보게 되었습니다.

독자들 가운데 특히 젊은 청년들은 이 책이 실마리가 되어 자기만의 축제를 기획하기를 바랍니다. 언젠가 여건이 주어졌을 때 그것을 세상에 펼쳐 타인과 공유하며, 자신의 열정과 정체성과 행복한 경험을 나누는 계기가 되면 좋을 것입니다.

끝으로 충남대학교 출판문화원 그리고 자료수집에 도움을 주신 백석대학교 김춘식 교수님과 본 도서에 사진을 게재하도록 허락한 프랑스의 축제 관련 여러 기관에 감사를 드립니다.

2014년 12월

저자 일동

Chapter 01

축제의 역사

Chapter 02

축제와 지역

Chapter 03

축제와 테마

프랑스 축제와 문화콘텐츠

contents

BORDEAUX
FÊTE
LE VIN
EUROCKÉENNES
BELFORT 4 • 5 • 6 JUILLET 2014

Chapter 04

축제와 문화콘텐츠

프랑스 축제와 문화콘텐츠

contents

01
Chapter

축제의 역사

1. 축제의 정의
2. 축제의 기원과 역사
3. 축제의 기능

축제의 역사

1. 축제의 정의

축제는 인류 역사와 함께 공존하였다. 시대마다 그 개념을 정의하는 것은 인류가 기리려 한 것의 변천사를 기록하는 것이다. 그러나 큰 틀에서 간단하게 요약한다면, 축제는 무엇 혹은 누군가를 기념하기 위한 행사라고 말할 수 있다. 축제의 개념을 조금 더 폭넓게 알아보기 위해서 축제의 정의를 내렸던 여러 학자들의 견해를 알아보면 쉽게 이해할 수 있을 것이다.

우선, 괴테Goethe는 축제란 시민에게 주어지는 것이 아니고 시민 자신이 취하는 것이며, 단순한 휴식이 아니라 재생산을 위한 휴식으로서 일종의 종합 예술적인 인간 활동이라고 정의하였다. 이는 축제에서 공공성보다는 시민의 자발성과 예술성을 강조한 것이며, 축제를 양질의 노동과 생산을 위해서도 필요한 것으로 간주한 것이다.

프레데릭센Fredericksen은 축제란 개인이나 공동체에 특별한 의미 또는 결속력을 부여하는 사건이나 시기를 기념하는 행사라고 하였다. 그는 특히 과거의 축제를 따로 구분하면서, 과거의 축제를 공동체의 결속과 종교를 유지하기 위하여 서로 정보를 전달하고 상호 응집력을 제공하는 중요한 수단으로 보았다. 이는 축제가 지니고 있는 전반적인 성격에 기반하는 정의라고 말할 수 있다. 그러나 이러한 정의에는 축제의 유희적인 측면이나 놀이의 성격이 배제되어 있다.

로제 카이와Roger Caillois는 축제란 인간 생명의 내면에 잠복되어 있는 본능적이고 무궤도적인 요소가 스스로를 표현할 수 있도록 일시적으로 허용할 때 발생하는 현상이라고 하였다. 카이와의 이러한 정의는 평소에는 잘 드러나지 않는 인간의 내면적인 본능 속에 축제에서 나타나는 여러 현상들이 담겨 있다는 의미와 다르지 않다. 그에게 인간은 이미 축제적 인간인 것이다.

하비콕스Harvey Cox는 축제란 평소에 억압되고 간과되었던 감정표현이 일정기간 동안 사회적으로 허용된 기회로서 그 속에는 세 가지의 근본적인 요소가 존재하는 것으로 보았다. 그가 제시한 세 가지는 환락이나 환상의 추구, 축제를 통한 삶에 대한 긍정성, 일상으로부터의 탈출이다.

조셉 피퍼Josef Pieper는 축제란 환희와 긍정이 내재되어 있는 것이며, 다른 것이 아닌 환희와 긍정 자체를 목적으로 추구하는 활동이라고 생각하였다. 피퍼의 이러한 정의는 축제가 주는 기쁨과 긍정적인 측면을 강조한 것이다.

게츠Getz는 축제란 인류학이나 사회학적 관점에서 보면 종교 혹은 어떤 공동체와 밀접한 관련을 맺고 있으며, 개인적인 소비재라기보다는 특별한 목표를 위한 공적인 행사로 보았다. 게츠의 이러한 정의는 축제가 한 개인에 국한된 것이 아닌 공동체적인 산물임을 강조한 것이다. 이것은 공공성을 강조한 것으로서 괴테와 로제 카이와의 정의와 특히 대비된다.

이상과 같이 우리는 축제의 정의에 대한 여러 학자들의 견해를 살펴보았다. 이러한 여러 학자들이 제시한 축제의 정의는 예로부터 여러 축제들이 지녀온 특징에서 도출해낸 것임을 알 수 있다. 따라서 역사 속에 나타났던 수많은 축제들의 구체적인 양태들을 확인한다면 축제란 무엇인가에 대한 정의를 우리 스스로 내려 볼 수 있을 것이다.

2. 축제의 기원과 역사

축제의 기원과 역사적 변천과정에 대해 명료하게 밝힌다는 것은 매우 어려운 일이다. 이는 인류가 역사를 문자로 기록하기 이전에는 기록이 없어 이미 축제가 존재했으리라는 확신만 있을 뿐 확연하게 증명할 수 없고, 역사 기록이 이루어진 이후에도 축제의 모든 역사가 기록되지 않았기 때문이다. 예를 들어 선사시대 축제의 목적이 풍요와 다산을 빌면서 행복해지기를 원했으리라는 것은 동굴의 벽화나 선사유적지의 발굴물에서 추측할 수 있을 정도이다. 역사 기록이 시작된 이후, 고대의 축제는 카니발 유형을 띄고 있었다. 이 축제들을 보면 계절의 순환과 밀접한 관계가 있다. 오래 전의 축제들 중에 유독 겨울 축제들이 많다는 것은 인간들이 한 해의 수확에 대해 감사하면서 새롭게 다가오는 새해의 풍년과 다산을 기원했음을 짐작하게 한다.

1) 바빌로니아 축제

메소포타미아의 바빌로니아에서 기원전 2,000년 경에 한 해가 끝나고 새해가 시작되는 기간에 약 11일 동안 신년 축제를 벌였다는 기록이 있다. 바빌로니아 사람들은 이 기간을 천체와 우주가 정지하는 시간으로 믿었다. 그래서 그들은 이 기간 동안에 일상적인 질서를 뒤엎는 의식을 치루는 일종의 축제를 즐겼다. 그들은 축제 기간 동안에 '임시 왕국'을 만들고 '임시왕'을 뽑았으며, 이 왕은 권력의 상징이 아닌 조롱의 대상이 되었다. 신전에서 임시왕을 조롱하는 의식을 거행하였다. 그 왕은 사제에 의해 신전으로 끌려가서 앞으로 자신의 권력을 남용하지 않을 것을 서약하였다. 바빌로니아 사람들은 이러한 의식을 통해 사회가 정화된다고 믿었으며, 축제에서 행해지는 이러한 의식은 왕이 권력을 남용하는 것에 대해 일종의 사회적 견제 장치 역할을 한 것으로 보인다.

또한 바빌로니아에서 이와 유사한 또 다른 축제인 사세Sacées 축제가 7월경에 5일 동안 열렸다. 이 축제 역시 일상적인 삶과 신분을 바꾸는 유형을 띄었다. 즉 주인과 하인, 왕과 죄수들이 서로 신분을 바꾸고, 심지어 배우자까지 서로 바꿀 정도로 과감한 일탈과 전복이 있었다고 한다. 무엇보다 죄수가 왕으로 변신할 경우 그 죄수는 닷새 동안 왕이 되어 영화를 누려도 보지만 축제 마지막 날에 옷을 벗긴 채로 심한 구타와 매질을 당한 후에 교수형에 처해지기도 하였다. 이러한 사세 축제는 서로 다른 신분을 경험하는 뒤집기 기회가 마련되어 일상을 벗어나 즐기기도 하지만 모두에게 즐거운 것만은 아

▲ 바빌로니아

니었다. 죄수같이 희생자도 속출하였다.

바빌로니아 사람들은 이러한 전복적인 축제 속에서 일상에서 억눌린 감정들을 분출하고, 다른 신분의 처지를 이해할 뿐만 아니라 왕과 권력에 대한 은밀한 견제와 비꼼을 노골적으로 즐기면서 정신적인 정화의 기능을 축제에 담았던 것이다. 바빌로니아 축제의 이러한 경향은 유럽의 카니발 축제인 광인 축제에 전승된다.

2) 이집트 축제

고대 이집트에는 가장 중요한 신들인 오시리스와 이시스를 기리는 축제가 있었다. 우선 오시리스와 이시스 신화를 간단히 요약하여 보자. 오시리스와 이시스는 세트와 네프티스와 함께 어머니의 배 속에서 부부로 태어났다. 그들은 형제자매이다. 오시리스는 인간들에게 농사법을 알려 주었고, 인간들은 그 신들을 숭배하였다. 그런데 세트가 오시리스만 숭배되는 것을 시기하여 그를 죽여 관에 넣어 나일강으로 떠내려 보냈다. 이를 안 이시스가 나일강을 헤맨 끝에 관을 찾아낸 다음 아들 호루스를 보러 간 사이에 세트가 관을 발견하고 오시리스의 시체를 14조각으로 조각내 사방에 버렸다. 비탄에 잠긴 이시스는 남편의 시신을 찾아 나섰고, 결국은 생식기를 제외한 모든 조각을 찾아 맞추어 오시리스를 부활시켰다. 부활한 오시리스는 왕권은 아들에게 물려주고 저승에 가서 그곳을 통치하였다.

이집트에서는 오시리스가 이시스보다 훨씬 더 많이 숭배되었기 때문에 오시리스 축제가 성행하였다. 오시리스 축제는 오시리스 신이 거쳤던 운명의 과정을 상징적으로 재현하는 형태로 해마다 이집트 전역의 여러 도시에서 열렸다. 이 축제의 특징은 오리시스의 형상을 본떠서 오시리스 정원을 만들고 여러 종류의 식물들을 심는 것이었다. 이 정원에 씨를 뿌리고 나일 강의 물을 주었는데, 여기서 싹트는 씨앗은 오시리스의 신화에서 나오는 것처럼 죽음과 부활을 거친 오시리스의 강인한 생명력을 갖는다고 여겼던 것이다. 이러한 오시리스 축제는 이집트에서 가장 성대한 축제였다.

그러나 이시스 축제는 근원지인 이집트보다 그리스와 로마에서 훨씬 더 요란스럽고 성대하게 열렸다. 이시스는 고대 그리스에서 현세의 풍요와 다산, 내세에서 행복을 주는 신으로 숭배되었기 때문에, 초기에는 박해 받았지만, 점차 숭배자들이 늘었다. 이시스 신의 숭배는 동방의 상인들이 로마에 전파하여 로마의 속주로 퍼졌고, 후에 로마 황제까지 숭배의식에 참여하기도 하였다. 로마에서 이시스 축제는 봄과 가을에 열렸다. 5월 축제는 이시스가 나일 강을 항해한 것을 기념하기 위한 축제였고, 10월 말 가을 축제는 이시스가 남편 오시리스의 조각난 신체를 찾은 것을 기념하였다.

▲ 오시리스

3) 그리스 축제

디오니소스 축제는 고대 그리스에서 매우 성대한 축제였다. 디오니소스 축제는 겨울이 끝날 무렵에 봄이 오는 것을 환호하며 요란스런 가장행렬과 함께 들판에 나가 광란을 벌이며 즐기는 축제였다. 여기서 디오니소스 축제를 이해하기 위해 간략하게 디오니소스 신화에 대해 알아보자. 디오니소스 축제의 내용은 디오니소스 신화에 근거한 것으로 긴밀한 연관성이 있기 때문이다. 디오니소스 신화의 여러 판본에서 공통적으로 나타나는 내용은 디오니소스가 제우스의 아들로 이집트의 오시리스처럼 몸이 찢겨져 죽었다가 부활한다는 것이다. 부활한 디오니소스는 사람들에게 포도 농사를 가르쳐 준 것으로 알려져 있다. 디오니소스 축제에도 이시스 축제에서처럼 육신의 찢김과 재탄생의 모티브가 중요한 역할을 한다.

디오니소스 축제는 그리스 전역에서 열렸다. 축제가 열리는 지역이나 도시마다 축제의 내용이나 절차가 달랐다. 시골에서 이루어지는 축제는 다소 소박한 편이었으나, 요란한 축제행렬과 연극을 공연하는 축제, 술과 유흥을 동반한 난장판 축제들도 있었다. 그 중에서 아테네에서 열리는 디오니소스 축제는 연극축제 형태로 열렸으며, 그리스의 대부분의 유명한 비극들이 이 연극제에서 수상한 작품들이다. 디오니소스 축제는 초기에는 비교적 무질서하고 광란적인 분위기가 있었지만 점차 순화되어간 것으로 알려져 있다.

신화에서처럼 디오니소스는 인간에게 포도 농사법을 가르쳐 준 신이기 때문에 그를 숭배하는 축제 역시 포도주와 연관된 내용들이 담겨 있어 풍요를 비는 것과 함께, 쾌락적인 면, 광적인 면, 무질서한 면 그리고 난장판적인 면을 고루 담고 있다.

디오니소스 축제 중에 황소를 물어뜯고 날고기를 먹으며 숲 속을 배회하는 행사가 있었다. 이것은 디오니소스의 육체가 찢겨 죽는 신화의 내용을 재현한 것으로 해석할 수 있다. 이와 같이 광적인 측면이 있는 디오니소스 축제는 이성과 균형, 그리고 조화를 중시하는 그리스의 문화와는 상당히 거리가 있다. 아테네 사람들은 해마다 3월에 아크로폴리스 광장에 모여 디오니소스 축제를 벌렸는데, 음주와 가무를 즐기면서 바빌로니아의 사세 축제처럼 신분 바꾸기와 마스크로 변장한 가장행렬이 있는 축제를 즐겼다.

디오니소스 축제는 남성들보다도 여성들 사이에서 인기가 훨씬 높았고 그 세력이 더욱 확대되었다. 이 축제가 여성들을 탈선으로 이끈다는 생각이 남성들 사이에 팽배해지자 잠시나마 디오니소스 축제가 외면을 당하기도 하였다. 그러나 여성들의 디오니소스 숭배가 끊이지 않자 마침내 그리스에서 가장 중요한 축제로 떠오르면서 결국 국가적 행사로 공식화되었다.

▲ 디오니소스

광란적인 반면에 애도를 표출하는 디오니소스 축제의 이면에는 디오니소스의 죽음과 부활을 기리는 의식을 통해서 만물이 죽고 소생하는 계절적 변화가 나타내는 슬픔과 기쁨과 환희가 담겨져 있음을 의미한다. 디오니소스 축제는 후에 로마의 바쿠스 축제로 이어졌고, 나중에는 기독교 축제에 많은 흔적을 남겼다. 디오니소스 축제는 겨울이 끝나고 만물이 소생하는 봄이 오기 직전에 열렸다. 계절과 관련된 이러한 축제에는 죽음과 부활에 대한 인간들의 마음이 내재되어 있는 것이다.

4) 로마 축제

고대 로마에는 12월에서 3월 사이에 벌어지는 겨울 축제들이 있었다. 이 축제들은 로마시대 이전에 있었던 오시리스 축제, 이시스 축제, 디오니소스 축제와 같이 전반적으로 소란스럽고 무질서한 모습을 지녔었다.

로마의 겨울 축제들 중에 12월 17일에서 25일까지 열리며 로마인들에게 매우 인기 있는 사투르누스 숭배 축제가 있었다. 사투르누스는 어원이 파종을 의미하며 농경의 신이었다. 사투르누스를 숭배하는 축제가 인기가 있었던 것은, 그가 인간들이 상상하는 이상향의 시대인 황금시대를 다스린 농경의 신이었고, 가을의 수확이 끝나고 파종이 시작되기 이전의 한가한 시기에 축제가 열려서 축제를 즐기기에 부담이 없었기 때문이었다. 축제 기간 동안에 축제 이외의 모든 것이 일시 정지되어 관공서도 문을 닫고 심지어 사형집행이나 전쟁도 중단될 정도로 전 국민이 이 축제에 참여하였다. 바빌로니아의 축제처럼 사투르누스 축제에도 신분을 뒤집는 의식이 있었기 때문에 주인과 하인이 신분을 서로 바꾸어 변장하고, 하인이 주인의 흉내를 내며 주인을 조롱하는 관행이 있었다. 이것이 끝나면 모두가 차별 없이 먹고 마시며 즐기는 대향연이 이어졌다.

이 밖에 12월 25일에 페르시아의 태양신인 미트라를 숭배하는 축제가 있었다. 로마제국 말기에 가장 인기가 높았고 성대한 축제로 알려져 있다. 축제의 가장 중요한 부분은 황소를 제물로 바치는 행사였다. 또한 세례와 빵으로 신의 현시를 의미하는 의식도 있었다. 이는 기독교 의례로 이어졌다. 그리고 12월에는 오늘날의 성탄절과 유사하게 집을 식물들로 장식하고 아이들에게 선물도 주는 어린이 축제도 있었다.

2월에도 케레스를 숭배하는 중요한 축제가 있었다. 케레스는 농업과 문화의 여신이면서 지옥의 신 플루톤에게 잡혀간 프로세르피나를 구하러 횃불을 들고 지옥에 내려간 신이다. 행렬을 지어 횃불을 들고 들판을 가로지르는 행사는 케레스가 횃불을 들고 지옥으로 갔던 것을 기리는 한편 다산과 풍요를 기원하려는 의도가 내포된 것이다.

2월 중순쯤에는 목신제가 있었다. 목신제에서 양의 무리를 보호하는 목신의 사제들을 주로 귀족의 자제들 중에서 선발하였다. 이 사제들은 동굴에서 의식을 치른 다음 사방으로 내달리면서 보이는 사람이 누구든 가죽 끈으로 후려쳤는데, 특히 여성들이 공격의 대상이었지만 여성들은 이를 피하지 않았다고 한다. 그것은 이 매질이 임신과 출산을 도와준다고 믿었기 때문이었고 한다. 결국은 이 축제 역시 다산과 풍요를 기원하였음을 알 수 있다. 이러한 여성에 대한 매질은 중세의 카니발 축제에서도 나타난다.

▲ 사투르누스

5) 중세 축제

로마의 겨울 축제는 중세기에 들어 기독교화되었다. 유일신을 믿는 종교인 기독교는 이교도적인 요소들에 배타적이었다. 따라서 이교도의 신을 숭배하는 의식인 로마의 축제들에 대해서도 배타적이었다. 특히 마스크를 쓰고 가장행렬을 하는 유형의 축제에 대한 거부감이 심했다. 당시 신학자들은 마스크를 쓰는 행위를 신의 모습을 본떠 인간을 창조한 신에 대한 모독으로 간주하였다. 따라서 로마의 겨울 축제에 대해 특히 배척이 심했다. 그러나 로마 사람들은 이러한 축제적 양태를 근절시키는 것이 매우 어렵다는 것을 인식하면서 유연하게 대처하게 되었다. 근절이 어려웠던 이유는 이러한 축제가 이교적인 축제이기에 앞서 축제를 통해 계절의 순환과 풍요를 기원하는 계절 축제였기 때문이다. 농민들은 필연적으로 계절에 따라 농사의 풍요를 비는 삶을 살 수 밖에 없는 운명인 것이다. 이러한 연유로 교회는 이교적인 축제들을 기독교화하기로 하고, 이 축제들에 기독교적이고 신학적인 의미를 부여하였다. 따라서 축제의 주인공들은 예수나 성경의 인물들로 대체되었다. 가장 대표적인 것은 사투르누스 숭배와 미트라 숭배가 4세기경에 기독교의 성탄절로 바뀐 것이다. 미트라는 태양의 신이며 예수는 기독교인에게 세상의 빛이기에 이미지가 일치했던 것이다. 그리고 성탄절인 12월 25일이 실제 예수의 탄생일인지는 불분명하나, 동지가 지나며 점차 낮이 길어지면서 빛이 많아지기에 기독교가 세상의 빛으로 일컫는 예수와 연관성도 있었다. 성탄절과 함께 신년 축제도 정립되어 성탄절부터 예수 공현절인 1월 6일까지의 12일제가 확립되었다. 이외에도 이교도들의 많은 축제들이 기독교화되어 갔다.

카니발 축제는 중세에까지 이어져 내려오면서 11월부터 2월 초까지 열렸다. 이 기간은 농한기와도 일치하며 한 해를 보내고 새해를 맞이하면서 신년 축제답게 풍요와 다산을 기원하는 유형을 그대로 유지했다. 그리고 바빌로니아의 축제에서 보았던 뒤집기 의식이 특히 전승되었다. 가톨릭 교회에서 12월과 1월 중에 중요한 축일들이 많이 있다. 이 기간에 교회에서는 고위 성직자, 하위 성직자, 복사들이 참여하는 특이한 축제가 벌어졌다. 하위 성직자들이 '임시 교황'과 '임시 주교'를 뽑아 미사를 오락화하며 즐겼다. 이른바 광인 축제가 그것이다. 초기에 광인 축제는 교회의 예식과 규칙을 준수하는 정상적인 형태로 나타났다. 그래서 처음에 사람들은 이 축제를 광인 축제라 부르지 않고 어린아이들의 축제, 죄 없는 아기 순교자들을 기리는 축제, 당나귀 축제로 구분하여 불렀다. 당나귀 축제는 외양간에서 밤새워 아기 예수를 입김으로 따뜻하게 해주고 성모마리아가 이집트로 탈출할 때, 그리고 예수가 예루살렘에 입성할 때 태워준 당나귀를 기리기 위한 것으로 미사에 등장하였다. 그러다가 이 축제들이 점차 서로 섞이면서 유사하게 소란스럽고 야단스러운 가장행렬로 변모되어 후에 광인 축제로 불렸다. 이 기간의 축제들이 유사해지는 이유는 12월 25일이 아기 예수의 탄생일이고 12월 28일은 헤롯 왕에게 살해당한 죄 없는 아기 순교자들을 기리는 날이며, 12월 26일은 성 에티

엔 축일로 교회의 하위 신분인 부제들의 날이어서, 약자 또는 아이들의 축제라는 공통점이 있었기 때문이다. 이 축제들은 점차 사회적 약자, 불구자, 하층민 등을 위한 축제로 확대되었고 서로 비슷해지면서 광인 축제가 되었다.

광인 축제는 중세 때 유럽에 널리 퍼졌다. 프랑스 북부 지역과 인근 유럽 지역에서 특히 발달하였다. 성당과 수도원 주변에는 아이들, 학생들, 복사들, 성직자들이 북적대었고, 12월과 1월 중에 아이들이 교황이나 주교 등 고위 성직자와 미사를 패러디하면서 놀고 즐기도록 허용하면서 광인 축제가 시작되었다. 이 축제는 교회의 묵인 하에 점점 더 확산되어 많은 교회에서 경쟁적으로 행해졌다. 해학이 가득한 광인 축제의 중요한 특징은 약자들이 강자들을 비판하고 풍자하며 조롱할 수 있도록 허락하여 약자들이 일상을 뒤집어 볼 수 있는 기회를 주었다. 그러나 광인 축제는 그 정도가 점점 심해져, 광인교황, 광인주교들을 뽑아서 조롱거리로 만드는 형태로 진행되어 심각한 수준에 이르렀다. 게다가 축제가 교회에서 의식을 끝낸 후에 거리로 나

▲ 광인축제-1

가게 되면 더욱 소란스럽고 상스러우며 광란적인 행렬로 이어졌다. 이 축제가 교회의 권위를 무너뜨리는 정도가 심해지자 교회는 광인 축제를 사악하고 악마적이라고 비난하면서 규제하기 시작하였다. 이러한 통제로 인해 이 축제는 15세기에 상당히 약화되었지만 그럼에도 16세기까지 계속되었다. 17세기에 성경에 엄격한 종교 개혁자들은 광인 축제를 더욱 억압하였고, 17세기 이후에 국가적 차원에서 규제가 가해졌다. 이러한 과정을 거치면서 광인 축제는 소멸되어 갔다. 18세기 계몽주의 시대에는 세속적 카니발 축제에 대하여 몽테스키외, 볼테르, 루소 등의 비판이 이어졌다. 축제에 대해 특히 관심이 많았던 루소는 소란스럽고 스펙터클한 축제보다는 평화롭고 조용한 축제를 선호하였다.

광인 축제가 교회 안에서 쇠퇴하는 과정을 거쳤지만, 14세기 이래로 광인 축제가 모태가 된 축제들이 종교적인 외피를 벗어 던지면서 도시와 거리, 그리고 광장에서 더욱 난장스럽고 기괴하며 엽기적인 형태로까지 부활하였

▲ 광인축제-2

다. 이렇게 변질된 광인 축제 외에도 프랑스의 도시와 농촌 전역에 카니발이 많이 남아 있었다. 그러나 축제들이 거의 모두 소란스럽고 심지어 광란적이기까지 하였기 때문에 비판의 대상이 되었고, 국가적인 규제가 심해졌다.

중세의 교회는 기도와 미사를 위한 장소이기도 하였지만, 놀이와 연극 그리고 유희가 벌어지는 곳이었다. 교회는 차츰 축제의 공간으로 되어 가고, 모든 성인 대축일에는 묘지가 중요한 축제의 공간이 되었다. 축제 공간은 12세기에 이르러 점차로 광장, 시청, 시장 등으로 넓혀갔다. 이러한 과정을 거치면서 중세기에서 이어진 광란적인 축제들이 점차 순화되어 갔지만, 조상들이 즐겼던 축제의 전통은 아직도 프랑스 안에서 계승되고 있다.

3. 축제의 기능

축제가 인류사에 처음 나타날 때의 기능이 무엇인지 명확히 밝혀내는 것은 쉬운 일이 아닐 것이다. 그러나 인류 역사 이래 존재했던 축제들을 살펴보면서 그 기능들을 도출해보자. 역사가 문자로 기록되면서 벌어졌던 초기의 카니발 형식의 축제들은 대부분 인간이 믿는 신들에 대한 숭배의식의 형태로 나타났다. 그러나 신에 대한 이 숭배의식은 한 신에 대한 단순한 숭배에 그치지 않았다. 인간들이 믿는 신들은 많았지만, 모든 신들이 동일하게 숭배되는 것이 아니었고, 신들에 대한 인기도의 차이가 있었다. 이것은 인간들이 숭배하려는 신들을 선택하였다는 것이고, 인간들이 의식적이든 무의식적이든 자신의 염원을 신의 정체성과 동일시하려는 욕망의 표현이었을 것이다.

고대 카니발 축제에서 사람들에게 인기가 있었던 신들은 주로 당시 인간들의 삶과 밀접한 관계가 있는 신들이었다. 오늘날의 사람들과 마찬가지로, 태고적 인간들에게 가장 중요한 것은 잘 먹고 잘 사는 것이었다. 당시에 풍요를 대변하는 가장 근본적인 것은 농업이었다. 따라서 그들에게 인기 있고,

그들이 선호한 신은 농사와 관련된 신이었다. 이집트의 오시리스, 그리스의 디오니소스, 로마의 사투르누스 등 이런 신들은 당시의 사람들에게 매우 인기가 높았고 모두가 농경신이거나 농사와 관련된 신들이다. 그리고 신화에 의하면 이 신들은 엄청난 모험이나 역경을 거쳤고 온몸이 찢긴 후에 부활하는 신들이었다. 따라서 고대 축제들은, 신들을 숭배하는 의식을 치르면서 신들이 겪었던 모험이나 역경, 극복을 재현하고 그것을 체험하게 하는 기회를 제공하였다. 축제는 이러한 체험을 통하여 사람들이 삶의 고단함에 대해 위로를 받고 고난 후의 행복한 삶을 기원하고 믿는 기능을 수행하였다.

농경신들이 보여준 죽음과 부활의 순환은 계절의 그것과도 밀접한 관련이 있다. 만물이 겨울이 되면 죽고, 이어 봄이 되면 소생하는 일련의 과정이 신들의 삶과 유사하였던 것이다. 그러므로 사람들은 신들의 삶을 기리는 축제에 참여함으로써 자연의 순환을 통한 다산과 농사의 풍요를 비는 기원을 축제에서 하였던 것이다. 이렇듯 당시의 축제는 농사와 관계가 밀접했다. 인기 있는 축제들은 농사가 끝난 농한기에 열렸고, 사람들은 노동에 대한 부담이 없이 축제에 적극적으로 참여할 수 있었다. 따라서 축제는 노동으로부터 벗어날 수 있는 쉼의 기능을 제공해주었다.

고대 카니발 축제들의 양태를 보면, 앞서 살펴본 바와 같이, 신분을 서로 바꾸어 역할 뒤집기의 행사들이 많았음을 볼 수 있다. 이는 서로 다른 신분과 처지에 대한 상호이해의 기능을 담고 있다. 임시 왕을 뽑아 왕을 조롱하고 모욕하는 바빌로니아의 축제, 그리고 임시 교황이나 임시 주교를 뽑아 희화화하는 중세의 광인 축제에는 권력에 대한 비판적 기능이 있었다. 중세 사람들은 이러한 광인 축제를 통해 사회나 권력을 조롱함으로써 권력 남용을 미연에 방지하고 동시에 정신적 정화를 꾀하는 정치적 기능을 한 경우도 있다.

대부분의 축제에는 일상적인 삶과는 전혀 다른 소란, 떠들썩함, 장난, 상스러움, 그리고 심지어는 광란적인 행위가 관행으로 있었다. 이런 관행에서 인간은 일상과 현실에서 탈출할 수 있었다. 따라서 축제에는 무엇보다 홍과 재미를 돋우는 놀이의 기능을 간과할 수 없다.

결론적으로 말해서 고대부터 현재까지 이어오는 카니발 형태의 축제가 보여준 공통적이며 중요한 기능은 사람들에게 풍요와 다산의 기원뿐만 아니라, 노동, 일상, 신분, 권력 등이 주는 속박에서 벗어나 삶의 중압감으로부터 잠시나마 해방을 만끽하게 해준다는 것이다. 그러므로 무엇보다 축제는 지역 공동체가 합의하여 만든 산물이기 때문에, 공동체 내에서 1년 동안 축적되었을 여러 갈등들을 해소하는 기회를 제공하여 공동체 간의 화합과 일체감을 조성하는 기능을 지니고 있다. 그러나 오늘날 고도의 산업사회에서 축제는 종래의 축제 기능을 넘어, 경제 산업적 기능, 관광 기능, 문화교류 기능 등이 주류를 이룸으로써 그 지역사회의 구성원들에게 기회의 장을 제공하고 있다.

02
Chapter

축제와 지역

1. 축제와 지자체
2. 지역 축제와 관광 산업
3. 민족성과 전통성의 대표 축제들

Chapter **02** 프랑스 축제와 문화콘텐츠

축제와 지역

1. 축제와 지자체

각 나라 간의 문화교류가 더욱더 활기를 띠는 세계화 시대에 자국문화의 전통이 희미해지거나 서서히 소멸되는 나라가 생기는 반면, 자신들의 전통과 문화를 꾸준히 지키고 보존하여 자국문화의 고유성과 정체성을 더욱 공고히 하는 나라가 있다. 프랑스는 후자의 대표적인 나라이다. 특히 프랑스의 각 지방에서는 다른 지역과 차별화된 그 지역의 문화적 정체성을 형성하기 위하여 지역성과 역사성을 담은 자신들만의 독특한 문화를 보존하는 일에 앞장서 왔다.

제2차 세계대전 이후 프랑스는 경기침체로 인한 지역 활성화 방안으로 지역축제의 발전에 힘써 왔고, 지역축제는 지역발전과 상호불가분의 관계에 놓이게 되었다. 수많은 프랑스의 지역축제들이 지속적으로 유지되고 발전해 나가면서 지역의 정체성을 형성하는 배경에는 중앙에 집중된 권력을 지방으로 분산시킨 지방자치제도와 국가적 차원의 문화정책이 있다. 오랫동안 제한된 자치분권은 1982년 3월 2일의 지방자치법(Commune, Département, Région의 권리와 자유에 관한 법) 이후 확대되어 자치단체는 자율적인 의사결정권을 행사하고 지방문화를 장려하는 정책들을 많이 세운다. 프랑스의 지방행정구역은 가장 큰 단위인 레지옹(주, Région) 26개(본토 21, 코르시카섬, 해외영토4), 중간 단계인 데파르트망(도, Département) 100개(본토96, 해외영토4), 가장 작은 단위인 코뮌(시, Commune) 36,779개(본토 36,564, 해외영토 196, 특별자치단체 19)의 3계층으로 나누어진다. 코뮌은 사실상 주민과 가장 밀접한 관계를 지니는 기초 자치단체로서 프랑스 지방자치의 토대를 이루며, 풀뿌리 민주주의를 실행하는 기반이다. 프랑스 중앙정부는 정부를 대표하는 지사(Préfet)를 레지옹 및 데파르트망에 파견하고, 재정지원 및 법규제정(지방자치관계법 등)을 통해 지방자치 행정의 적법성 감독을 한다. 자치단체는 각자 책임영역 내에서 완전한 자율권을 행사하며, 자치단체 상호간의 지도 · 감독관계는 존재하지 않는다. 프랑스의 지방행정은 대표민주주의의 원칙에 의하여 자치단체에 관한 사항은 오로지 지방의회의 결정에 위임되도록 규정하고 있다. 주민은 자치단체의 사무에 대하여 알 권리를 갖고 있으며, 당해 주민과 관련된 결정사항에 대해서 주민의견을 발할 수 있다. 그러나 정책결정과정에서 주민의 직접적인 참가 수단을 보장하고 있는 것은 아니다.

1959년 드골 대통령은 프랑스에 최초로 문화부를 창설한다. 1959년 7월 24일에 발표된 법령에 의하면 "프랑스 문화부는 최대 다수의 프랑스인들이 주요한 세계문화유산을 접할 수 있도록 하고, 각종 문화유산에 대한 최대한의 관중을 확보하며, 문화유산을 풍부하게 할 예술작품 창작을 지원한다."고 밝히고 있다. 제2차 세계대전 이후 20세기 프랑스 문화정책의 대표적인 성공사례는 프랑스의 두 전직 문화부 장관에게서 찾아 볼 수 있다. 공화주의자를 드골 정부에서 약 10여 년간 초대 문화부 장관을 역임한 소설가 앙드레 말로(André Malraux, 재임1959년~1969년)와 사회주의 미테랑 대통령 시대의 자크 랑 문화공보부 장관(Jack Lang, 재임1981~1986, 1988~1993)에 의해 프랑스의 문화정책은 크게 발전하기 시작한다. 앙드레 말로는 전쟁의 흔적이 남아있는 문화유산을 제대로 관리하고 보호하는데 힘을 쏟는다. 그리고 그는 8개의 '문화의 집'을 설립하여 문화의 지방 분산화 정책과 문화 민주화 정책을 펼치고, 예술가들의 창작활동에 대한 지원을 강화한다.

자크 랑은 앙드레 말로의 문화 민주화 정책과 지방 분산화 정책을 계승하면서 그동안 소외되어 왔던 영역들인 영화, 만화, 서커스, 요리, 패션, 록, 낙서 등을 문화로 영입하여 문화의 대중화를 도모한다. 1982년에는 음악축제를 주관하고, 문화와 경제를 접목하여 프랑스 문화정책의 산업화 기조를 마련한다.

1977년에는 프랑스 지방 분산화 정책의 일환으로 지역문화사무소DRAC directions régionales des affaires culturelles가 설립된다. DRAC은 1980년대부터 점차 활성화되어 중앙정부와 지방을 연결하는 문화적 가교 역할을 하고 있다. 특히 자크 랑은 문화권력의 지방 분권화 정책을 시행하여 지역별 문화잠재력을 이끌어 내는데 힘을 쏟는다. 그는 파리를 제외한 프랑스 전역을 7개 지역으로 나누어 문화부 산하의 지역문화사무소DRAC와 긴밀한 소통체계를 구축하였다. 프랑스 문화부는 이 7개 지역에 최대한의 자율권을 주고 지역문화 전문가들의 의견을 적극적으로 반영한다. 그리고 예산은 중앙에서 가지지만 지역문화사무소의 예산집행권을 인정한다. 이를 통해 지역별 도시별로 특색있는 문화가 자리잡기 시작하고 문화의 민주화가 실행된다. 10여 년간의 자크 랑의 재임 기간 동안 문화부의 예산이 점차 증가되어 프랑스 역사상 처음으로 문화부 예산이 국가 전체 예산의 1%를 차지하면서 문화부는 현대사회에 적합한 정책을 국가차원에서 시행하게 된다. 아비뇽에는 국제공연예술 페스티벌이 생기고, 아를르에는 사진 센터가 설립된다. 디종에는 '르 콩소르티움Le Consortium'이라는 현대미술 지원기관이 생겨나 신진 작가를 발굴하고, 1984년에는 록음악 전용콘서트홀 '르 제니트Le Zenith'가 개관한다. 1985년에는 프랑수아 미테랑 대통령이 앙굴렘 국제만화 페스티벌에 직접 참가한 뒤 국립만화연구소를 창설한다.

미테랑 대통령 마지막 재임기의 문화부 장관은 자크 투봉(Jacques Toubon, 재임 1993~1995)이다. 그는 파리와 지방 간의 문화적 격차를 줄이고 지역 간의 균형을 이루는데 역점을 두었다. 1995년 당선된 자크 시락 대통령은 필립 두스트 블라지(Philippe Douste-Blazy, 재임1995~1997)를 문화부 장관에 지명하였고, 이 시기는 지방단체의 자발적 주도가 중요시되었으므로 그는 문화부와 지방자치단체들과의 협력에 중점을 주었다. 현재의 지방자치단체는 축제의 예산지원 요청 등 문화영역에 관한 권한을 자주적으로 가지며, 프랑스의 문화정치 지형도에 빼놓을 수 없는 중요한 위치를 차지하고 있다. 프랑스 문화부는 국민의 문화생활에 있어 지방정부와의 긴밀한 협력을 바탕으로 자유시장 경제체제로부터 자국의 문화를 보호하려는 국가의 적극적인 의지를 표명하여 영미문화권과는 확연히 다른 모습을 보여주고 있다.

지역축제에 대한 국가별 재정지원 정책을 살펴보면 영국, 미국, 캐나다와 일본이 재정지원이 거의 없거나 10% 미만이고, 오스트리아의 잘츠부르크 음악제의 경우는 26.5%를 국가와 지방자치단체에서 지원한다. 반면 프랑스는 약 50% 이상을 정부에서 지원한다. 아비뇽 페스티벌의 경우 예산의 55%를 국가 및 자치단체가 부담하고, 니스 재즈축제의 경우에는 예산의 60%가량을 니스시가 지원한다. 그리고 프랑스 문화부의 예산은 꾸준히 증가하여 2009년 29.4억 유로에서 2012년에는 41.4억 유로로 늘어났다.

프랑스는 문화, 예술 활동에 대한 국민의 참여 확대를 위해 각종 지원정책을 펴고 있으며, 유네스코 '문화다양성' 협약을 주도하였고, 1993년 GATT 협상에서 '문화적 예외'를 인정해 줄 것을 주장하여 EU회원국들로부터 문화부분의 재화와 서비스는 특별히 취급되어야 하며 각국의 문화보호정책은 유지되어야 한다는 놀라운 결과를 얻는다. 따라서 프랑스식 국가주도형 문화정책의 으뜸가치는 문화 다양성의 존중과 문화의 광범위한 민주화와 지방화의 실행이다. 이러한 문화정책은 지역의 특성화 작업과 경제 활성화를 위해 만들어진 지역 축제들의 발전을 거듭하게 하였고 결국은 지역발전에 경제적으로 큰 도움이 되었다.

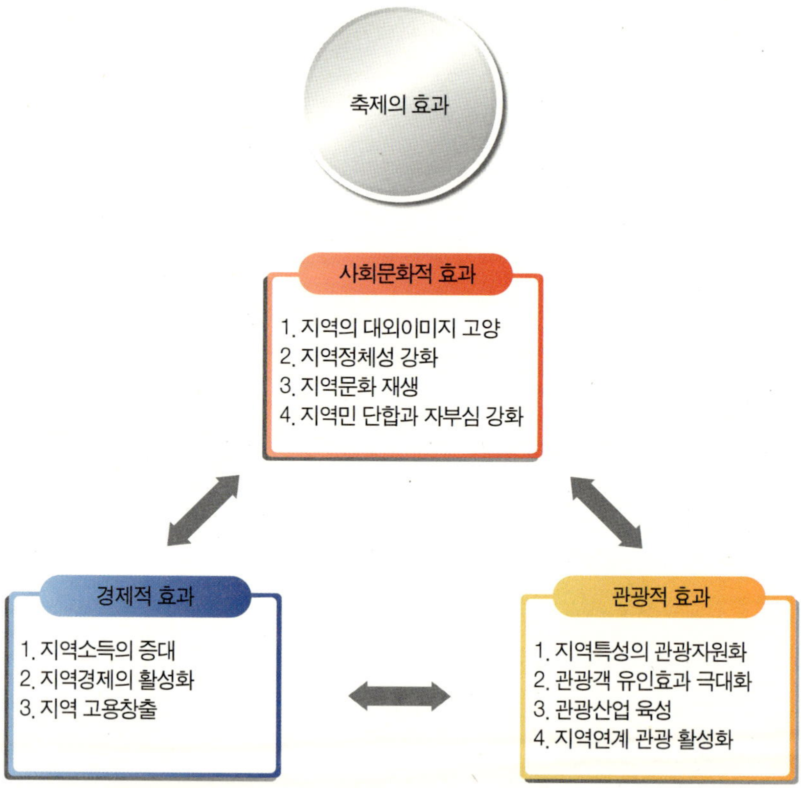

프랑스의 월별 주요한 축제들을 살펴보자.

- 1월 : 앙굴렘 국제 만화 축제Festival international de la bande dessinée d'Angoulême
- 2월 : 샬롱-쉬르-손느 카니발Carnaval de Chalon-sur-Saôn
  클레르몽페랑 국제 단편 영화제Festival International du Court Metrage de Clermont-Ferrand
  니스 카니발Carnaval de Nice
- 3월 : 도빌 아시아 영화제Festival du film asiatique de Deauville
- 4월 : 해양 사진 페스티벌Festival Photo de Mer
- 5월 : 샤르트르Chartres를 향한 학생들의 순례
  오를레앙Orléans과 루앙Rouen의 잔 다르크 축제
  옹플뢰르Honfleur의 수부들의 축제Fête des marins
  칸 영화제Festival de Cannes
  샤랑트 연극 축제Festival Théâtre en Fête
  F1 모나코 그랑프리Grand Prix F1 Monaco
- 6월 : 라 로셸La Rochelle의 세계 요트 축제
  배우들의 봄Printemps des Comédiens
  음악 축제Fête de la musique
  안시 국제 애니메이션 영화제Festival international du film d'animation d'Annecy
  르망 24시간 레이스24Heures du Mans
  노르망디 인상주의 축제Festival Normandie Impressionniste
  프랑스 오픈 테니스 선수권대회Internationaux de France de tennis
- 7월 : 두아이Douai의 거인들의 행진
  프랑코폴리Francofolies
  본 바로크 오페라 축제Festival international d'Opéra baroque de Beaune
  니스 재즈 페스티벌Nice Jazz festival
  오랑쥬 합창제Festival des Chorégies d'Orange
  아를 국제 사진 축제Rencontres d'Arles photographie
  투르 드 프랑스Tour de France
  아비뇽 페스티벌Festival d'Avignon

▲ 두 아이의 거인들의 행진

- 8월 : 퓌 뒤 푸Puy du Fou 테마파크에서 프랑스 대혁명 관련
  빛과 소리의 축제Spectacles Son et Lumière
  바이욘느Bayonne 및 포마레즈Pomarez의 랑드 지방 소 경주 축제
  몽퇴Monteux의 불꽃놀이 축제
  페르피냥 국제포토저널리즘 페스티벌Festival international du photojournalisme de Perpignan
- 9월 : 몽 생 미셸Mont-Saint-Michel의 성 미카엘 대천사 축제
  오리악 축제Festival International de Théâtre de Rue et des Arts de la rue
  세계 인형극 페스티벌Festival mondial des théâtre de marionnettes
  브장송 국제 음악 페스티벌Festival international de musique de Besançon
  국제 자연 사진 페스티벌Festival international de photo anmalière et nature
- 10월 : 살롱 도톤Salon d'automne
- 11월 : 본Beaune의 오스피스Hospices 포도주 경매 축제

1차 세계 대전 격전지로 유명한 베르뎅Verdun에서 기념 행사
• 12월 : 레 보 드 프로방스Les Baux-de-Provence의 목동 축제

그 밖에 발 드 르와르Val de Loire 지방의 블르와Blois, 샹보르Chambord, 슈농소Chenonceau, 슈베르니Cheverny 등의 성들에서 주로 여름밤에 열리는 〈빛과 소리의 축제〉가 유명하다.

2. 지역 축제와 관광 산업

▲ 프랑스 관광안내사무소 로고

프랑스 축제의 대부분은 지역을 배경으로 하는 축제들로서, 해당 지역의 문화 전통과 지리적 특성을 반영하고 있다. 성공한 축제는 지방재정의 수입 증가라는 직접적인 경제 효과는 물론, 자연스레 그 지역을 홍보하게 되어 다시금 수많은 관광객을 유치할 수 있는 선순환 구조를 만들어내 지역 발전을 견인한다. 프랑스 국가 경제의 핵심요소인 관광산업은 방문객 수로는 세계 제일을 자부하며, 수입 면에서는 2011년 기준 545억 유로로 미국과 스페인에 이어 세계 3위를 기록했다. 프랑스 관광업에는 100만 개의 일자리가 있으며 27만 개의 기업이 활동하고 있다. 프랑스가 자랑하는 관광자원에는 풍부한 역사유적, 박물관들, 자연경관뿐만 아니라 다양한 주제의 셀 수 없는 축제들이 자리 잡고 있다.

프랑스의 다양한 축제들을 테마별로 살펴보면, 첫 번째는 고대로부터의 전통적 의미의 축제라 할 수 있는 가톨릭 신앙의 종교 축제, 두 번째는 영화,

▲ 국제 농업 박람회에 참석한 올랑드 프랑스 대통령

연극, 음악, 무용, 미술, 사진 등의 문화 예술 축제, 세 번째는 신제품과 첨단 기술을 모아 전시하는 컨벤션 성격의 산업 축제, 네 번째는 세계의 이목을 경기 현장으로 끌어들이는 스포츠 축제 등으로 분류할 수 있다. 첫 번째의 종교 축제를 제외한다면, 그 외의 현대적 성격의 축제들은 지역의 역사성이나 문화 전통과는 무관하게 만들어져 운영되고 있다. 이렇듯 인위적으로 기획된 축제들이 지역개발은 물론 공연과 전시를 통해 어떻게 문화의 새로운 장을 펼치며, 지역의 고유성을 창출해 가는가 하는 성공 예들은 다음 장 "축제와 테마"에서 상세히 다룰 것이다.

그러므로 이 장에서는 지역적 정체성을 강하게 드러내며, 자발적인 주민 참여로 향토성이 두드러지는 프랑스 내 소수민족들의 축제를 살펴본다. 대표적인 소수민족들의 축제로 스페인과 국경을 이루는 피레네 산맥 비탈에 거주하며 빨간 허리띠와 베레모로 유명한 바스크 민족의 〈베이욘 축제〉와 아일랜드, 스코틀랜드, 웨일즈, 브르타뉴에 언어와 풍습이 남아 있는 민족

▲ 프랑스 관광의 대표적 명물 에펠탑의 야경

축제인 〈로리앙 범(汎)켈트민족 축제〉가 있다. 프랑스 브르타뉴 지방에서 사용되는 브르통어는 5~6세기에 켈트족이 브리튼 섬에서 가져온 것이다. 또 이탈리아와 국경을 접하고 있으며 로마의 속주였던 프로방스 지방의 특산 전통공예품 〈상통인형시장〉을 둘러본다. 이들은 하나같이 민족의 정체성이나 지역 고유의 전통문화를 복원, 계승하려는 노력을 축제의 형태로 표출한 것이다. 그리고 중고품, 고물, 골동품이라는 특이한 아이템을 정해 차별화를 꾀하고, 그 역사적 유래와 정신적 가치를 중세에서 찾은 〈릴 고물시장〉은 방문객들에게 구매행위라는 능동적 체험을 제공하는 지역 축제이다.

▲ 페리그(Périgueux)시의 미모스(Mimos) 축제

▲ 리옹 빛의 축제

3. 민족성과 전통성의 대표 축제들

1) 베이욘 축제Fêtes de Bayonne

▲ 베이욘 축제 로고

▲ 2014년 베이욘 축제 포스터

피레네 산맥 기슭에 위치하는 스페인 국경 인근의 도시 베이욘에서는 1932년부터 해마다 7월말에서 8월초에 민속축제가 열린다. 수요일에 시작하여 일요일까지 5일간 진행되는 5일장 형식의 이 행사는 2004년에 154만 명의 방문객이 운집하는 등 프랑스의 대표적인 축제가 되었다. 바스크 지역 전통을 간직한 베이욘이 프랑스투우도시연합에 가입되어 있기에, 축제 기간 중에 투우경기가 두 번 열리고 송아지 몰이도 있다. 플로트pelote라는 바스크 전래 공놀이대회와 전통음악회, 지역노점상들의 장터가 열리고 화려한 불꽃놀이가 밤하늘을 수놓는다.

〈베이욘 축제〉를 이끄는 것은 레옹 왕Roi Léon의 인형으로, 그가 시청 발코니에서 초청 유명인사들과 함께 도시의 열쇠를 군중들에게 던지는 것으로 축제가 시작된다. 레옹 왕은 만화가 장 뒤베르디에Jean Duverdier가 기행으로 이름을 날렸던 레옹 다샤리Léon Dachary를 모델로 하여 만든 만화주인공이다. 한편 베이욘 축제의 공식의상은 빨간 목도리와 허리띠로 악센트를 준 흰색 참가복으로, 이는 축제 탄생 당시 본보기로 삼았던 스페인의 〈산 페르민San Fermin 축제〉의 영향이다. 축제 도중 간간히 보이는 파랑은 베이욘 축제 창설을 주도한 스포츠 클럽 아비롱 베이요네l'Aviron bayonnais의 상징색이며, 초록은 바스크 민족의 전통색으로 그 민족성을 강조한다.

▲ 베이욘 축제 개막식

▲ 베이욘 축제 전통의상을 입고 열광하는 관중들

2) 로리앙 범(汎)켈트민족 축제Festival interceltique de Lorient

▲ 로리앙 범(汎)켈트민족 축제 로고

▲ 로리앙 범(汎)켈트민족 축제 포스터

브르타뉴Bretagne 지방의 항구도시 로리앙에는 매년 8월 초반 열흘 동안 켈트민족의 음악 축제가 열린다. 브르타뉴에는 여러 개의 켈트족 음악제가 있어왔는데, 1971년 8월초 로리앙에서 "코른뮤즈 축제Festival des Cornemuses"가 3일간의 일정으로 열렸다. 코른뮤즈는 브르타뉴의 전통피리로 스코틀랜드의 백파이프와 동일하다. 우승자를 가리는 경연에는 천명의 관객이 몰렸고, 전통악사들이 이끄는 행진을 삼만의 인파가 지켜보았다. 이런 성공에 고무되어 이듬해에는 "로리앙 범(汎)켈트민족 코른뮤즈 축제Fête interceltique des Cornemuses de Lorient"라고 명칭을 바꾸었고, 이에 걸맞게 스코틀랜드, 아일랜드, 웨일즈, 호주, 캐나다의 아카디, 스페인의 갈리시아와 아스투리아 등의 켈트족 국가나 지방들이 속속 참여하게 되면서 발전을 거듭하게 된다. 2010년에는 방문객 수가 80만 명에 이르는 등 프랑스의 대표적인 축제들 중의 하나가 되었다.

1979년부터 현재의 명칭인 'Festival interceltique'를 쓰고 있는 이 축제는 명실상부한 켈트민족 문화의 발현의 기회로 노래 경연, 춤 공연, 미술전시, 브르타뉴 전통의상전시, 연극, 도서전, 참가국 간의 운동시합 등을 망라했었다. 그러나 일찌감치 연주회와 무용 공연으로 축제 프로그램을 특성화했다. 전통의상을 차려입은 민속악단들의 수많은 공연들이 이어지는 가운데 축제의 첫 번째 주말에는 '바가드bagad'라 불리는 전통악기별(코른뮤즈, 오보에를 닮은 전통피리 봉바르드, 타악기) 경연이, 두 번째 주말에는 코른뮤즈와 타악기로 구성된 파이프 밴드 경연이 백미를 이룬다. 한편 첫 번째 일요일 아침에는 이 축제에 참가하는 다양한 켈트민족 국가에서 온 악사들, 가수들, 무용수들이 전통의상을 차려입고 벌이는 "켈트민족 국가들의 대 퍼레이드Grande parade des nations celtes"가 벌어진다. 텔레비전으로 생중계된 2012년의 경우, 출연진 3,500여 명과 7만의 거리 인파가 참가했다.

▲ 로리앙 범(汎)켈트민족 축제 퍼레이드

3) 프로방스의 상통인형시장Foire aux santons de Provence

남 프랑스의 프로방스 지방에서는 크리스마스가 다가오는 12월에 점토로 만든 작은 채색 인형인 상통을 파는 공예시장이 도처에 열린다. '작은 성자'라는 뜻을 가진 상통이란 예수 탄생 장면의 구유를 장식하는 아기 예수, 성모 마리아, 요셉, 동방박사들, 목동과 동물 인형들이다. 이렇듯 원래의 상통은 성탄절과 관련된 인물들만이 대상이었다. 그러나 차츰 프로방스 지방의 춤인 파랑돌farandole을 추는 무리,

▲ 프로방스의 상통인형시장 포스터

▲ 마르세유의 상통인형시장 성탄절 야경

▲ 상통인형 진열대

아름다운 고유의상을 차려입은 아를의 여인Arlésienne, 이 지방의 전통적인 옛 직업군들도 다루게 되었다.

〈상통인형시장〉은 엑상 프로방스, 아를, 샤토르나르, 퐁비에유, 타라스콩 등 이 지방 대부분의 도시에서 열리고 있다. 그 중 대표적인 것은 기원이 1803년으로 거슬러 올라가는 마르세유의 상통인형시장이다. 오늘날에는 오노레 데스티엔 도르브 거리에서 열리는데, 상통장인들이 새로운 인형컬렉션을 발표하는 자리로 삼는다. 한편 마르세유에는 18세기 말에서 최근의 것까지 2,400개의 상통을 모아 1997년 개관한 '마르셀 카르보넬Marcel Carbonel (1911~2003) 상통박물관'이 있다. 카르보넬은 신이 인간을 빚듯이 점토를 다룬다는 평을 들었던 국가최고명장으로 레지용 도뇌르 훈장도 받았다.

4) 릴 고물시장Braderie de Lille

북 프랑스의 대도시 릴에는 9월 초 주말 이틀 동안 유럽에서 가장 큰 규모의 중고품 시장이 열린다. 중세였던 1127년까지 그 기원이 거슬러 올라가는 이 시장축제는 16세기 초에 고물시장이라는 성격이 형성되었다. 날이 저물고 다시 해가 뜨기 전 밤 동안에 하인들은 주인의 낡은 물건들을 팔 권리를 얻었던 것이다. 대량 생산의 소비사회가 발전해 갈수록 위축되던 중고시장이 예술 골동품 위주로 되살아난 것은 1970년대였다. 현재는 공식적으로 9월의 첫 번째 토요일 정오부터 다음날 일요일 자정까지 열리는 이 축제는 릴 도시 전체를 각종 문화들의 교류의 장으로 바꿔놓는다. 2010년에 200만 명이 참가하여, 방문객이 40만 명에 머문 프랑스 내 2위인 렌느Rennes 고물시장과 확연한 차이를 보인다.

▲릴 고물시장 포스터

축제 참가자들은 백 킬로미터의 보도를 따라 특성 분야별로 진열된 만 개가 넘는 노점들 사이를 걸어 다니며 물건들을 뒤적이다가 지치면 릴 고물시장의 전통 음식인 감자튀김을 곁들인 홍합요리moules-frites를 먹는다. 식당들 앞에는 조개껍데기로 산을 이룬다. 시장이 개장하기 직전인 토요일 오전에는 수천 명이 참가하는 하프마라톤이 열려 축제 분위기가 한층 고조된다. 한편 이 고물시장에서는 위조품들도 은밀히 거래되다가 세관에 의해 대량으로 압류되기도 하였다.

▲ 릴의 그랑플라스에서 열리는 고물시장 축제

03
Chapter

축제와 테마

1. 문화 · 예술 축제
2. 종교와 민속 축제
3. 비종교와 민속 축제
4. 가족 축제
5. 역사 축제
6. 산업 축제
7. 스포츠 축제

축제와 테마

1. 문화 · 예술 축제

1) 영화 축제

(1) 칸 영화제Festival de Cannes

〈칸 영화제〉는 프랑스 알프-마리팀Alpes-Maritimes 주의 해변 휴양 도시인 칸Cannes에서 매년 5월에 12일 동안 열리는 국제 영화제이다. 제1회 칸 영화제가 2차 세계대전이 끝난 1946년 9월 20일부터 10월 5일까지 칸의 옛 카지노에서 열렸다. 칸 영화제는 전 세계의 영화, 영화인, 영화제작자, 영화 배급사 등이 만나는 장으로서 영화의 예술적인 수준과 상업적 효과가 균형 있게 조화를 이루며 〈베네치아 국제 영화제〉, 〈베를린 국제 영화제〉와 더불어 세계 3대 영화제로 일컬어진다. 개막식과 특히 배우들의 레드카펫 행진이 눈길을

끄는 유명한 볼거리이다.

칸 영화제에 1959년에 개설되어 영화산업의 투자와 자본유치가 이루어지는 '국제 영화 전시장'은 〈밀라노 필름 마켓MIFED〉, 〈American Film Market〉과 함께 세계 3대 영화시장으로서 확고하게 자리 잡았다. 2000년에만 해도 전 세계 91개국에서 영화 제작자들과 배급자인 영화업자들 만여 명이 칸의 영화시장에 모여들어 자본투자자를 구하거나 배급자들과 텔레비전에 작품을 판매할 수 있는 기회를 얻었다. 세계 3대 영화제이면서 세계 3대 영화 판매 시장에 속하는 곳은 칸뿐이기 때문에 언론매체들로부터 집중적인 주목을 받는다. 각 제작사는 자신의 영화를 판매하기위해 부스를 영화제 본부 건물의 지하 1층에 차리고 영화에 대한 설명회를 연다. 이곳에서 앞으로 개봉할 영화뿐만 아니라 예고편만을 제작한 영화 그리고 아직 대본이 채 준비되지 않은 기획 수준의 영화 마저도 거래한다. 또한 이 시장에서 차후에 제작될 블록버스터급 영화를 예측하여 구매를 결정하기도 한다.

▲ 칸 영화제 레드 카펫

칸 영화제의 본부는 크롸제트Croisette 대로에 있는 '팔레 데 페스티발 에 데 콩그레Palais des Festivals et des Congrès'라는 건물에 자리 잡고 있다. 이곳에서 주요 시사회가 열린다. 주 상영관인 뤼미에르 대극장은 2,100여 개의 객석, 가로 20m 세로 9m의 스크린, 6개 국어를 동시에 통역할 수 있는 시설 및 디지털 사운드 시스템을 갖춘 상영관에서 '경쟁 부문' 본선에 진출한 영화가 매일 2편씩 상연된다. '비경쟁 부문'인 '주목할 만한 시선'에 진출한 영화들은 대극장의 오른쪽에 있는 750석의 객석을 갖춘 끌로드 드뷔시 극장에서 상연된다. 영화 상영 외에도 영화 관련 토론회, 회고전 등 많은 문화행사를 병행하고 있다.

영화제가 열리는 크롸제트 거리는 언론인, 영화인, 영화관계자, 영화 팬들로 넘쳐 난다. 예컨대 2007년도 칸 영화제에 영화인들을 제외한 4,500명의 언론인, 1,000개의 신문사, 300개의 텔레비전, 200개의 언론 매체, 150개의 라디오 방송, 300명의 사진가들이 참여한 것만 보아도 그 규모와 관심이 가히 세계적이라고 말할 수 있다. 칸 영화제를 통한 경제효과는 엄청나다. 영화제가 열리는 5월에는 50만 명 이상이 칸을 방문하여 그들의 체류비용만 해도 수천억 원에 달한다. 그리고 칸 영화제는 300억 원 내외의 예산을 들여 그 예산의 100배가 넘는 돈을 벌어들이는 것으로 알려져 있다.

칸 영화제는 '공식 경쟁 부문'을 비롯하여 '단편영화 경쟁 부문', '비평가 주간', '15인의 감독', '황금 카메라', '주목할 만한 시선', '프랑스영화 회고전' 등 7개 분야로 나뉘어서 열린다. 공식 경쟁 부문에 오르는 영화는 대략 20여 편 정도이며 시상에서는 제외되지만 경쟁 외 부문에 초청되는 5~6편이 포함된다. 주목할 만한 시선 부문은 질 자콥이 1978년에 조직위원장으로 취임하면서 새롭게 추가한 프로그램이다. 이 부문은 비경쟁이기는 하지만 경쟁부문 만큼이나 주목받는 행사로 자리 잡았다.

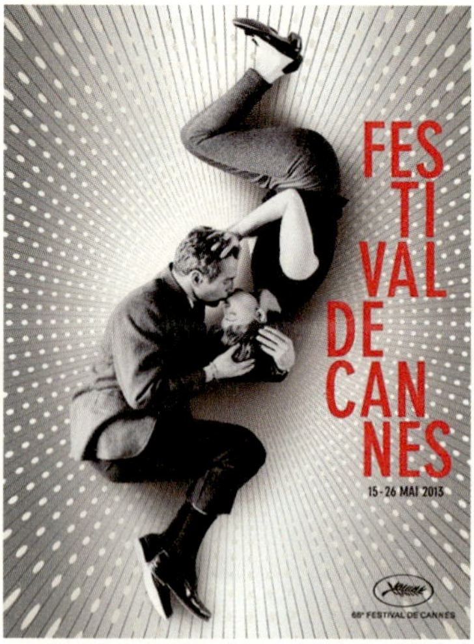

▲ 칸 영화제 2013년 포스터

'황금 카메라 부문'은 1978년부터 시작되었는데 영화를 별도로 상영하여 시상하는 프로그램이 아니라 경쟁부문, 15인의 감독 부문, 주목할 만한 시선 등에 초청받은 영화들 중에서 신인

▲ 칸 영화제 2014년 포스터

감독이 제작한 영화들만을 대상으로 하여 상을 수여한다.

칸 영화제가 프랑스에서 열리기는 하지만 프랑스 영화에 특권을 부여하지는 않았다. 실제로 '황금종려상'을 받은 프랑스 영화는 많지 않다. 클로드 를루슈Claude Lelouch가 〈남과 여Un homme et une femme〉로 1966년에, 모리스 피알라Maurice Pialat가 〈사탄의 태양 아래Sous le soleil de satan〉로 1987년에, 로랑 캉테Laurent Cantet가 〈벽들의 사이Entre les murs〉로 2008년에, 가장 최근에는 압델라티프 케시시가 아델의 삶La vie d'Adel으로 황금종려상을 받았을 뿐이다. 2007년에는 22편의 경쟁 후보작 중 3편에 불과했다. 게다가 프랑스는 황금종려상을 받은 숫자에서 4번째 나라이다. 이러한 수상 경향에 대해 조직위원회는 칸 영화제가 프랑스만의 영화제가 아니라 국제 영화제임을 내세

▲ 칸 영화제 황금종려상 트로피

워 정당화하고 있다.

칸 영화제는 1991년부터 유명 영화인들이 이끄는 영화 강좌를 신설하였다. 2003년에는 영화 강의를 모델로 유명 영화음악 담당자가 이끄는 음악 강좌를 신설하였다. 그리고 2004년에는 유명 배우들이 이끄는 배우 강좌가 신설되었다. 이러한 강좌를 통해 공식적인 시사회에 접근하기 쉽지 않은 일반 대중은 영화제에서 개설한 여러 강좌의 교수가 된 유명인들과의 직접적인 만남의 기회를 가질 수 있는 것이다.

▲ 2014년 칸 영화제 수상식

칸 영화제는 50여 년에 이르는 오랜 기간 동안 세계 최고의 영화제라는 자부심을 스스로 가지고 있고, 또 많은 영화인들이 그렇게 인정하고 있다. 때로는 심사의 불공정성을 거론하며 심사위원단의 자의적 영향력을 행사하는 편파적인 영화제라고 상당한 비난을 받은 것이 사실이다. 그러나 미국적 우월주의와 대중적 인기도에 지나치게 영합하는 경향이 짙은 아카데미 영화제와 비교한다면, 칸 영화제에서는 다양한 장르의 예술성을 지닌 영화들이 탄생하는 영화제로 인식되고 있고, 앞으로도 그 명성은 계속 유지될 것이다.

상의 종류

칸 영화제에서 심사위원단은 명망 있는 영화인과 문인으로 구성되며, 각 부문별로 나누어 상을 시상한다. 심사위원단은 때때로 영화 이외의 예술가, 언론인, 작가, 비평가들이 될 수도 있지만, 오늘날에는 심사위원장만은 반드시 국제적으로 널리 알려진 영화인이 되어야 한다. 칸 영화제에 작품 출품 조건은 영화제 시작 전 12개월 내에 제작된 작품이어야 하고, 다른 어떤 영화제에도 출품되거나 상연된 적이 없어야 하며, 단편은 15분을 초과하지 않아야 한다. 그러나 근래에 그 조건들이 상당히 완화되어가고 있는 경향을 보이고 있다. 이 영화제는 비토리오 데 시카, 오손 웰즈, 페데리코 펠리니, 클로드 를르슈, 마틴 스콜세즈 등 유명 감독들의 영화에 상을 수여하였다. 최고상인 '황금종려상'을 비롯하여 '감독상', '남우주연상', '여우주연상', '황금카메라상', '심사위원 대상', '심사위원상', '기술상', '최우수단편영화상', '신인감독특별상' 등이 수여되며, 해마다 심사위원들이 여러 이름을 붙인 특별상들을 제정하여 무명의 감독들을 발굴한다.

최고상인 '황금종려상'은 20여 개의 후보작 중에서 선정된다. 처음에는 최고상을 GP(국제 영화제 대상Grand Prix du Festival International du Film)라고 했었지만, 1955년에 트로피 모양을 장 콕토가 디자인한 황금종려를 본뜬 데서 그 이름이 비롯되었다. 1965년에 최고상의 명칭을 GP로 변경했다가, 1975년에 다시 '황금종려상'으로 변경했다. 오랫동안 칸에서 그랑프리는 최고상의 명칭이었지만, 1990년 심사위원 특별상Grand Prix Spécial du Jury에 그랑프리라는 단어를 사용함으로써 상의 명칭 구분을 다소 혼란스럽게 하였다.

한국 영화의 참여와 수상

칸 영화제에서 한국은 1984년 이두용 감독의 〈물레야 물레야〉로 '특별부문상'을 수상하였고, 임권택 감독의 〈춘향뎐〉이 한국영화 사상 처음으로 1999년 제52회 칸 영화제 경쟁 부문에 진출하였다. 또한 송일곤 감독의 〈소풍〉은 제52회 칸 영화제 단편 부문에 출품되어 한국영화 사상 최초로 심사위원상을 수상하였다. 임권택 감독은 2002년 제55회 칸 영화제에서 〈취화선〉으로 감독상을 받았다. 2004년 57회에서는 박찬욱 감독이 〈올드보이〉로 '심사위원대상'을 수상했다. 전도연은 2007년 5월 27일 제60회 칸 영화제에서 〈밀양〉으로 '여우주연상'을 수상했다.
2010년에 홍상수 감독은 〈하하하〉로 칸 영화제에서 '공식 부문'인 '주목할 만한 시선상'을 수상하였고, 김기덕 감독이 〈아리랑〉으로 2011년 제64회에서 주목할 만한 시선상을 받음으로써 한국 영화가 주목할 만한 시선상을 2연패하는 성과를 올렸다. 주목할 만한 시선상 수상자를 2년 연속으로 한 국가에서 배출한 것은 칸 영화제 사상 처음 있는 일이다.
김기덕 감독은 칸 영화제 공식부문인 주목할 만한 시선상을 받음으로써 세계 3대 영화제에서 모두 수상하는 쾌거를 이뤘다. 국내 감독 중 3대 영화제에서 본상을 수상한 사람은 김기덕 감독이 유일하다. 김 감독은 2004년 베를린 영화제에서 〈사마리아〉로 감독상을 수상하였고, 2004년 베니스 영화제에서는 〈빈집〉으로 감독상을 수상했다.
1978년 제31회 영화제에서 신설된 주목할 만한 시선은 칸 영화제 경쟁 부문과 함께 대표적인 공식 부문으로, 주로 새로운 경향의 영화들을 소개하는 부문이다.
2013년에 문병곤 감독이 〈세이프〉로 단편부문 황금종려상을 수상하였다.

(2) 클레르몽-페랑 단편영화제 Festival International du Court Metrage de Clermont-Ferrand

〈클레르몽-페랑 국제 단편영화제〉는 프랑스의 중부에 위치한 소규모의 도시인 클레르몽-페랑에서 열리는 국제 단편영화제로서 매년 1월 말에서 2월 초에 영화제 조직위원회의 주관으로 열린다. 클레르몽-페랑 단편영화제는 '단편영화제의 칸'으로 불릴 정도로 단편영화 감독들의 필수적 등용문으로 자리 잡은 지 이미 오래되었다. 3월에 개최되는 핀란드의 탐페레 영화제, 4월에 개최되는 독일의 오버하우젠 영화제와 함께 세계 3대 단편영화제로 인식되고 있다.

클레르몽-페랑 국제 단편영화제는 단편영화 부분에서 국제적으로 큰 영향력을 지니고 있는 영화 축제이다. 이 축제는 일반 대중들에게 단편영화의 진면목을 널리 보급하고 향유할 수 있도록 하기 위한 목적을 지니고 있다. 입장객 수는 단편영화제로서는 세계에서 가장 많은 사람들이 관람하는 가장 유력한 단편영화제이다. 그리고 이 영화제는 프랑스에서 칸 영화제 다음으로 대중들과 영화 전문인들이 많이 찾는 2번째 영화제이다. 문화 콩그레스관은 영화제의 큰 부분을 수용하고 있다.

클레르몽-페랑 영화제가 창설되기 이전에 주도면밀한 준비가 진행되었다. 영화제의 시초인 1979년에서 1981년 사이에 클레르몽-페랑 대학의 영화 서클이 단편영화제 주간을 마련하였다. 이 시도가 성공적인 결과를 얻자, 1981년 8월 4일에 단편 영화의 가치를 널리 알릴 큰 행사를 개최하기 위한 단편영화 협회가 창설되었다.

본격적인 영화제는 1982년에 탄생한다. 경쟁 부문의 영화가 상연되는 다른 한 쪽에서는 주제별 시퀀스로 이루어진 단편영화들이 관객들을 위해 상연되었다. 그 행사는 급속도로 커졌고, 자원봉사자들의 헌신으로 영화제는 확고한 자리를 잡게 되었다. 집행위원장의 자리는 여러 해 전부터 앙톤 로페즈가 맡고 있고, 그의 부인 이자벨 피오 로페즈는 영화제를 위한 여러 프로그램을 담당하고 있다. 페스티벌의 조직위원회는 1978년에 영화제를 처음 시도하였던 학생들의 소모임 그룹이 떠맡고 있다.

영화업자들을 위하여 처음으로 단편영화 마켓이 마련된 것은 1986년인데, 이것은 영화제에 경제적 이득을 가져다주었다. 이러한 맥락에서 2009년에는 단편영화들을 유럽 공동제작의 형태로 발전시키고 싶어 하는 유럽의 제작자들, 배급업자들, 자본가들의 만남의 장인 '유로 커넥션'이 만들어졌다.

▲ 2014년 클레르몽-페랑 단편영화제 포스터

1988년에는 프랑스 국내적인 차원을 넘어 국제적인 영화제가 되었다. 성공은 그 이후에도 계속해서 이어졌다. 1989년에 28,000명의 관객이 들어왔고, 1995년에는 관객수가 100,000명을 넘어섰다. 그리고 1997년에는 지역 내에서의 영화 촬영과 제작을 수월하도록 하기 위한 목적으로 오베르뉴 영화위원회가 조직되었다. 2002년에는 디지털 영화를 위한 경쟁 부문이 신설되었다. 그 후 이 경쟁 부문은 '실험'이라는 이름을 갖게 되며, 디지털 영화들에 국한되지 않고 주목할 만한 실험적 경향의 영화를 소개하는 부문이 된다.

오늘날 클레르몽-페랑 단편영화제는 전 세계적으로 가장 중요한 단편영화제가 되었다. 현재 이 영화제의 조직위원회는 17명으로 구성되어 있다. 클레르몽-페랑 단편영화제는 2009년 12월 22일에 스페인의 마드리드에서 개최된 'FILMAD 상' 시상식에서 최고의 국제 단편영화제로 선정된 바 있다. 그리고 이 단편영화제를 통해 발굴된 감독들 중에서 장편영화에서도 잇달아 큰 성공을 거둔 감독들이 많다.

클레르몽-페랑 단편영화제의 입장객 수는 2007년 133,000명, 2008년 137,000명, 2009년 135,000명, 2010년 144,000명, 2011년 149,000명으로 해마다 그 수가 올라가고 있다. 영화제가 처음 시작될 때의 입장객보다 100배가 넘는 사람들이 이 영화제를 관람하는 것을 볼 때, 이 영화제가 시작될 때에는 규모가 작은 편이었지만, 현재는 양적으로나 질적으로 그리고 경제적인 측면에서도 매우 큰 규모로 성장하였고 앞으로도 그 성장은 계속될 것으로 보인다.

시상은 국제 경쟁 부문, 국내 경쟁 부문, 실험영화 경쟁 부문의 세 부문으로 나누어 상을 수여한다. 국제 경쟁 부문에는 대상, 심사위원 특별상, 관객상, 최고 애니메이션상, 청소년 심사위원상, 카날 플러스상, 미디어테크상, 기자상, 최고 코메디 '페르낭 레이노Fernand Raynaud상', 심사위원 특별 언급상, 심사위원 언급상, 청소년 심사위원 언급상, 기자 언급상 등이 있다. 국내 경쟁 부문은 대상, 심사위원 특별상, 관객상, 작품상, 청소년 심사위원상, 카날 플러스상, '주목해야 할 능력' FNAC상, 기자상, 심사위원 특별언급상, 기자 언

▲ 클레르몽-페랑 단편영화제 폐막식

급상 등이 있다. 실험영화 경쟁 부문은 대상, 심사위원 특별상, 관객상, 카날 플러스상, 심사위원 특별언급상 등이 있다.

클레르몽-페랑 단편영화제는 우리나라에도 상당히 잘 알려져 있는 단편영화제이다. 1999년에 김진한 감독의 단편영화 〈햇빛 자르는 아이〉(35mm, 17분)가 최우수 창작상Prix Recherche을 수상하였다. 2000년에는 임필성 감독의 〈베이비〉, 안영석 감독의 〈냉장고〉, 정윤철 감독의 〈동면〉 등 세 편의 단편영화가 경쟁 부문에 진출함으로써 국내의 많은 단편 영화인들에게 클레르몽-페랑 영화제에 대한 관심이 커지고 있다.

(3) 낭트 영화제(Le festival des trois continents, 3 대륙 영화제)

〈3 대륙 영화제〉(통칭 '낭트 영화제')는 1979년부터 해마다 11월 말에 낭트Nantes에서 열리며, 1979년에 필립과 알렝 잘라도Philippe et Alain Jalladeau에 의해 최초로

▲ 2014년 낭트 영화제 포스터

개최되었다. 3 대륙 영화제는 아시아, 라틴 아메리카, 아프리카 대륙의 픽션이나 다큐멘터리 영화들을 프랑스에 소개한다. 지정학적으로 특수한 지역의 영화를 다루는 이 영화제는 당시에 선구적이었다. 이 영화제는 영화영역에서 비교적 소외된 세 대륙의 영화들이 지니고 있는 특성을 찾아내어 그 영화들을 고무하고 또 지원하려는 목적에서 영화에 대한 사랑과 열정이 만들어 낸 영화제이다. 〈낭트 영화제〉의 정확한 명칭은 〈3 대륙 영화제〉이지만, 개최 도시가 프랑스의 낭트이기 때문에 우리나라에서는 보통 "낭트 영화제"라고 부른다.

이 영화제는 전문 영화관계자들에게나 영화 애호가들에게 3대륙 영화를 접할 수 있는 주요한 만남의 장이 되어가고 있다. 이 영화제에서 소개된 영화들 대부분(1,000편 이상)은 자국 밖에서는 결코 상영되지 않았다. 말리의 술레이만 시세Souleymane Cissé, 홍콩의 왕가위Wong Kar-wai, 이란의 아바스 키아로스타미Abbas Kiarostami, 그리고 중국의 자오 리앙Zhao Liang 등이 이 영화제에서 발굴되어 유명세를 타게 된 감독들이다.

이 영화제는 '초청 경쟁 부문'에서 '황금몽골피에르상', '은 몽골피에르상', '여우주연상', '남우 주연상', '낭트 시 연출상' 등 5개 부분의 상이 있다. 그러나 '경쟁 부문'이 이 영화제가 지니고 있는 핵심이라고 할 수 없다. 이 영화제는 '경쟁 부문' 이외에도 '비경쟁 부문', '파노라마 부문'(특정 나라, 특정 영화사, 특정 지역의 영화를 다룸), '회고전', '다양한 시선 부문'(특정 주제) 등의 다채로운 행사가 있다.

낭트 3 대륙 영화제는 영화제 초기부터 한국영화를 적극적으로 소개해 왔다. 그리고 한국은 이 영화제에 활발하게 참여함으로써 한국영화와 매우 인연이 깊은 영화제가 되었다. 1980년대에 이미 한국영화 회고전과 임권택 감독 특별전을 개최하였는데, 이 당시에는 한국영화가 해외에 잘 알려지지 않았던 시기였다.

우리나라는 이 영화제에서 1990년에 심혜진이 〈그들도 우리처럼〉으로, 1994년에 최명길이 〈장미빛 인생〉으로, 2007년에 오정해가 〈천년학〉으로 각각 여우주연상을 받았고, 2011년에는 신동일 감독이 심사위원들로부터 독창성과 예술성이 뛰어나다는 평가를 받으면서 '경쟁 부문'에서 〈반두비〉로 '대상'을 수상하였다.

(4) 도빌 아시아 영화제

〈도빌 아시아 영화제Festival du film asiatique de Deauville〉는 1999년부터 매년 봄에 프랑스 북서부 해안가에 있는 국제적으로도 유명한 휴양도시 도빌의 '국제 센터'에서 열린다. 이 영화제는 아시아 영화만을 대상으로 상영하는 국제 영화제로서는 유럽에서 유일한 영화제이다. 이 영화제는 아시아 영화의 다양성과 특수성의 발견과 알림에 그 설립 목적이 있다. 이 영화제를 설립한 사람은 프랑스의 외과의사인 알랭 파텔Alain Patel인데, 그는 서양의학과 동양의학의 교류에 힘썼기 때문에 동양 문화에 대한 많은 관심과 애정을 가지고 있었다. 이러한 배경에서 그는 아시아 영화를 프랑스인들에게 널리 알리고 싶은 마음에서 자비를 출연하여 도빌 아시아 영화제를 만들었다. 이 영화제는 역사가 깊지는 않지만, 아시아의 정치 경제적인 지위가 커지면서 그리고 아시아에 대한 관심의 증가로 해마다 규모가 커지며 발전하고 있다.

도빌 아시아 영화제는 우리나라의 영화들이 대상을 수상하는 등 많은 활약을 한 영화제이다. 제1회 영화제는 1999년 3월 5일에서 7일까지 열렸으며, 한

▲ 2014년 도빌 아시아 영화제 포스터

국, 중국, 일본을 비롯하여 캄보디아, 스리랑카, 인도네시아 등의 아시아 여러 나라에서 총 14편의 영화를 초청하여 영화제를 개최하였다. 2000년 3월 17일부터 19일까지 열린 제2회 영화제에서는 25편의 아시아 영화가 참가했으며, 경쟁 부문에 오른 영화는 총 9편이다. 제2회 도빌 아시아 영화제에서 우리나라의 이명세 감독은 〈인정사정 볼 것 없다〉로 '대상'을 수상하였으며, 대상 이외에도 감독상, 남우주연상, 촬영상 등 4개 부문에서 수상하는 쾌거를 이루었다.

제3회 영화제는 2001년 3월 1일에서 4일까지 열렸는데, 총 8편이 올라온 경쟁 부문에서 우리나라는 또다시 박찬욱 감독이 〈공동경비구역 JSA〉으로 '대상'을 수상하였고, 남우주연상과 인기상을 포함하여 총 3개 부문을 수상하여, 한국 영화가 도빌 아시아 영화제에서 주목할 만한 인상을 주는데 큰 역할을 하였다. 도빌은 또한 매년 9월경에는 미국 영화만을 대상으로 하는 영화제가 열리는 도시이기도 하다.

2) 무용 축제와 거리연극 축제

(1) 몽펠리에 무용 축제Festival Montpellier Danse

몽펠리에 시(市)가 1981년에 창설한 〈몽펠리에 무용 축제〉는 매년 6~7월에 개최된다. 미테랑 정부 시절에 문화 지방분산 정책의 일환으로 설립된 '몽펠리에 국립 무용 센터Centre chorégraphique national de Montpellier'가 주도적인 역할을 담당했으며, 새로운 춤을 지향하는 프랑스 현대무용의 개발과 증진을 목표로 삼고 있다. 1990년대에 들어 평균 유료 관객 수가 5만 명을 넘어서자, 1996년부터는 여름 정규 시즌 이외에 겨울 시즌도 운영하는 등 중요 무용 축제로 자리를 잡았다. 1994년 이래 예술감독을 맡고 있는 안무가 마틸드 모니에Mathilde Monnier의 활약이 두드러진다. 2010년에 옛 수녀원을 수리해 '아고라Agora(광장)'라 명명된 곳에서 무용제가 진행된다.

▲ 2014년 몽펠리에 무용 축제 포스터

▲ 몽펠리에 무용 축제 현장

(2) 리용 무용 비엔날레Biennale de la danse de Lyon

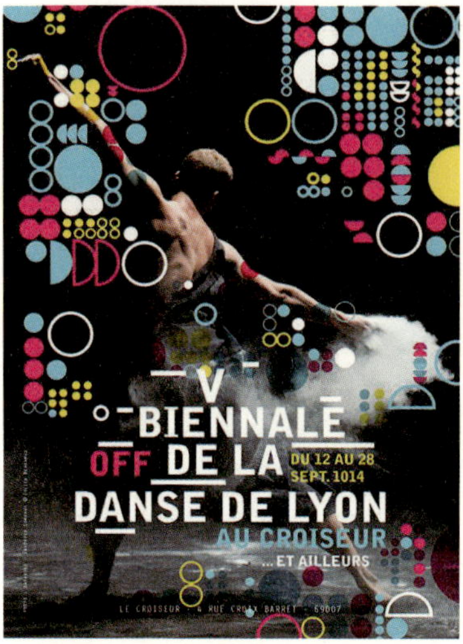

▲ 리용 무용 비엔날레 포스터

〈몽펠리에 무용 축제〉와 마찬가지로 〈리용 무용 비엔날레〉도 문화 활동의 탈중앙화를 강력히 추진했던 문화부 장관 자크 랑Jack Lang의 정책에 힘입어 1984년에 시작되었다. 당시 '무용의 집Maison de la danse'을 이끌고 있던 안무가 기 다르메Guy Darmet가 리용 시(市)의 도움으로 이 무용제를 만들었다. 현재도 여전히 다르메의 주도 아래 2년에 한번씩 9~10월에 열리는 이 축제의 목적은 현대무용을 창작하고 공연하는 무용단들에게 자신들의 기량을 마음껏 펼칠 공간을 제공해주는 것이다. 홀수 해에 열리는 〈리용 현대미술 비엔날레Biennale d'art contemporain de Lyon〉와 번갈아가며 짝수 해에 개최되는 이 무용 축제에는 대략 15개의 작품이 출품되

▲ 리용 무용 비엔날레 공연현장

어 리옹 시 일원에서 공연된다. 브라질을 주제로 삼았던 1996년 비엔날레 때부터 전문 안무가들의 지도를 받은 4,500명의 아마추어 참가자들이 춤을 추며 행진하는 퍼레이드는 30만 명 이상의 관람객이 몰리는 장관을 이룬다.

(3) 칸 무용제Festival de danse-Cannes

세계적인 영화제로 유명한 칸 시(市)는 1984년에 〈칸 무용제〉를 창설했다. 이는 1961년 칸에서 개교한 무용학교 '로젤라 하이타워 국제 무용 센터Centre de Danse International Rosella Hightower'의 직접적인 영향 때문이었다. 미국 출신으로 프랑스에 귀화한 유명 발레리나 하이타워(1920~2008)는 1980년에 '파리 오페라 발레단' 단장으로, 1983년에는 '밀라노 스칼라 발레단' 단장으로 활약한 무용계의 거물이다. 1993년

▲ 2013년 칸 무용제 포스터

에 '칸 무용제'가 늦가을에 2년에 한 번 개최하는 비엔날레가 되면서부터 국제적인 명성의 유명 무용단들뿐만 아니라 신예 무용수들이 기량을 펼치는 현대 발레무용의 창작무대로 자리 잡았다.

2011년 '마르세유 국립 발레단Ballet National de Marseille' 단장인 프레데릭 플라망Frédéric Flamand(1946~)이 예술감독을 맡아 두 차례의 축제를 성공리에 이끌었다. 2011년 비엔날레(11월 22일~27일)는 '새로운 신화들Nouvelles Mythologies'을, 이어서 2013년 비엔날레(11월 19일~24일)는 '흔적과 반영들Traces et Reflets'을 각각 중심 테마로 삼아 칸의 '팔레 데 페스티발' 대극장에서 열렸는데, 안무 스타일의 변화를 꾀하며 다양한 감수성을 표출하는 시도였다는 호평을 받았다. 한편

〈칸 무용제〉는 축제가 개막되기 이전부터 열리는 학교, 직장, 동아리 등 다양한 관객층들을 위한 예비 모임, 참가 무용단들의 안무가나 무용수와의 만남과 이들이 직접 지도하는 수준 높은 마스터 클래스, 또 인근 니스대학 무용학과가 주관하는 국제학술대회 등 각종 부대 프로그램을 운영하고 있다.

▲ 칸 무용제 공연

▲ 칸 무용제의 실험적인 무대

(4) 오리악 국제 거리연극제Festival international de théâtre de rue d'Aurillac

▲ 2014년 오리악 국제 거리연극제 포스터

거리연극이란 실외의 공개된 장소에서 행해지는 연극 및 다양한 분야의 퍼포먼스 공연을 일컫는다. 참가 아티스트들은 거리를 무대 삼아 연기하는데, 보통 연극에서 무대와 객석을 구별해주는 제4의 벽이 더 이상 존재하지 않기에 주위 환경을 그대로 공연에 반영하게 된다. 1986년에 시작되었으며 유럽 최대를 자랑하는 〈오리악 국제 거리연극제〉는 매년 8월 15일이 지난 첫 번째 수요일에 개막되어 4일간 진행된다. 2013년의 경우를 보자면, 8월 21일부터 24일까지 열렸다. 공식 초청받은 극단들(2011년 초

▲ 오리악 국제 거리연극제 현장

청 극단이 20개인데 비해, 방문 극단 수는 450개였다)이 개막 직전에 먼저 공연을 벌여 분위기를 고조시킨다.

일단 축제가 시작되면 수많은 관객들(2013년에는 10만 명)은 거리와 광장, 도시 변두리 등을 거닐면서, 시끄러운 나팔과 타악기 연주 속에 밤낮으로 노천에서 벌어지는 수 백 개의 공연을 접하게 된다. 활기 넘치는 민속음악을 비롯해서 대담한 연출 등 예술 표현의 자유를 만끽하는 이런 창작활동의 근저에는 '현실은 거리에 있다'라는 철학이 자리 잡고 있다. 실제로 실내 무대에서 작업하는 몇몇 연출가들이 거리연극에 합류하기도 한다. 현재 〈오리악 국제 거리연극제〉의 감독은 1998년 프랑스 월드컵 당시에 축구장 주변에서 음악과 거리연극을 연출했던 장-마리 송지Jean-Marie Songy(1958~)이다.

(5) 샬롱 거리연극제Chalon dans la rue

▲ 2014년 샬롱 거리연극제 포스터

부르고뉴 지방의 샬롱 쉬르 손Chalon-sur-Saône은 거리연극에 있어 오리악과 우열을 겨루는 도시이다. 이곳에서 1987년 창설된 거리연극 축제는 매년 7월에 5일동안 개최된다. 2014년에는 7월 23일부터 27일까지 도시 구석구석은 물론 손 강의 제방 위에도 수많은 거리예술 극단들이 자리를 잡고 2백여 개의 공연을 펼치는 가운데 25만 명의 관객들이 거리를 누비며 구경거리를 좇아 다녔다.

2003년에는 정부가 비정규직 스텝들의 처우에 대해 입장을 바꾸자, 축제에 참가한 대다수의 배우들이 파업을 감행했으며, 축제가 끝나고도 무료로 연주와 공연을 이어나갔다. 이렇듯이 거리연극제에 참여하는 배우나 관객에게 있어 '거리la rue'란 단순한 옥외공간이 아니라, 소통하고 공감하며 동행하는 정신의 열린 무대인 것이다.

▲ 살롱 거리연극제 현장

3) 만화 축제

(1) 앙굴렘 국제 만화 축제Festival international de la bande dessinée d'Angoulême

보통 '앙굴렘 축제'로 불리는 〈앙굴렘 국제 만화 축제〉는 파리에서 서남쪽 약 450km 지점에 있는 앙굴렘에서 1974년 이래 매년 전 세계 작가들을 초대하고 수많은 관람객을 끌어들이는 프랑스어권의 주요 만화 축제이고 유럽 최대 규모의 만화 축제이며 세계 만화의 흐름을 파악할 수 있는 지구촌 최대의 만화 축제이다.

샤랑트Charente 도 도청 소재지인 앙굴렘은 샤랑트의 만곡을 굽어보는 고원에 자리 잡은 인구 약 4만 2천 명의 소도시이다. 앙굴렘 국제 만화 축제는 매년 1월 마지막 주 4일간 열리고, 축제 기간 거리 곳곳에 축제 포스터가 물결

▲ 2014년 앙굴렘 국제 만화 축제 포스터

▲ 앙굴렘 국제 만화 축제 로고

을 이루며 도시 전체가 전시와 이벤트 공간으로 바뀌는 만화 천국이 된다.

이 축제는 1972년 말에 열린 '1000만 개의 이미지'라는 전시회에서 비롯되었다. 당시 전시회 기간 보름 내내 편집자, 서점상, 만화가, 독자들의 열기가 넘쳐난 후, 앙굴렘 시가 만화 축제 창설을 결정, 만화 살롱(만화 전시회)을 만들어 첫 전시회를 1974년 1월 25일 개최하였다. 1970년대 이전까지 만화와 전혀 연관이 없던 산업소도시 앙굴렘의 세계적인 만화 메카로의 탄생이었고, 오늘날 앙굴렘 축제는 대중적으로나 문화적으로 가장 권위 있고 영향력 있는 만화 축제로 성장하였다.

1974년 이래 만화 축제는 음악, 미술, 연극 등과 함께 '제9의 예술'인 만화의 위력과 영향력을 증명하고 있다. '프랑스 국제 만화 영상 단지'를 중심으로 주로 조성된 천막 가설 공간들에서 다양한 만화 전시회와 포럼이 열리며, 또한 시민들뿐만 아니라 학교, 극장, 성당 등 건물들도 적극적으로 참여하여 전시 공간의 역할을 한다.

▲ 앙굴렘 시내

▲ 만화 전시장 내부 모습

▲ 국제 만화 영상 단지

'앙굴렘 만화 박물관'이나 프랑스 '국립 만화 영상센터'로도 불리는 국제 만화 영상단지는 박물관, 도서관, 예술인 촌, 강연장, 상영관, 서점 등의 복합 문화공간을 갖추고 있는 만화 관련 유명 전시관이다. 수많은 만화 관련 연구서 및 논문 자료들을 구비하고 있으며, 일반 시민들과 만화 종사자들을 위한 교육 시설과 프로그램이 있고 세계 여러 나라의 만화, 영상 자료, 제조 도구, 각종 만화 관련 잡지, 단행본 서적 등이 전시되고 있다.

주요 프로그램으로 앙굴렘 어린이와 청소년 만화 공모전, 신진작가 작품전, 해외 초청 작가전, 고등학교 멀티미디어 전시, 만화 벼룩시장, 작가와의 만남, 출판사 홍보 전시관들, 유명 만화의 이미지 전시관 등이 있다. 작가와의 만남은 유명 만화 작가의 사인과 만화 한 컷을 받을 수 있어 방문객들에게 인기이다.

2003년 30회 때 우리 '만화Manhwa'가 올해의 주빈국으로 초청되어 세계 무대에 공식적으로 선을 보이는 자리에서 '한국 만화의 역동성'이라는 주제를 내걸고 설치한 한국 만화 전시관에 연일 관람객들이 몰려들어 성황을 이루며 우리 만화와 만화 산업의 잠재력을 보여주었다. 2014년 41회 앙굴렘 만화 축제는 제1차 세계대전 발발 100주년을 맞아 전쟁의 참상을 조명하며 '일본군 위안부 피해자 한국만화기획전 - 지지 않는 꽃'을 열였다. 뜨거운 취재 열기와 관심, 공감 속에서 기획전 관람객들의 발길이 끊이지 않았다.

(2) 안시 국제 애니메이션 영화제Festival international du film d'animation d'Annecy

〈안시 국제 애니메이션 영화제〉는 안시에서 1960년 창설된 이후 6월 초경 6일 동안 열리는 국제 애니메이션 축제이다. 1956년 〈칸 영화제〉 '애니메이션 비경쟁 부문' 행사에서 비롯되어 1960년 안시에서 국제 애니메이션 공모전으로 따로 독립한 안시 국제 애니메이션 영화제는 격년제로 실시되다가 1998년부터 연례 행사로 전환되었다. 1962년 이 영화제를 통해 '국제 애니메이션 필름 협회ASIFA'가 결성되었다. 프랑스 대표 애니메이션

▲ 안시 국제 애니메이션 영화제 로고

▲ 2014년 안시 국제 애니메이션 영화제 포스터

▲ 안시 거리에 내걸린 축제 배너

▲ 안시 전경

▲ 봉리외 극장 대형 상영관

▲ 파키에 특설 야외 대형 스크린

협력기관인 CITIA(Cité de l'image en mouvement)가 주최하는 안시 국제 애니메이션 영화제는 세계 4대 애니메이션 영화 축제이자 세계 최대 규모 축제로서 세계 애니메이션 영화 발전의 선도적 역할을 하고 있다.

안시는 프랑스 남동쪽 론-알프스Rhône-Alpes 지방, 오트-사부아Haute-Savoie 도의 도청 소재지로 인구는 약 5만이다. 제네바 남쪽 40km 지점에 자리 잡고 있는 안시는 역사적으로 여러 주요 도시들을 잇는 전략상의 거점이었으며 오늘날 '알프스의 로마' 혹은 '알프스의 베니스'로 불리며 프랑스 두 번째 규모의 안시 호수와 알프스 산맥을 배경으로 한 유명 휴양 · 관광 소도시이다.

천연적인 자연환경을 배경으로 한 안시는 애니메이션 영화제 6일 동안 거리마다 공식 배너가 걸리고, 카페와 레스토랑 등의 유리문에 축제를 축하하고 홍보하는 포스터 등의 다양한 게시물들이 붙으며, 영화 상영 외 다양한 프로그램들과 더불어 시사회, 컨퍼런스, 토론회, 전시회, 이벤트 등이 병행됨으로써 애니메이션의 꿈과 환상으로 채워진다. 메인 상영관인 봉리외

▲ MIFA가 열리는 임페리얼 호텔

Bonlieu 극장과 그 주변은 세계적인 예술 축제답게 프랑스 국내외 애니메이션 관계자와 마니아들로 늘 붐벼 활기가 넘친다. 20~30대 젊은 층에서 노부부에 이르기까지 안시 시민 모두가 영화관을 찾고 여러 행사에 조력하고 참여하며 자신들의 축제로 만들고 있다.

본선 진출작은 장편, 단편, 텔레비전 편, 학생 졸업 경쟁 등 네 부문별로 경합을 벌이며 심사는 선정된 국가별 심사위원이 관객과 함께한다. 본선 진출작 및 초청작이 축제 기간 내내 봉리외 극장을 비롯한 시내 여러 극장에서 늦은 밤까지 상영되고, 또 세계 최고 청정 호수 중의 하나인 안시 호수가 파키에Le Paquier 시민 공원에 설치된 대형 야외 스크린을 통해 매일 7천여 명의 관객을 위해 밤 10시 약간 너머까지 명작과 최신작 영화회가 개최되며 마지막 날, 토요일 저녁 장편 대상 수상작이 상영된다.

또한 안시 애니메이션 축제와 동시에 애니메이션 산업 발전을 위한 비즈니스 마켓인 MIFA(Marché international du film d'animation 국제애니메이션 필름시장)가 3일간 열린다. 프로덕션, 제작자, 배급업자, 필름 구매자 등의 만남을 주선, 중개하는 역할을 하는 MIFA 참여 인원은 매년 증가 추세이다.

한국 애니메이션과 안시 영화제

한국 애니메이션은 1999년 국내 처음으로 이성강 감독의 〈덤불속의 재〉가 단편 애니메이션 비디오 공식 경쟁부문에 진출하였고, 2001년 4편이 경쟁부문 본선에 올랐다. 2002년 이성강 감독의 〈마리 이야기〉, 2004년 성백엽 감독의 〈오세암〉이 각각 장편 경쟁 부문 대상을 수상하였으며, 2014년 정다희 감독의 〈의자 위의 남자〉가 단편 경쟁 부문 대상을 거머쥐며 10년 만의 쾌거를 달성하였다.

4) 연극 축제

(1) 아비뇽 페스티벌Festival d'Avignon

파리에서 677km 떨어진 론 강 좌안에 위치한 프로방스-알프-코트 다쥐르 Provence-Alpes-Côte d'Azur 주(州)의 아비뇽Avignon 시는, 별명인 '교황들의 도시'라는 말에서도 짐작할 수 있듯이, 교황의 '아비뇽 유수'로 잘 알려진 남프랑스의 오래된 도시이다. 1995년 이미 교황청과 아비뇽 다리를 포함한 역사지구가 유네스코 세계문화유산으로 지정되었고 2000년에는 아비뇽이 유럽의 문화 도시로 선정되었다. 특히 매년 7월에는 이곳에서 〈아비뇽 페스티벌〉이 열려 수많은 관광객들이 모여든다. 역사적으로 이 지역은 고대 로마의 지배하에 있던 지역이라 인근 도시인 님Nîme이나 아를Arles의 원형경기장이나, 님 근교의 퐁 뒤 가르Pont du Gard 등 로마 시대의 유적들을 많이 찾아 볼 수 있다.

▲ 아비뇽 교황청

▲ 2013년 아비뇽 페스티발 off 공연 포스터

▲ 2014년 아비뇽 페스티발 포스터

1947년 장 빌라르(Jean Vilar, 1912-1971)에 의해 창설된 〈아비뇽 페스티벌〉은 오늘날 현대 공연분야에서 가장 중요한 국제 행사 중 하나이다. 그가 1947년 9월에 "아비뇽에서 예술 주간을"이라는 슬로건 아래 교황청 정원에서 세 연극작품을 올리면서 아비뇽 페스티벌은 시작되었다. 빌라르는 그 당시 파리 중심의 공연문화를 지방으로 확산시키고자 하였다. 게다가 이 축제를 처음 시작할 때 그는 파리에서 공연되던 기존의 연극들과는 색다른 연극으로 새로운 것을 추구하는 정열적인 젊은 관객들과 소통하고 싶었다. 축제가 단순한 오락이나 여가활동이 아닌 관객들을 자극하고 깨우치는 창조적 문화행사가 되어야 한다는 것이 그의 신념이었다.

오로지 연극을 위한 축제였던 아비뇽 축제는 1964년부터 무용, 영화, 음악 등 다른 분야에도 개방하였다. 1971년 빌라르 사망 이후, 그의 친구 폴 포(Paul Paux, 1920-1998)가 그의 자리를 이었고, 자유참가팀들에게 참가의 기회를 주는 'Off 제도'도 이 때 신설되었다. 'Off 제도'는 아비뇽 축제위원회에 의해 공연

작품이 선정되지 않았지만, 축제에 자유롭게 참가하는 극단들이 자기들의 작품을 선보이는 제도를 일컫는다. 1,000여 개의 Off 참가팀은 작품 선정 절차가 따로 없이 각각의 공연에 맞게 공연장만 얻을 수 있다면 누구나 작품을 무대에 올릴 수 있는 것이다. 또한 축제 측의 특별 심사가 없는 대신 자비로 참가해야 한다. Off 공연의 질적 수준은 In 공연 못지 않게 창의적이고 혁신적이기 때문에 언론이나 연극 관련 전문가들의 높은 평가를 받기도 한다.

예술지향주의 축제의 대표인 아비뇽은 사회적 담론이 담긴 작품과 한번도 공연되지 않은 신작들로 구성된다. 매년 35~40개의 국내외 다양한 공연들이 'In 참가'팀으로 초청되어 약 300회의 공연을 치른다. 이들은 엄격한 심사과정을 거쳐 선정된 작품으로 초연작품이 대부분이다. 매년 20여 개의 건물이 50~2,000개의 좌석을 가진 무대로 만들어진다. In 참가팀의 작품은 아비뇽 페스티벌과 프랑스 정부의 보조를 받는다. 이밖에 아비뇽 페스티벌에서는 간행되지 않은 대본 읽기, 영화 상영, 토론회, 소개된 예술가들의 작품 전시회 등 예술가들과의 만남을 위한 기회를 관람객들에게 제공한다.

축제 예술감독이 예술가들과 작품을 선정하므로 선정위원회나 아비뇽 페스티벌 측에 제출해야 할 접수서류는 없다. 많은 젊은 예술가들은 항상 창조적인 작품으로 관객들을 이끌고 자극하고 깨우치려 아비뇽으로 모여든다. 아비뇽 페스티벌은 그야말로 젊은 예술가들에게는 도전과 기회의 장소이자 새로운 작품을 선보이는 실험장이며, 다른 예술가들과 관객들을 만나서 토론하는 토론장이자 교육의 장이라 할 수 있다.

축제 예술감독들은 아비뇽 시장과 문화부장관의 동의하에 행정위원회에서 임명한다. 장 빌라르 이후 예술감독에게 모든 프로그램의 선택권이 있고 축제에 대한 모든 권한이 주어진다. 축제팀은 25명의 상근직원이 있으나, 축제가 열리는 7월에는 그 수가 늘어나 약 350명의 비상주 기술자들을 포함, 약 750명의 직원들로 구성된다. 또한 관련 업계에 약 천 개가 넘는 일자리가 생긴다.

▲ 아비뇽 페스티벌에 참가한 극단의 길거리 홍보

▲ 아비뇽 페스티벌의 off 공연

축제팀은 프랑스 정부(문화부), 아비뇽 시, 아비뇽 도시권, 보클뤼즈Vaucluse 도(都), 프로방스-알프-코트 다쥐르 주(州), 유럽 연합 문화 프로그램의 지원을 받는다. 2011년 예산 1200만 유로 중에 1/3은 연극작품 구매와 공동제작을 위해, 1/3은 다양한 공연장 설비와 정비를 위해, 1/3은 기능과 홍보와 진행을 위해 쓰였다. 프랑스 은행 연합인 크레디 코페라티프Crédit coopératif와 협력관계를 맺었고, 2006년부 축제 관련 25개의 중소기업들을 모아 파트너기업 클럽을 만들었으며, 2011년부터 개인후원자 클럽도 만들었다. 2001년 아비뇽 시에 대한 경제적 효과는 2,300만 유로로 추산되며, 이는 다른 행사(Off 공연, 전문가들과의 만남)에서 나온 경제적 효과를 뺀 순수한 수치이다.

관람석 티켓은 12만 장~15만 장의 유료 티켓이 판매되었고 20,000~40,000석의 공연이 무료로 공연되었다. 관람객들의 35%는 아비뇽 지역에서 왔고 20%는 일 드 프랑스 지역(파리 인근 프랑스 수도권)에서, 10%는 외국에서 왔다. 450

▲ 아비뇽 페스티벌의 포스터

명이 넘는 국내외 기자들과 전 세계 3,500명 가량의 공연 전문가들이 문화정책과 공연예술을 다룬다. 공연 전문가들을 위한 가이드 북 2만 부, 영어, 불어로 된 16만 부의 축제 일정에 관한 안내서, 일반 관람객들을 위한 길거리에서 배포되는 5만 부의 무료 가이드북이 출판되고, 날로 증가하는 조회 수를 보이는 인터넷 웹 사이트(2011년에는 80만 방문객이 조회)와 2010년에 개설된 페이스북은 이미 11,500명의 팬을 가지고 있다.

아비뇽 페스티벌은 대중을 위한 축제 참여의 폭을 넓혔다. 프랑스 각지에서 온 800여 명의 고등학생들을 위한 행사를 여러 관계기관들과 협조하여 조직 · 진행하고 관람객들의 특성을 더 잘 알고자, 인근 대학교 학생들은 설문조사를 한다. 또한 아비뇽 페스티벌은 문화정책에 대한 문제제기와 정치적 토론의 장으로 2011년 제65회 축제에서는 2012년 프랑스 대선 출마자들이 아비뇽 축제의 공연을 관람하고 그들의 문화정책을 토론하는 장소가 되

▲ 아비뇽 교황청 안에 설치된 연극 무대와 객석

기도 했다.

장 빌라르 같은 열정을 가진 전문가가 일찍이 개방적이고 창의적인 문화의 장이 필요한 것을 느끼고 축제를 시작한 이래, <아비뇽 페스티벌>은 빌라르의 정신이 계승되어 명실상부한 세계 최고의 연극 축제가 되었다. 중앙 정부와 지자체는 물론이고 축제조직과 아비뇽 시민들의 축제를 계속 이어가려는 마음과 서로 협조하는 자세는 전 세계의 연극 애호가들을 아비뇽으로 끌어 모으기에 충분하다. 또한 애초의 축제 프로그램에 만족하지 않고 축제에 초대받지 못한 예술가들을 위한 Off 참가팀의 공연이나 토론, 전시회 등을 문화 유적이나 야외에서 프로방스의 여름을 즐기며 감상할 수 있게 하는 독창적이고 혁신적인 시도는 축제를 한층 더 새롭고 젊게 탈바꿈하여 관객들과 소통하는 축제로 거듭나게 하고 있다.

아비뇽은 매년 도시 전체가 극장이 되어 고대 문화유산을 무대의 배경으로 자리를 내어준다. 아비뇽으로 여름휴가를 맞아 먼 곳에서 온 관광객들은 여러 날을 아비뇽에서 머무르며 연극, 무용, 조형예술, 음악 등의 작품들을 관람할 수 있다. 열린 하늘을 공연장 삼아 모든 축제 참가자들이 공연에 대해 이야기를 나누고, 공연 감상을 나누며 누구나 한 달 동안 현대 문화를 경험할 수 있는 곳이 아비뇽이다. <아비뇽 페스티벌>은 연극이라는 예술 장르에 로마의 옛 건축물의 경관과 프로방스의 온화한 날씨가 융합하여 고부가가치의 관광자원을 창출한 것이다.

우리나라에는 춘천의 <마임-인형극제>, <거창 국제 연극제>, <부산 국제 연극제>가 있다. 특히 <부산 국제 연극제>는 아비뇽 'Off 축제'와 상호교류 협약을 맺어 르 샤펠 베른 엥카르네Le chapelle verne incarné극장에서 초연할 작품을 5월에 공모한다. 2011년에 그룹 포차의 '추격자'와 2012년에 극단 맥의 '개똥할매'가 아비뇽 공연을 위해 <부산 국제 연극제>의 지원을 받았다.

● **기타 연극 축제**

번호	축제명 및 웹사이트 주소	일시	장소
1	사랑트 연극 축제 Festival Théâtre en Fête www.t-e-f.org/	5월 초순	샤랑트 Chrente
2	배우들의 봄 축제 Printemps des Comédiens www.printempsdescomediens.com/	6월 초순	몽펠리에 Montpellier
3	앙주 페스티벌 Festival d'Anjou www.festivaldanjou.com/	6월 초순	앙제 Angers
4	사를라 연극 경기 축제 Festival des Jeux du Théâtre de Sarlat www.festival-theatre-sarlat.com/	7월 중순	사를라 Sarlat
5	미르푸아 국제 인형극 축제 Festival international de la marionnette de Mirepoix www.mima-festival.com	7월 하순	미르푸아 Mirepoix
6	국제 거리극 페스티벌 Festival des théâtre de rue www.aurillac.net	8월 중순	오리악 Aurillac
7	세계 인형극 페스티벌 Le festival mondial des théâtre de marionnettes www.festival-marionnette.com	9월 중순	샤를르빌 메지에르 Chareville-mézières
8	발 두와즈 연극 페스티벌 Festival Théâtral du Val d'Oise www.thea-valdoise.org/	11월 초순	발 두와즈 Val d'Oise

5) 음악 축제

(1) 음악제Fête de la musique

1982년 이래로 〈음악제〉는 하짓날인 6월 21일에 열리고 있다. 일년 중에서 낮이 가장 긴 이 날 하루 동안 "음악제, 음악을 합시다!Fête de la musique, Faites de la musique!"라는 슬로건 아래 다양한 음악 행사가 개최된다. 아마추어나 전문 음악인 구별 없이 차량 통행이 금지된 거리, 공원, 경기장, 개방된 공공장소에서 클래식, 전통음악, 재즈, 록 등 모든 종류의 연주회가 무료로 열린다. 아마추어 음악인들에게 공개적으로 연주할 기회를 주는 이 행사에 참가하는 수많은 대중들은 이 공연 저 공연을 기웃거리며 다양한 음악을 접하게 된다. 하지만 도시 전체가 개방되는 이런 대규모 야외 행사에는 필연적으로 안전, 음주, 식품위생, 쓰레기 등의 부작용들이 뒤따른다. 특히 〈음악제〉는 축제 성격상 청소년 탈선과 소음 문제가 부각된다.

▲ 2014년 음악제 포스터

프랑스 내에서 〈음악제〉의 대중적인 성공은 소도시들에서 더욱 두드러지는데, 이렇다 할 관광자원이 없는 상황에서 이 축제는 연중 가장 중요한 문화행사로 간주되기 때문이다. 해마다 프랑스 국민의 십분의 일에 해당하는 5백만 아마추어 음악인들이 참여하여 18,000개의 연주회가 열리고, 1천만 명의 관객을 동원하고 있다는 현실은 〈음악제〉가 프랑스 문화생활의

▲ 음악제에 참가한 팡테옹 앞의 뮤지션들

▲ 음악제를 즐기는 파리 시민과 관광객들

핵심 요소로 정착했음을 보여주는 것이다. 프랑스 문화부가 주관하는 이 행사를 2008년부터 라디오 프랑스Radio France, 프랑스 텔레비지옹France Télévisions, 국제 텔레비전 채널인 TV5가 선별하여 방영하고 있다. 〈음악제〉는 'World Music Day, Make Music!'이라는 명칭으로 전 세계에 확산되고 있으며, 축제 개최도시들은 프랑스 국내외 340여 개에 이른다.

(2) 베를리오즈 음악제Festival Berlioz

낭만주의 작곡가 엑토르 베를리오즈Hector Berlioz(1803~1869)의 고향 라 코트 생 탕드레La Côte-Saint-André에서 매년 8월 말에 개최되는 〈베를리오즈 음악제〉는 프랑스 클래식 음악을 대표하는 교향악 축제이다. 베를리오즈는 생전에 이미 1830년대부터 연주회 다음에 잔치가 이어지는 축하연 형식의 음악활동을 펼쳤던 음악가였다. 시원한 야외 분위기를 살리면서도 실내 수준의 음향의 질을 유지해주는 루이 11세 성채의 중정(中庭) 무대에서 열리는 이 축제에 프랑스 국내외 유명 오케스트라들이 참여해 낭만주의 명곡들을 연주한다. 2주에 걸친 축제 기간 동안 인근의 교회들에서는 실내악, 성악, 창작발표 등을 위한 소규모 콘서트들이 줄을 잇는다. 미리 책정해놓은 가격 대신에 관객 개인의 의사에 따라 지불하는 입장료 정책으로 클래식 연주회의 문턱은 낮아져서 고전음악의 대중화에 기여하고 있다.

▲ 2014년 베를리오즈 음악제 포스터

1979년 〈베를리오즈 음악제〉가 첫선을 보인 것은 인근 대도시 리용에서였다. 베를리오즈 음악을 국제적으로 알리는 데 앞장섰던 리용 국립오케스트라의 예술감독 세르주 보도Serge Baudo가 주도했다. 그러나 작곡가의 고향에서 매년 열리는 형식의 제1회 음악제가 개최된 것은 그로부터 15년 후인 1994년이었다. 베를리오즈 탄생 200주년인 2003년에 열린 제10회 때부터 현재의 1,500석 규모의 계단형 객석, 음향시설을 겸한 조개껍질 모양의 지붕이 덮힌 넓이 20미터, 깊이 16미터의 무대가 마련되었다. 2009년부터

▲ 베를리오즈 음악제 콘서트

▲ 베를리오즈 음악제 야외무대

브뤼노 메시나Bruno Messina가 음악제의 예술감독을 맡아 다양한 시도를 하고 있다. 작곡가 생가에 세워진 '엑토르 베를리오즈 박물관' 정원에서 늦은 오후 열리는 '엑토르의 발코니 아래Sous le Balcon d'Hector'라는 연주회 시리즈를 기획했으며, 2010년에는 '엑토르 베를리오즈 유럽 오케스트라l'Orchestre Européen Hector Berlioz'를 창단했다. 음악원 학생들과 그들의 음악적 재능을 이끌어주는 기성 악단의 선배 단원들이 절반씩 참여하는 이 교향악단은 세대를 이어가며, 이 음악제의 핵심 역할을 맡고 있다.

(3) 브장송 국제 음악제Festival international de musique de Besançon

매년 9월에 개최되는 <브장송 국제 음악제>는 1948년에 시작된 전통 깊은 클래식 음악 축제이다. 성악, 실내악도 연주되지만, 역시 중심은 푸르트벵글러Wilhelm Furtwängler, 마젤Lorin Maazel, 뒤트와Charles Dutoit 등 세계적인 지휘자들이 참가해온 교향악에 있다. 게다가 행사의 일환으로 열리는 '청년 지휘자 국제 경연대회Concours international de jeunes chefs d'orchestre' 덕분에 더욱 유명해졌

▲ 2012년 브장송 국제 음악제 포스터

▲ 2014년 브장송 국제 음악제 포스터

다. 장래가 촉망되는 차세대 지휘자를 발굴해내는 이 콩쿠르는 1951년에 창설되어 매년 열려왔으나, 1993년부터는 2년에 한 번씩 개최된다. 역대 수상자 중에서 눈에 띄는 인물은 1959년에 24세의 나이로 우승한 일본인 세이지

▲ 브장송 국제 음악제 야외공연

오자와Seiji Ozawa로서, 그는 후일 세계적인 지휘자가 된다. 한편 〈브장송 국제 음악제〉는 2004년부터 현대음악 창작을 장려하기 위해 작곡가 초빙제도를 시행하고 있고, 또 2008년을 기점으로 국제적 명성의 지휘자에게 축제 프로그램 기획을 의뢰하는 등 다양한 노력을 펼치고 있다. 연주 장소도 브장송에만 국한하지 않고, 프랑쉬-콩테 지방의 여타 도시들도 활용하고 있다.

(4) 엑상 프로방스 국제 성악제Festival international d'art lyrique d'Aix-en-Provence

1948년에 시작되었으며 〈엑상 프로방스 음악제〉로 널리 알려져 있는 이 축제는 매년 7월 한 달 간 남불 프로방스의 아름다운 도시 엑상 프로방스에서 개최된다. 클래식 음악 중에서도 특히 오페라의 향연이기에 '성악제'라는 이름을 얻게 되었는데, 이는 창설 당시부터 모차르트의 오페라를 빼놓지 않고 편성했기 때문이다(축제의 최초 공연이 〈여자는 똑같아Cosi fan tutte〉였다). 프로그램은 전통적으로 모차르트 오페라 2편에, 바로크나 현대 오페라 1편으로 구성된다. 이렇게 〈엑상 프로방스 국제 성악제〉에 올려진 모차르트 오페라는 관례적으로 이듬해 부활절에 작곡가의 고향 잘츠부르크에서 재공연된다.

초창기 공연의 주 무대는 중세 시절 지어진 옛 대주교관 건물의 안뜰이었

▲ 엑상 프로방스 국제 성악제의 객석으로 변해버린 대로

▲ 2014년 엑상 프로방스 국제 성악제 포스터

▲ 엑상 프로방스 국제 성악제 콘서트 현장

다. 당시 무대는 넓이 12미터, 깊이 7미터에 불과했다. 그 후 대대적인 확장 개수공사를 거쳐서 1,350석을 갖춘 계단형 '대주교관 극장'이 되어 관객들을 맞고 있다. 이와 동일한 규모로 2007년에 개관한 '프로방스 대극장'뿐만 아니라 도시 내 여러 장소가 이 음악 축제의 공연장으로 활용된다. 특히 온천으로 유명한 엑상 프로방스 도처에 흩어져 있는 분수대 소광장들 역시 훌륭한 무대로 바뀌게 된다. 매년 8만 명의 청중이 찾아오고, 오페라 공연 실황을 텔레비전으로 현장중계를 하는 〈엑상 프로방스 국제 성악제〉는 2012년 런던에서 있었던 '오페라 상Opera Awards'에서 총 21개 중 3개의 상을 수상하였다.

(5) 라 로쉘 프랑코폴리 음악제Francofolies de La Rochelle

〈라 로쉘 프랑코폴리 음악제〉는 라디오 샹송 프로그램 진행자인 장-루이 풀키에Jean-Louis Foulquier(1943~2013)의 주도 하에 1985년 그의 고향 라 로쉘에서 시작되어 매년 7월 중에 5~6일간 열린다. 프랑스와 불어권의 뮤지션과 샹송

▲ 2014년 라 로쉘 프랑코폴리 음악제 포스터

▲ 라 로쉘 프랑코폴리 음악제의 열광하는 관중

▲ 라 로쉘 프랑코폴리 음악제 현장

들을 세상에 알리고 전파하는 것을 목적으로 하는 이 음악제는 1989년 캐나다의 몬트리올FrancoFolies de Montréal을 필두로 불가리아, 벨기에, 아르헨티나, 칠레, 독일, 스위스 등에 수출되는 등 대단한 성공을 거두었다.

대중가요를 대상으로 하는 축제 성격 상 25세 이하의 청년층이 참가자의 주류를 이루는데, 이런 상황은 관련 프로그램들에도 잘 반영되어 있다. 록, 포크, 팝, 힙합 등 불어권 대중음악의 신예 아티스트들을 위한 무대연수 프로그램인 '프랑코 작업장Le Chantier des Francos', 샹송 수업의 중요성을 다양한 교재로 지원하는 활동인 '지크(musique의 아동 언어)의 아이들Les Enfants de la Zique', 시청각 창작활동을 하는 청년들 모임을 위한 '프랑코 리포터Les Francos Repoters' 등이다.

(6) 마르시악 재즈 축제Jazz in Marciac

▲ 2014년 마르시악 재즈 축제 포스터

미디-피레네 지방의 인구 1,300명의 소읍 마르시악에는 1978년 이래로 〈마르시악 재즈 축제〉가 열려 해마다 20만 명의 인파가 몰려든다. 7월의 마지막 주말부터 3주 동안 이 작은 마을은 밤마다 거대한 재즈 클럽으로 바뀐다. 중세의 회랑이 남아 있는 마을 중앙광장에 마련된 대형 특설무대는 6천 관중을 수용할 수 있다. 이곳을 중심으로 하여 사람들은 주변 노점에서 먹고 마시며 음악에 취한다. 세계적인 천재 뮤지션인 레이 찰스Ray Charles(1930~2004)나 재불 재즈 가수 나윤선 등 기라성 같은 역대 참가 아티스트들 중에서 눈에 띄는 인물은 윈튼 마살리스Wynton Marsalis(1961년~)이다. 미국 뉴올리언스 출신의 유명 재즈 트럼펫 연주자인 그는 1991년부터 한 해도 거르지 않고 참가하고 있어 이 축제의 '대사'라고 불린다. 마살리스는 〈마르시악 조곡(組曲)Marciac Suite〉도 작곡했다.

한편 2014년에 출간된 책 『마르시악의 놀라운 운명 : 창시자들의 꿈에서 재즈의 열정으로Le Fabuleux Destin de Marciac : du rêve des fondateurs à la passion du jazz』는 이 마을 중학교 교장 장-루이 길로몽Jean-Louis Guilhaumon(1948년~)을 중심으로 전통 재즈를 좋아하는 몇몇 사람들이 모여 어떻게 〈마르시악 재즈 축제〉를 시작했으며, 유럽을 대표하는 성공적인 페스티벌로 키워왔는가를 상세히 기

▲ 마르시악 재즈 축제 공연무대

▲ 마르시악 재즈 축제 현장

록하고 있다. 마을 주민들의 열정이 자신들의 고향을 특정 분야의 메카로 만들어가는 과정은 시사하는 바가 크다. 길로몽는 1995년부터 마르시악 시장직을 맡고 있으며, 여전히 〈마르시악 재즈 축제〉의 현역 예술감독이다.

(7) 벨포르 유록켄 페스티벌Eurockéennes de Belfort

▲ 2014년 벨포르 유록켄 페스티벌 포스터

프랑쉬-콩테 지방의 소읍 벨포르 인근에는 매년 7월의 첫 번째 주말 3일 낮 3일 밤 동안(2014년의 경우 7월 4일 금요일~6일 일요일) 노천에서 '유록Eurocks'을 즐기는 사람들의 축제가 열린다. 두 개의 호수 사이에 위치한 말소시Malsaucy 반도의 아름다운 자연 풍광을 배경으로 전혀 상업성과는 무관한 협회인 '음악의 영토Territoire de Musiques'가 주관한다. 이 록 페스티벌은 프랑스 대혁명 2백 주년을 기념하여 1989년 시작되었다.

▲ 벨포르 유록켄 페스티벌 현장 열기

10만이 넘는 관객들(4일간 열린 2013년의 입장객은 127,000명이었다)은 정가가 아닌 자신이 임의로 정한 입장료를 지불하며, 근처 캠핑장과 셔틀 버스도 무료로 활용한다. 이는 메세나, 즉 예술후원자 클럽의 지원이 있기 때문에 가능한 것으로, 현재 회원기업 수는 백여 개에 달하고 있다. 청소년을 위한 대규모 현장 문화 행사를 지향하는 이 대중음악 축제는 '작은 우드스탁le petit Woodstock' 이라는 별칭에 어울리게 세계적인 뮤지션들은 물론 무명의 젊은 언더그라운드 그룹들에게까지 '음악의 영토'의 문을 개방하고 있다. 매년 통상 75개의 공연이 이루어지는데 록, 메탈, 팝, 포크, 레게 등 그 종류도 다양하다.

6) 사진 축제

(1) 아를 국제 사진 축제Les rencontres d'Arles photographie

'아를의 만남Rencontres d'Arles', 즉 〈아를 국제 사진 축제〉는 프랑스 동남부 프로방스-알프-코트 다쥐르 지방 아를에서 매년 7월 막이 오르는 세계에서 제일 중요한 사진 축제 중의 하나이다. 이 축제를 통해 세계 사진계의 흐름

▲ 아를시 입구에 붙어있는 아를 국제 사진전 포스터

▲ 아를의 원형 경기장

을 이해할 수 있다. 1970년 사진작가 뤼시엥 클레르그Lucien Clergue, 작가 미셸 투르니에Michel Tournier, 역사가 장 모리스 루케트Jean-Maurice Rouquette에 의해 창설되어 매년 2달 동안 개최되고 있다. 축제 초창기는 사진이 예술의 한 장르로 자리매김하는 데 큰 역할을 하였다.

아를은 원형 극장과 고대 극장을 비롯한 로마시대의 많은 유적과 〈해바라기〉, 〈밤의 카페 테라스〉 등 고흐의 유명 작품들로 잘 알려진 인구 약 5만 3천 명의 소도시이다. 축제 기간 세계 각국의 사진작가와 사진 애호가, 유명 평론가, 편집자, 학자, 큐레이터들이 아를 시 당국과 축제 조직위원회, 시민들의 적극적인 후원과 열성 아래 사진의 예술적 면모를 보여주는 만남의 장을 펼치고, 전 세계 사진 관계자들의 시선이 아를로 향한다. 이 국제적인 사진 축제를 관람하기 위해 2011년 한 해 8만 4천 명이 이 도시를 방문하였다. 이는 2010년 보다 약 15% 늘은 수치이다. 당국의 조사 결과, 관람객의 90%가 프랑스인, 28%가 축제 처음 관람객, 72%가 5년 이내 축제를 이미 관람한 사람들이었다.

아를 국제 사진 축제는 개막 기간 동안 영상제, 컨퍼런스, 강연회, 워크숍, 사진가들에게 세계 사진 시장 접근과 포트폴리오에 대한 조언, 가이드 투어 등 다양한 프로그램으로 사진에 대한 접근을 시도한다. 또한 40~60개의 전시가 성당, 교회, 관공서, 개인 주택에서 열려 온 도시가 갤러리로 변한다. 2011년에만 47개의 사진 전시회가 축제 주최측 단독이나 작가와 공동으로 기획되었다. 포트폴리오 심사는 226명의 사진기자들의 작품을 112명의 국제적인 전문가들이 심사하였다. 주최측이 주관한 35개의 전시회에서 360명(외국인 36%)의 인턴쉽 학생들이 활발하게 진행을 도왔다. 2011년 축제 예산 550만 유로의 46%는 정부 보조, 37%는 자체 수익, 16%는 기업 후원금으로 충당되었다. 전시 자금을 정부 보조 외 기업 후원금에 크게 의존하지 않고 수익 사업을 벌여 자체 충당한 조직위원회의 노력이 돋보인다. 전시회 평균 입장료는 27유로였고 18세 이하 청소년들과 아를 시민, 저소득층은 무료로 입장하였다.

아를 국제 사진 축제는 폐막식에서 매년 신인 작가상Prix Dcouverte, 최고 저자상Prix du Livre d'Auteur, 최고 사진의 역사 도서상Prix du Livre Historique을 시상하며 신인 작가상에 2만 5천 유로, 나머지 두 상에 8,000유로씩의 상금이 주어진다.

아를 국립 사진 학교

33개의 강좌가 개설된 워크샵이 1981년 국립 사진학교 설립의 원동력이 되어 아를에는 세계최고의 국제적인 사진축제뿐만 아니라 프랑스에서 최초의「국립 사진 학교」가 설립되었다. 축제가 처음 만들어졌을 당시에는 즐긴다는 개념이었으나 워크샵 과정 덕분에 사진교육과 조사연구란 부문이 덧붙여졌고 사진학교에 이어「만화영화 학교」도 생겼다. 이미 워크샵의 운영 노하우와 준비된 교사와 설비 때문에 학교 개교에는 크게 어려움이 없었다. 아를 국립 사진학교에는 한국 학생들도 많이 공부하고 있고 매년 외국인 25명과 내국인 25명을 모집하는데 경쟁률이 보통 20대 1이 넘는다.

아를 국제 사진 축제는 세계 유일의 전문적 교류의 장으로서, 모든 장르의 사진학에 대하여 호기심 많은 대중들의 교육장 역할을 다하고 있다. 한편 서울에 서울 시립 미술관, 사립 미술관 등 30여 곳에서 〈서울 사진 축제〉가 있다. 가장 주목받는 국내외 작가의 작품뿐만 아니라 시민대상 사진 공모를 거친 신진작가 10명의 작품도 전시된다. 또 한국 대표 사진가들의 기증 작품들을 경매에 내놓아 기부하는 '포토나눔' 행사도 하며 아를 국제 사진 축제와 같은 세계적 축제로 발전시키려고 노력하고 있다.

(2) 페르피냥 국제 보도사진 페스티벌Festival international du photojournalisme de Perpignan

▲ 페르피냥(Perpignan) 보도사진 축제

1989년 처음 시작된 〈페르피냥 국제 보도사진 페스티벌〉은 매년 8월 말에서 9월 중순까지 15일 동안 스페인 국경 근처의 프랑스 남부 도시 페르피냥에서 열린다. 포토저널리즘은 문자 그대로 사진Photo과 저널리즘journalisme의 합성어로 사건이나 시사적인 문제를 사진기술로 표현하는 보도사진을 일

▲ 페르피냥

▲ 페르피냥 국제 페스티벌의 사이트

▲ 성당에서 열리는 보도사진 전시회

▲ 보도사진 페스티벌 전시장

컫는다. 보도사진은 사진 분야에서도 특수 분야로서, 일종의 창조이며, 예술이다. 이 축제의 목표는 보도사진의 중요성과 가치를 강화하는 것이다.

엄밀한 의미에서 과학적이고 정확한 이미지는 존재하지 않는다. 그래서 우리는 보도사진 작가들이 마주친 특별한 순간, 특별한 광경, 특별한 기억들을 사진을 통해 오랫동안 생각하고 명상한다. 체르노빌 원전 사고 이후의 모습을 다룬 사진도 있고, 좋은 이야기가 들어있는 재미있고 아름다운 사진들도 있다. 그리고 알제리나 모스코바를 지나며 그곳 사람들의 일상의 한 순간을 담은 윌리엄 클레인William Klein의 사진들도 있다. 밀란 쿤데라는 "기억이란 영화가 아닌 이미지로 만들어 진다."고 하였다. 사진에 대한 사랑과 열정이 있는 수천의 사람들이 페르피냥 국제 보도사진 페스티벌을 통해 서로 공감을 나누며, 페르피냥 시내 여러 전시장을 돌며 세계적인 보도사진작가나 기자들의 작품을 감상한 후 새로운 경험과 기술을 손에 넣기도 한다. 그리고 동료들과 만나 자신의 작품이나 자신의 직업에 대해 이야기를 나누고, 포토에이전시와는 판매에 대해 말한다. 반포토샵이나 사진 이미지의 고유성과 같은 주제로 토론회도 열린다. 축제 기간 내내 전 세계의 사진작가나 사진기자들이 일자리를 찾으러 출판매체의 사진 담당자나 화랑 운영자, 보도매체의 사진 담당자와 면담의 기회도 갖는다.

"비자 푸르 리마주Visa pour l'image"는 페르피냥에서 열리는 국제 보도사진 페스티벌의 별칭이다. 1989년부터 시작된 '비자 푸르 리마쥬'는 이제 보도사진 분야에서 세계적인 만남의 장이다. 전문 사진작가로서 비자 푸르 리마주에 참가하기 위해서는 한 가지 주제마다 최소 50장에서 150장 정도의 사진을 보내야 한다. 최고의 르포르타쥬 사진작품과 사진작가에게 상이 마련되어 있다. 최고의 현장 보도사진을 찍은 사진작가에게 '비자 도르Visa d'or' 상을 수여한다. 이 상은 뉴스 부문, 잡지 부문, 일간지 부문으로 나뉘어진다. 2010년 뉴스 부문 비자 도르 상은 뉴욕 타임스지의 데이먼 윈터Damon Winter가 찍은 〈아이티Haiti〉에 돌아갔다. 그리고 페르피냥 시에서 주는 젊은 보도사진기자상도 있다. 사진 전시회뿐만 아니라 컨퍼런스, 국제회담, 많은 무료 전시회장들과 토론장들이 있다. 또 위대한 사진작가들의 회고전도 열린다. 특히 저녁에는 아름다운 캄포 상토 수도원Campo Santo에서 영상 상영회도 있다.

오래된 중세 건물의 계단식 좌석에 편안하게 자리 잡은 관객들은 거대한 화면에 눈을 고정시킨 채, 지난 해의 시사 보도 작품을 감상하고, 종종 한 번도 전시되지 않은 르포타쥬 사진을 감상한다.

● **기타 사진 축제들**

번호	축제명 및 웹사이트 주소	일시	장소
1	해양 사진 페스티벌 Festival Photo de Mer www.photodemer.fr/	4월 초순	반느 Vannes
2	라 가실리 인물 & 자연 사진 페스티벌 Festival Photo Peuples & Nature de la Gacilly www.festivalphoto-lagacilly.com/	6월 초순	라 가실리 La Gacilly
3	국제 패션 사진 페스티벌 Festival international de la photographie de Mode www.festivalphotomode.com/	7월 중순	칸 Cannes
4	국제 자연 사진 페스티벌 Festival international photo anmalière et nature http://www.festiphoto-montier.org/	9월 중순	몽티에 앙 데르 Montier-en-Der
5	국제 해저 사진 페스티벌 Festival mondial de l'image sous-marine www.underwater-festival.com/	10월 하순	마르세유 Marseille
6	망통 사진 페스티벌 Festival Photo Menton www.photomenton.com/	11월 하순	망통 Menton

7) 미술 축제

(1) 노르망디 인상주의 축제Festival Normandie Impressionniste

▲ 인상주의 축제 로고

'노르망디 인상주의 축제'는 2010년 6월부터 9월까지 노르망디 전 지역에서 처음으로 개최되었다. 노르망디 인상주의 협회는 로랑 파비우스Laurent Fabius가 제창하여 만들어졌고 현재 피에르 베르제Pierre Bergé에 의해 이끌어지고 있다. 노르망디 주요 도시 곳곳에서 펼쳐지는 축제 기간 동안 인상주의 전시회는 물론 인상파들이 살던 시대와 그들의 그림 무대가 현대 예술, 비디오, 음악, 연극 등으로 재현된다. 이 거대한 예술 축제를 위해 노르망디의 문화, 관광, 경제 관계자들의 온 역량이 결집된 200개 이상의 문화 축제 이벤트가 열리며 인상주의를 부활시킨다.

▲ 노르망디 문장

노르망디는 프랑크 왕국(프랑스) 샤를 3세Charles III le Simple가 911년 바이킹에 양도한 일부 지역에서 비롯되었다. 샤를마뉴 통치 하 799년부터 바이킹이 장선을 타고 센 강을 통해 원정 기습을 계속해오다가 9세기 중엽부터 센 강 하류에서 겨울을 나고 내륙으로 쳐들어오며 점령 · 정착하는 단계에 이르자 샤를 3세가 우두머리인 롤롱Rollon과 협정을 맺으며 센 강 하구와 루앙을 지키고 다른 바이킹들의 침입을 막게 한 것이

▲ 아로망슈 해변

▲ 옹플뢰르 구항

다. 'Normandie'라는 이름은 접미사 '-ie'가 붙는 'normand'에서 파생되었다. 'normand'은 프랑크족 언어로 북방인을 뜻하는 'nortman'의 차용어이다. 따라서 Normandie는 '북방인이 사는 고장'이라는 의미이다.

전체 면적 30,100km²에 345만여 명의 주민이 거주하고 있는 노르망디 지방은 오트 노르망디Haute-Normandie와 바스 노르망디Basse-Normandie로 나뉜다. 사과, 우유, 육류, 해산물이 풍부하게 생산되는 노르망디의 대표적인 특산물은 시드르(cidre · 사과주)와 칼바도스(calvados · 사과 브랜디), 하얀 외피로 덮인 카망베르camembert 치즈이며 시드르와 칼바도스는 사과와 함께 요리에 폭넓게 쓰인다.

모네가 연작으로 그린 고딕양식의 대성당이 있는 루앙Rouen, 17세기 후반 만들어진 그림 같은 구항구Vieux Bassin로 잘 알려져 있고 바다풍경 화가로 인상주의의 선구자 중 한 사람이며 모네에게 큰 영향을 준 외젠 부댕Eugène-Louis Boudin의 고향인 옹플뢰르Honfleur, 코끼리 바위라고 불리는 절벽으로 유명한 에트르타Etretat, 모네가 말년에 머무르며 그린 연작 〈수련〉의 배경이 되었던 유명한 정원과 아틀리에가 있는 지베르니Giverny, 아시아 영화제와 아메리카 영화제, 영화 〈남과 여〉의 무대로 유명한 휴양지 도빌Deauville, 그리고 노르망디 서쪽 끝자락, 바다 기슭에 고립되어 솟은 작은 바위산 위에 세워진 수도원의 신비로운 경관을 보려고 매년 3백만 명 이상의 관광객이 찾는 몽생미셸(Mont Saint-Michel · 성 미카엘의 산)이 유명하다.

아름다운 해변과 자연 풍경의 노르망디는 인상주의의 요람이다. 클로드 모네가 1872년 인상주의라는 명칭의 유래가 된 〈인상, 해돋이Impression, Soleil Levant〉를 그린 곳이 아브르Havre이다. 매우 다양한 풍광과 변화무쌍한 빛을 배경으로 한 노르망디는 인상주의 화가들의 영감의 무한한 원천이었다.

노르망디 인상주의 축제는 회화, 현대미술, 음악, 영화, 연극, 무용, 사진, 비디오, 문학, 컨퍼런스, 소리와 빛, 풀밭 위의 점심, 노천카페, 무도회 등과 같은 폭넓은 영역과 여러 형태로 펼쳐지는 예술 문화 행사이다. 축제 첫날 루앙 시청 광장에 1,250명이 모여 '하늘에서 본 모네Monet vu du ciel'라는 주제로 각기 화판을 들어올리며 600㎡의 모네의 〈루앙 대성당〉 대형 콤퍼지션이 만들어졌고, 마지막 날 축제에 참여한 모든 미술관에서 성대한 인상주의 전시 폐막의 밤 행사를 가졌다.

루앙 보자르 미술관Musée des Beaux-Arts de Rouen, 지베르니Giverny 인상주의 미

▲ 하늘에서 본 모네 콤퍼지션

술관, 캉Caen 보자르 미술관, 아브르의 앙드레 말로André Malraux 미술관을 비롯한 여러 미술관에서 개최되는 인상주의 전시회 외에도 아마추어 미술 전시회와 어린이 미술대회 등도 열리며, 또한 심포지엄이나 컨퍼런스, 미술사 강좌, 안내원을 동반한 관람 등의 교육적 측면도 소홀히 하지 않아 미술 애호가나 노르망디 학생들의 인상주의에 대한 이해력을 높이고 있다. '진정한 밤에서 태어난 진정한 빛'으로 평가 받고 있는 재불 화가 김인중 신부의 대형 그림 4점과 2장 접이 스테인드글라스 작품이 루앙 대성당에 전시되었다.

노르망디 인상주의 축제는 2010년 첫 회에 인상주의의 도시 루앙 보자르 미술관 전시회 입장객 20여만 명, 총 관람객 수 100만 명 이상으로 대성공을 거두며 전시회, 음악과 연극 프로그램, 공연 등에 노르망드인, 프랑스인뿐만 아니라 전 세계 모든 이에게 열려 있는 수준 높은 예술 축제로 자리매김했다. 축제 당국과 관광 안내소들 통계자료에 따르면 50만 명을 기준으로 노르망디인과 다른 지역 프랑스인, 외국인이 각각 1/3씩 축제를 관람하여 지역 경제에 대단히 긍정적인 영향을 끼쳤다. 루앙은 축제 기간 동안 호텔 투숙률이 프랑스 전국을 통틀어 가장 급격히 상승(15%)한 도시였다.

▲ 앙드레 말로 미술관

2013년 4월부터 9월까지 개최된 두 번째 축제 테마는 '물'로서 센 강, 바다, 항구, 비에 더 높은 가치를 부여하였다.

(2) 살롱 도톤(Salon d'automne, 가을 살롱)

〈살롱 도톤〉은 1903년 시작되어 오늘날까지 파리에서 매년 가을 열리고 있는 미술 전람회로서 미술가뿐만 아니라 전 세계 모든 예술가들이 한데 모이는 미술 축제이다. 회화 외에도 조각, 사진(1904년부터), 데생, 판화, 응용미술, 건축 등 다영역을 수용하는 데서 다른 살롱들과 구분되며 외국 화가 작품도 특별 전시된다.

벨기에 건축가 주르댕Frantz Jourdain이, 그의 건축가 친구들과 함께 살롱 도톤을 조직하고 1903년 10월 31일 프티팔레Petit Palais의 지하공간에서 제 1회 살롱을 개최하였다. 젊은 작가들에게 전시 기회를 주고 일반 대중으로 하여

▲ 1903년 살롱 도톤 첫 카탈로그

▲ 2014년 살롱 도톤 포스터

▲ 그랑 팔레

금 인상주의와 그 최근 동향을 접할 수 있게 하는 것이 창립 목적이었으며, 여름 동안 옥외 작업한 작품을 전시할 수 있게 하고, 당시 다른 두 주요 봄 살롱인 프랑스 국립미술협회 살롱전Salon de la Société nationale des beaux-arts과 프랑스 미술가전Salon des Artistes français의 개최 시기를 피해 가을로 전시 시기를 잡았다.

첫 회에 바로 성공을 거둔 살롱은 1904년 전시장 그랑 팔레Grand Palais로 개최 장소를 옮겼으며, 1937년에는 파리 만국 박람회로 인해 엥발리드Invalides 녹지 광장이 임시 전시장으로 사용되기도 하였다. 제2회 살롱 토돈은 세잔의 33점, 르동Odilon Redon의 62점, 르누아르의 35점 회화 작품을 전시하였다.

1905년부터 살롱 도톤에서 '야수주의Fauvisme', '입체주의Cubisme' 등의 모더니즘 미술이 발생하였다. 야수주의라는 명칭은, 20세기 초 가장 영향력 있는 미술비평가 중의 한 사람이었던 보셀Louis Vauxcelles이 제3회 살롱도톤 그랑 팔레 7호 전시실 한 가운데 놓여 있던 마르크Albert Marque의 고전주의 양식의 작은 대리석 흉상과 어린이 토르소를 보고 "야수들에 둘러싸인 도나텔로

Donatello parmi les fauves"라고 파리 일간지 질 블라스Gil Blas 별쇄본에 쓴 데서 나왔다. 야수들이란 전시실 벽에 걸렸던 마티스Henri Matisse의 〈모자를 쓴 여인la femme au chapeau〉을 비롯한, 드랭André Derain, 블라맹크Maurice de Vlaminck, 망갱Henri Manguin, 카무앙Charles Camoin, 마르케Albert Marquet의 색채와 터치가 야수처럼 매우 강렬한 작품들이었다.

▲ 마티스의 〈모자를 쓴 여인〉

1907년부터 1909년까지 피카소Pablo Picasso는 세잔의 예술 세계와 아프리카 예술, 특히 콩고 예술에 영향을 받았다. 피카소는 입체주의의 출발점이 된 〈아비뇽의 여인들Les Demoiselles d'Avignon〉을 자신이 수집했던 아프리카 가면들에서 부분적으로 영감을 받아 그렸다. 이 작품이 당시 관객과 비평가들에게 거부감을 준 것은 소재가 아니라 극단적으로 왜곡시켜 놓은 전통적 표현 방식 때문이었다.

▲ 브라크의 〈에스타크의 집들〉

입체주의라는 명칭은, 1908년 살롱 도톤에 출품되었으나 심사위원이던 마티스에게 거절당한 브라크Georges Braque의 풍경화에서 유래하였다. 마티스는 브라크가 에스타크에서 그린 풍경화를 "작은 입방체 더미"라 평하며 입방체라는 용어를 처음 사용하였고, 이 말을 전해들은 보셀이 아트딜러 칸바일러의 갤러리에서 열린 브라크 개인전을 보고 질 블라스지에 마티스의 표현을 기사에 그대로 사용하였다.

2011년 이래 콩코르드 광장에서 프티 팔레 전시장에 이르는 샹젤리제 거리에서 열리고 있는 파리 도톤은 관람객 수가 2011년 1만 6천명 이상, 2012년 1만 8천명 이상으로 종전의 기록을 크게 앞지른 가운데, 2013년 살롱 창립 110주년을 맞이하였다.

⑶ 국제 현대 미술 박람회FIAC Foire internationale d'art contemporain

〈국제 현대 미술 박람회FIAC〉는 스위스의 바젤, 미국의 시카고와 함께 전통과 권위를 자랑하는 세계 3대 아트페어로서 매년 10월 파리에서 펼쳐지는 현대 미술 축제이다. 현대 미술 및 동시대 미술 작품을 한눈에 보며 세계 현대미술계의 최근 흐름을 파악할 수 있다. 또한 떠오르기 시작하는 젊은 작가들의 작품도 소개하여 그들의 등용문 역할을 한다.

상업적 측면이 강한 이 행사는 예술 애호가들의 감상과 더불어 세계 여러 나라의 갤러리스트, 컬렉터, 큐레이터, 미술관장, 현대미술계 유명 인사들의 만남의 장이 되며, 세계 유수의 갤러리들 사이의 정보 교환과 유명 작가 작품을 비롯한 미술품 거래가 이루어진다. 비엔날레가 한 주제 아래 전시를 목적으로 한 작가 예술성을 위주로 조직된 국제적 대규모 전시 행사인 반면, FIAC

▲ 2012년 FIAC, 그랑 팔레

▲ FIAC

▲ FIAC 포스터

은 그 개념을 넘어 작품 매매를 목적으로 시장성이 중시되는 미술품 견본 시장인 것이다.

FIAC의 장르는 회화, 사진, 조각, 설치, 비디오, 멀티미디어 등 현대미술을 망라하며, 본 행사는 개인전, 단체전, 젊은 갤러리스트와 작가를 위한 전망전, 출판전, 그리고 비디오 큐브전으로 나뉘어 구성되어 있다. FIAC은 1970년 시작된 '아트 바젤', 즉 바젤의 '국제 미술 전람회 Exposition international 《ART》'를 모델로 하여 1974년 구 바스티유 역사에서 '국제 현대미술 살롱Salon international d'art contemporain' 이라는 명칭으로 출범하였고, FIAC 명칭은 이듬해 2회 박람회에서 처음 사용되었다. 그 후 이전한 그랑 팔레가 1993년 FIAC 개최 후 장기간 대대적인 내부 수리 공사에 들어가 포르트 드 베르사유 전시장Parc des expositions de la porte de Versailles에 여러 해 동안 둥지를 틀었다가 2006년 FIAC의 주축인 그랑 팔레로 다시 이전하여 행사를 치루었다.

10월 18일부터 21일까지 열린 〈2012 FIAC〉은 24개국에서 182개의 현대미술 갤러리가 참가하였다. 참가 신청을 한 각국의 갤러리 가운데 FIAC 조직위원회가 엄격한 참가 선별을 한다. FIAC은 현대미술과 동시대 미술 작품, 또 미술계의 조명을 받는 신경향 작품 전문 갤러리를 수용한다. 2013년 25개국, 184개의 현대미술 갤러리가 참가한 제 40회 FIAC은 10월 24일부터 27일까지 그랑 팔레 외 튈르리 공원, 파리 식물원, 방돔 광장 등 다양한 장소에서의 전시와 2008년 이후 루브르 홀에서 열리는 개막 퍼포먼스 프로그램이 이루어졌다.

2. 종교와 민속 축제

유럽은 역사적으로 기독교의 영향 받은 지역이므로 전체적으로 기독교 문화의 자취가 많이 남아 있다. 특히 프랑스는 가톨릭의 영향을 오래 받은 지역이므로 여느 다른 유럽 국가와 마찬가지로 〈예수 성탄 대축일〉, 〈예수 부활 대축일〉, 〈성령 강림 대축일〉 등 가톨릭 축일이 종교이자 민속 전통 축제일이 되었다. 그러나 이 축제들을 고대의 여러 문화들로부터 다양한 풍습의 영향을 받아 가톨릭 축일에 반영된 것임을 알 수 있다.

종교 축일은 프랑스 달력에서 아주 중요하다. 〈예수 성탄 대축일〉, 〈예수 부활 대축일〉, 〈성령 강림 대축일〉, 〈모든 성인 대축일〉 등이 종교생활이나 일상생활에서 큰 기준이 되기 때문이다. 〈예수 성탄 대축일〉이나 〈예수 부활 대축일〉에는 흩어져 있던 가족들이 모두 모여 식사를 하는 가족 축제의 형식을 띄고, 〈모든 성인 대축일〉에는 돌아가신 조상들을 기리며 성묘를 한다. 〈예수 부활 대축일〉과 〈성령 강림 대축일〉은 종교에서 유래한 날이지만 그 다음 날을 공휴일로 지정되었기 때문에 프랑스 사람들에게 이 기간은 작은 바캉스이다. 〈예수 승천 대축일〉과 〈성모 승천 대축일〉은 주말을 포함한 월요일까지 공휴일이므로 휴식하기에 좋은 기회로 이용된다. 특히 〈성모 승천 대축일〉은 8월 15일이기에 프랑스 사람들이 가장 많이 이용하는 여름 바캉스를 즐기는 시기이기도 하다. 수많은 마을 축제가 이 시기에 벌어진다. 오늘날 프랑스는 다민족국가답게 이슬람의 라마단, 유대교의 속죄제, 동아시아의 음력설도 달력에 표시되어 있고, 1997년부터는 미국의 전통인 할로윈도 포함되었다. 종교와 민속 축제를 날짜순으로 알아보자.

1) 성 실베스트르 축일과 새해Le saint-Syvestre et Le Nouvel an

12월 31일은 〈성 실베스트르 축일〉이다. 성 실베스트르는 로마의 33번째 교황이었다. 프랑스와 많은 유럽국가에서 크리스마스는 가족들과 보내고, 한 해의 마지막 날은 친구들과 보낸다. 이 날은 주로 와인이나 샴페인과 함께 굴, 훈제 연어, 바닷가재 등 해산물 요리를 즐겨 먹는다. 12월 31일 오후 11시가 되면 콩코르드광장에서 개선문에 이르는 샹젤리제 거리에 차량 통행을 막고 한 해의 첫 순간을 맞이하려는 사람들이 모인다. 이날 파리의 대중교통은 밤새 운행한다. 31일 오후 5시부터 다음 날인 새해 1일 낮 12시까지 무료다. 식당이나 바, 클럽들은 이날을 위해 특별 프로그램을 준비한다. 식당은 저마다 특별 메뉴를 선보이느라 정신없고, 클럽이나 디스코텍에서도 댄스파티를 열며 새해를 맞이한다. 파리의 클럽들은 보통 오후 8시부터 그 다음 날 오전 6~7시까지 즐기다가 간단한 아침식사를 제공하기도 한다.

1월 1일 0시가 다가오면 카운트다운을 하며 새해 첫 순간에 서로 포옹을 하며 "Bonne année !"(새해 복 많이 받으세요!)라는 인사를 주고받으며 새해의 행운을 기원한다. 전통적으로는 행운을 상징하는 '겨우살이'의 일종인 '기'gui라는 식물 아래에서 서로에게 좋은 한 해를 기원한 뒤, 길거리로 나가 "Bonne année !"(새해 복 많이 받으세요!)를 외치거나 거리에서 트럼펫이나 자동차 경적 등으로 요란하게 새해맞이를 한다. 이날만큼은 마음껏 거리에서 소리 지르고

자동차 경적을 울려도 법에 저촉되지 않는다. 프랑스에는 이날의 홍겨운 고함은 악(惡) 기운을 물리친다는 전통 풍습이 있어서 너나 할 것 없이 누가 더 크게 고함을 지르나 경쟁이 붙기도 한다. 1월 1일에는 프랑스의 대통령이 엘리제궁에서 녹화한 대통령 신년연설을 TF1, France2, France 3, M6 같은 주요 텔레비전 방송사를 통해 저녁 8시에 내보낸다.

1월 1일에는 가족들이 함께 모이는데 할아버지와 할머니들은 손자 손녀들에게 새해 인사를 받고 '새해 선물'(étrenne, 에트렌)을 주기도 하고 사람들은 자신이 사는 건물의 주택관리인, 우체부, 환경미화원, 소방관들에게 돈을 주는 풍습이 있다. 매년 파리에서 많은 사람들이 화려하게 장신된 샹젤리제 거리를 가득 메우거나 에펠탑 아래 모여 폭죽을 터트리며 새해가 오는 것을 축하하다. 그러나 최근에 사람들이 많이 모이는 곳에서 폭죽을 터트리는 것은 안전을 이유로 금지되고 있다.

▲ 12월 31일 밤 샹젤리제 거리

2) 주님 공현 대축일Fête des Rois, L'Épiphanie

1월 첫 번째 일요일 〈주님 공현 대축일〉은 아기 예수를 경배하러 황금과 몰약, 유황을 가져 온 동방박사를 기리기 위한 날로 공휴일로 정해지지는 않았다. 이때가 해가 길어지기 시작하는 시기이기 때문에 고대 로마 시대부터 이날은 빛의 축제일이도 했다.

동방 박사들을 기리기 위해서 종이처럼 얇은 반죽을 겹겹이 쌓고 그 안에 버터와 '프랑지판'Frangipane이라는 아몬드 크림이나 과일잼, 설탕, 달걀 등을 넣고 결이 촘촘하게 살아 있는 둥그런 모양의 갈레트 데 루아(Galette des Rois, '왕의 파이'란 뜻)라는 파이를 먹는다. 이것이 프랑스의 대표적인 1월 풍습이 되었다. 이 파이 속에는 페브fève라고 부르는 손가락 한 마디만 한 사기 조각 인형이 들어 있다. 페브의 유래는 고대 로마시대로 거슬러 올라간다. 로마인들은 1월 초에 지내는 축제에서 하루 동안 신분을 서로 바꾸어 역할 뒤집기 행사를 많이 하였다. 여기서 왕을 뽑기 위해서 케이크 안에 페브를 숨겨 놓았다고 한다.

갈레트 데 루아를 나눠 먹을 때 그날의 왕이 될 수 있다.

이런 풍습에서 유래하여 모인 사람 수만큼 갈레트를 잘라 놓고, 사기 인형(페브)이 들어 있는 조각을 가진 사람이 바로 그날의 왕이 되어 종이 왕관을 쓰게 된다. 왕이 된 사람은 하루 동안 다른 사람에게 명령을 내릴 수 있고, 모임에 참석한 사람들 중 왕비를 뽑을 수도 있다. 사기 인형은 동방박사 인형부터 동물 모양, 각종 음식 모양까지 매우 다양하고 예뻐서 수집하는 이들이 많다. 심지어 어떤 집은 인형들을 수집하느라 몇 날 며칠 이 파이만 먹기도 한다. 파이를 하도 먹어서 물린다며 다른 빵으로 대체하는 이들도 종종 있다. 프랑스 북부에서는 해와 날들이 길어지는 것을 상징하는 아몬드 크림인 프랑지판이 든 둥근 갈레트를 먹고 남부에서는 왕관 모양의 과일 절임이 든 브리오슈라는 빵을 먹는다.

▲ 갈레트에 넣는 페브

페브를 씹어 왕이 된 사람은 종이로 된 왕관을 쓰고 다른 사람들은 "Vive le roi !" 또는 "Vive la reine !"("대왕 만세!" 또는 "여왕 만세!")라고 외치면서 샴페인을 마신다. 이 날 왕이 된 사람은 일년 내내 운수 대통한다는 속설이 있어서 은근히 페브가 걸리기를 기대해본다. 종교의 엄숙함을 떠나 이제는 가족이 함께 즐기는 즐거운 축제일이 되었다.

3) 주님 봉헌 축일La Chandeleur, Fête de la Lumière or jour des crêpes 2월 2일

추운 계절이 지나간 2월 2일은 〈주님 봉헌 축일〉이다. 이 날은 예수 탄생 40일 후, 정확히 말하면 2월 두 번째 화요일이다. 아기 예수가 성전에 봉헌된 것présentation과 이를 본 시몬의 말대로 모든 이에게 구원의 길을 밝히는 빛이 된 예수를 기념하는 날이다. 로마 제국의 축제에서 기원한 이 전통은 대를 이어 계승되어 오늘에 이르렀다. 빛의 축제일이기도 한 이 날은 번개나 홍수로부터 집을 보호하기 위해 집안 곳곳에 촛불을 밝혀 놓고, 태양과 행복, 번영의 상징인 둥근 크레프를 부쳐 먹는다. 프랑스에서 이 축제의 하이라이트는 〈주님 봉헌 축일〉에 크레프를 잔뜩 먹는 것이다. 크레프를 만드는 동안에 길흉을 점치기도 한다. 전통적으로 글씨 쓰는 손으로 동전 하나를 쥐고 다른 손으로는 팬에 든 크레프를 공중에 던져 뒤집는다. 크레프가 팬에 잡히면 남은 한 해 동안 가족이 융성할 것으로 믿는다. 이 축제일은 사육제carnaval가 시작되는 날이기도 하다.

▲ 종교적 행사로서 빛의 축제

▲ 주님 봉헌 축일에 먹는 크레프

성촉절의 유래와 전통

chandeleur(성촉절)이란 말은 라틴어 candelarum(초)에서 유래하며, 성촉절의 전통은 정화의 상징으로 자정에 촛불을 키는 것에서 시작되었다. 로마인들에게 성촉절은 다산(多産)의 신인 루페르쿠스(Lupercus)를 기리는 루페르칼리아(Lupercalia)라는 정화 의식 축제로서 2월 2일부터 15일까지 계속되었다. 임볼릭(Imbolic, 켈트족의 불의 축제)은 켈트인들이 2월 1일에 브리지트(Brigit) 여신을 기리고 겨울 끝에 정화와 다산을 축하하는 축제이다. 파종 전에 종자를 정화하기 위하여 횃불 든 농부들이 브리지트 여신에게 기도를 하면서 들판을 행진한다.

5세기에 교황 겔라시우스 1세(Gelasius I)가 이교도의 정화의식인 루페르칼리아를 성촉절로 교체하였다. 이 이교도 의식 중에서 유대인들에게서 유래한다고 하는 부분은 첫 아들은 태어난 지 40일 만에 엄마가 두 마리 비둘기 제물과 함께 주님에게 봉헌하는 것이다.

교회의 횃불은 악마를 물리치기 위해 그리스도가 세상의 빛임을 상징하는 촛불로 교체되었다. 기독교도들은 축성 받은 초를 가정의 보호물로 집으로 가져간다.

4) 기름진 화요일Le mardi gras과 카니발Le Carnaval

〈카니발〉은 우리나라 말로 사육제(謝肉祭)라고 번역한다. Carnaval이라는 단어는 라틴어의 카르네 발레(Carne vale, caro vale : '육식이여 안녕')가 어원이다. 로마시대, 당시까지 이교도 신자들이었던 로마 시민들을 기독교로 개종시키기 위해 로마의 농사신 사투르누스를 위한 농신제와 그리스의 주신 디오니소스를 위한 축제날을 이용하였다는 설도 있다. 사순절Carême 동안 예수의 수난을 기리면서 고기를 끊는 풍습 때문에, 사순절이 시작되기 전까지 고기를 먹고 즐겁게 노는 풍습이 카니발이 되었다. 카니발은 프랑스의 니스를 비롯하여 이탈리아 피렌체, 독일의 쾰른 등 가톨릭 나라에서 성행하는 반면, 개신교 국가에서는 없다.

〈마르디 그라〉Le mardi gras란 '기름진 화요일'을 뜻하는 것으로 이 날은 예수 부활 대축일 47일 전 화요일이자 사육제의 마지막 날이다. 사순절은 수요일에 시작하기 때문에 그 전날인 화요일에 기름진 것 즉 '고기를 먹는 것이 허락되는 화요일'이란 뜻이다. 〈예수 부활 대축일〉 전까지 회개의 기간인 사순절 동안(46일간) 금욕과 금육과 금식이 이루어지기 때문에 사순절이 시작되

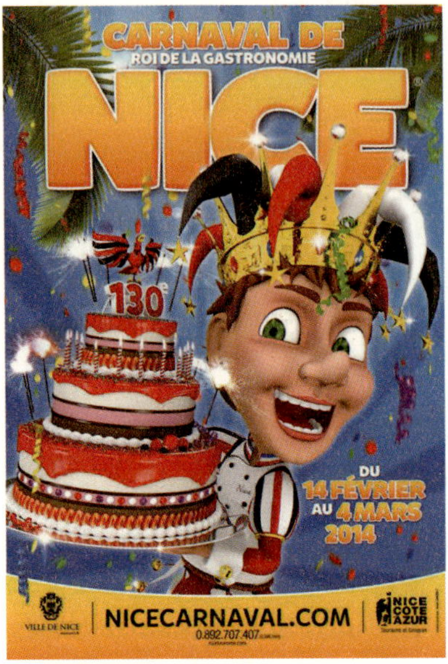

▲ 2014년 니스 카니발 포스터

▲ 2015년 니스 카니발 포스터

기 전에 마지막으로 고기와 술을 마음껏 먹고 마시면서 즐기는 것이다. 따라서 종교력에 따라 카니발은 〈주님 봉헌 축일〉부터 사순절 시작 직전 화요일까지 이어진다.

카니발 동안에는 일반적으로 도시 사람들은 가면이나 화장 등 변장을 하고 노래나 춤, 길거리 연주, 색종이 조각들을 날리며 길거리 행진을 한다. 기존의 가치관과 규율을 깨고 일상생활에서 금지되었던 것들을 행하면서 잠재되어 있던 그들의 꿈이나 욕구를 구현한다. 카니발은 화려한 가면을 쓰고 일상에서 억압된 부분을 일 년에 한 번 이때에 분출하면서 사회 질서나 제도의 압박에서 벗어나게 해주는 역할을 담당하였다. 이전의 종교적 의미는 많이 퇴색되었지만 아직도 프랑스 전역에서 카니발의 자취는 많이 남아 있다.

대표적인 프랑스의 카니발인 〈니스 카니발Carnaval de Nice〉은 브라질의 리우 카니발, 베니스의 카니발과 더불어 세계적인 카니발로서 아주 유명하다. 매년 2월 니스에서 2주 동안 펼쳐지는 이 축제에는 120만 명의 관광객들이 니스로 모여든다.

문헌에 의하면 13세기 앙주 공작이 니스 카니발에서 즐거운 날들을 보냈다고 전해진다. 14, 15세기에 카니발은 대중적인 축제가 되어 이후 르네상스시기에 무도회와 가장 행렬들이 되어 거리 축제로 변하였다. 18세기에 베니스의 가면무도회의 영향을 받아 무도회 형식이 인기를 끌기도 하였다. 카니발은 프랑스 혁명이나 제1제정 같은 역사적으로 큰 사건들이 있을 때마다 방해를 받기도 하였지만 1873년 카니발 위원회가 구성되어 꽃마차 경연대회, 가장행렬, 무도회 등의 프로그램이 조직되었다.

니스의 위대한 예술가 부자(父子), 알레시스 모사(Alexis Mossa, 1844~1926)와 그의 아들 귀스타브 아돌프 모사(Gustave-Adolf Mossa, 1883~1971)는 오늘날의 카니발에 영감을 준 인물들이다. 알레시스 모사는 1882년 2월 14일, 짚과 헝겊으로 만든 움직이지 않던 전통적인 꼭두각시 인형을 처음으로 왕의 마차에 앉혀 오늘날의 모습처럼 호화롭게 꾸민 왕 모형을 만들었다. 귀스타브 아돌프 모사는 대중들에게 잘 알려진 그리스 로마 신화의 주인공들로부터 영감을 받아 카니발에 상징주의적 영향을 끼쳤다. 그는 풍자적이고 굉장한 세계와 동시에 거대한 풍부함과 다양성의 세계를 만든 극작가이자 무대설계사였다.

'꽃의 전쟁' 프로그램은 1876년 앙드리오 사에톤Andriot Saëton이 니스의 중신에 있는 '영국인들의 산책길'La promenade des Anglais에서 처음 시작하였다. 그때부터 현재까지 그 틀을 유지하고 있다. 그것은 캐리커처와 다양한 기괴한 형상들을 보완하려는 의도에서 젊은 아가씨가 탄 20개의 꽃마차 행진에 이어서 젊은 남자들이 관객들에게 꽃을 던진다. 악단이나 거리의 예술가들이 사방에서 와서 카니발 행렬 마차 사이에 자리를 잡고 연주와 공연을 한다. 꽃마차들은 '영국인들의 산책길'을 행진하며 마차에 탄 아가씨들이 80에서 십만 송이의 꽃을 관객들에게 던진다. 여기서 사용되는 꽃의 85%는 니스 지역에서 자라는 글라디오스, 미모사, 백합, 데이지, 장미, 카네이션 등이다. 이 지역 생산자들은 가을에 마차의 장식을 위해 플로리스트들과 협력한다. 마

▲ 2014년 니스 카니발 마차 행렬

차 한대를 꾸미는 데 드는 시간은 40~50시간 정도 든다.

'왕의 카니발'은 카니발이 시작하기 전에 축제의 왕이 금요일 저녁마을의 열쇠를 쥐고, 축제의 시작을 알리기 위해 마세나 광장(Place Masséna)에 도착하는 것으로 시작한다. 왕은 카니발 내내 마세나 광장 왕좌에 앉아 있다. 카니발 마지막 저녁, 왕은 바닷가 장작더미에서 화형당하기 전에 마지막으로 홀로 행진한다. 축제의 여왕을 선출하기 위해 매년 니스 카니발의 인터넷 웹사이트에서 선거가 치러진다. 2011년에는 16,400명이 넘는 사람들이 52개국에서 투표하여 축제의 여왕을 선출하였다.

작은 사탕을 의미하는 콩페티Confetti 없는 카니발이란 불가능하다. 초창기 카니발에서는 콩페티라고 하는 이 사탕을 관중들에게 던졌다. 1892년, 니스에서 처음으로 '파리의 콩페티'Confetti de Paris라는 이름으로 색종이로 만든 콩페티가 나타났다. 이후 '이탈리아 콩페티'라고 불리던 석고 콩페티와 색종이 콩페티가 계속 함께 쓰이다가 1955년 안전을 이유로 석고 콩페티는 니스에서 사용이 금지되었다.

2012년의 니스 카니발은 128번째를 맞았다. 이 카니발의 주제는 스포츠의 왕이고 주빈국은 영국이다. 2012년 런던 올림픽을 기념하면서 니스, 프랑스, 나아가 전 세계에 스포츠 열기가 넘치길 바라는 것이다. 경쟁, 페어플레이, 노력이 공존하는 스포츠의 세계를 담은 카니발 행렬이 될 것이다. 다른 많은 프랑스 축제들이 그러하듯 니스 카니발 또한 환경 친화적이고 지속가능한 축제로서, 환경 친화적인 정책을 펴고 있다. 환경 안전 기준을 지킨 제품 기업들과 재활용 업체를 선택하며, 2012년 꽃의 전쟁에 쓰이는 견인차 모두를 전기차로 바꾸었다.

매회 카니발마다 독창적인 제작물은 장인들이 카니발을 위한 정열과 헌신의 봉사 정신의 결과이다. 장인들이 일하는 '메종 뒤 카르나발'Maison du Carnaval이라는 거대한 작업장은 여러 달 동안 마법의 장소로 변한다. 장인들 작업은 영화나 광고 예술가들과도 공동작업을 한다. 2011년 니스에 백만 명 이상이

▲ 2014년 니스 카니발 불 밝힌 마차들의 행렬

▲ 2014년 니스 카니발 음악 향연

방문하는 긍정적인 결과를 10%의 표 발매 이익 증대가 증명한다. 184,140장 이상의 입장권이 카니발 동안 팔렸고 국제적인 수입은 약 2,338,400유로이다. 약 680만 유로의 예산에 30~35억만 유로의 순수익이 기대된다. 매 주말 세로 12m 가로 3m 높이 8~18m의 거대한 마차 20대와 20여 개 단체의 마차 행렬이 꽃의 전쟁에 참여한다. 숙박업계는 축제 기간 동안 약 10~14%의 매출 증가를 보였다. 카니발은 니스라는 도시를 홍보하는 좋은 수단이 되었고 축제 마케팅 부서에서는 20여 나라에서 온 200명의 손님들에게 축제의 노하우를 전수한다.

축제기간 동안 축제 조직 위원회는 우리나라를 포함한 25개국에 276개의 취재권을 주고, 18개국 36명의 국제 기자들이 카니발을 취재하였다. 52개국에서 1만 6천 5백 명 이상의 투표자가 인터넷으로 여왕을 뽑았고 Facebook은 2010년 대비 75%가 늘어난 3천 5백 7십 5명의 팬을 갖게 되었다. 2010년 개점하여 매상고가 두 배 이상이 된 온라인 카니발 부티크는 니스나 그 밖의 곳에서 구매자들에게 또한 카니발을 전파하고 있다. 2014년도 니스 카니발의 주제는 '식도락의 왕'이고 2015년은 '음악의 왕'이다.

▲ 2014년 니스 카니발 꽃들의 전쟁 행렬

5) 성 발렌티노 축일Saint-Valentin 2월 14일

〈성 발렌티노 축일〉은 우리나라를 비롯하여 많은 나라에서 사랑과 우정의 축제일로 여기는 밸런타인데이다. 연인들은 서로 사랑과 관련된 말들과 정열을 상징하는 꽃이나 초콜릿 등 사랑의 징표를 교환한다. 가톨릭교회의 축제에서 유래한 성 밸런타인데이는 중세 이전에는 낭만적인 사랑과는 관계가 없었다. 고대 로마에서 2월 15일은 풍요의 신 축제일이었다. 이러한 이교도의 축제는 여성과 결혼을 관장하는 헤라의 로마식 이름인 주농Junon을 숭배하기 위해서였다. 후에 498년 교황의 명령에 의해 2월 14일로 날짜가 고정되었다. 밸런타인데이는 원래 오랫동안 연인이 아니라 짝이 없는 남녀들을 위한 날이었다. 축제일에 젊은 처녀들이 마을 근처에 흩어져 있으면 젊은 총각들이 처녀들을 찾는 동안 숨는다. 이렇게 만난 처녀, 총각은 그 해에 결혼을 하여 마을의 인구를 늘리고 마을이 커지는 데 도움이 되었다.

6) 예수 부활 대축일Pâques

〈예수 부활 대축일〉은 봄이 오는 시기와 일치하며, 그리스도의 부활Rrésurrection du Christ을 기리는 기독교의 큰 축제일이다. 날짜가 이동하는 가톨릭 축일들의 날짜는 〈예수 부활 대축일〉의 날짜에 달려 있다. 〈예수 부활 대축일〉의 날짜는 '3월 21일 이후, 만월 뒤의 첫 일요일'로 정해져 있다. 만월이 일요일과 겹치면 그 다음 주 일요일이 〈예수 부활 대축일〉이다. 이 날은 〈예수 성탄 대축일〉와 더불어 기독교의 큰 축제일이고, 모든 기독교 국가의 미술관, 박물관, 역사 유적지 모두 개장하지 않는다.

고대 로마제국 당시, 4월 19일이면 농업의 여신인 세레스의 은총을 받기 위해 빵과 계란을 바쳤다. 생명과 완전함의 상징인 계란은 자연스럽게 기독교인들의 〈예수 부활 대축일〉 축제 때 상징물로 사용하게 되었다. 12세기부터 교회는 계란을 축성하고, 프랑스 왕들은 부활 미사 후에 계란을 나눠주었다. 어떤 지방에서는 아이들이 동네의 집들을 순회하며 전래 노래를 불러주고 그 대가로 잔돈이나 계란을 받곤 했다.

프랑스 전설에 의하면, 성 목요일에 로마에서 떠나 부활절 날에 프랑스로 돌아온 종들(일명 나는 종)이 하늘을 날아오면서 달걀을 정원이나 집에 떨어뜨리면 아이들은 그것을 찾아 먹었다고 한다. 이런 전설에 따라 아이들이 부활절 날 아침 일찍 마당으로 나가 초콜릿 달걀을 찾는 풍습이 있다. 이 시기에 맞추어 제과점에서 초콜릿으로 닭이나 토끼, 종, 물고기 같은 것들을 만들어 판다. 아이들은 부모가 초콜릿 속에 숨긴 보물을 찾는 재미도 즐긴다. 토끼는 봄에 사랑을 나누는 다산의 동물로서 풍요의 상징을 가지면서 귀를 쫑긋 세운 채 신의 말을 귀 기울여 듣고 실천한다는 의미에서 등장하였다. 성경 속에는 어떤 구절에도 달걀이나 종이가 거론되지 않았지만 오늘날 그림이 그려진 삶은 계란이나 종모양의 초콜릿이 없는 〈예수 부활 대축일〉은 상상할 수 없다. 학교는 이 축일을 전후로 합하여 2주간 방학이다. 〈예수 부활 대축일〉에 먹는 전통음식으로는 양 넓적다리 요리가 있다.

▲ 동네에 설치된 부활절 달걀 조형물

▲ 닭 모양의 부활절 초콜릿

부활절 달걀의 유래

▲ 나무에 매달린 부활절 달걀

몇몇 문헌에 따르면 5000년 전에 이미 페르시아 인들이 달걀을 주고받았다고 한다. 그 후에 골 족과 로마인들이 그 풍습을 이었다. 이런 이교도적인 풍습에서 달걀은 생명, 풍요, 소생의 상징이었다. 이런 전통은 기독교 세계에 동화되었다. 그리하여 부활절 달걀은 부활의 상징이 되어 사순절 동안 지킨 금욕의 끝을 나타내기도 한다.

채색된 최초의 달걀은 13세기에 유럽에 등장한다. 달걀은 보통 그리스도의 피를 상기시키는 붉은 색으로 칠해지고 그림이나 기독교적 명구가 들어간다. 르네상스 시기에는 궁정에서 달걀을 금으로 만들어 장식했다. 최초의 초콜릿 달걀은 19세기 프랑스와 독일에서 만들어졌다.

7) 성령 강림 대축일(La Pentecôte, 예수 부활 대축일 후 7번째 일요일과 월요일)

종교적으로 〈예수 부활 대축일〉 이후 7번째 일요일인 49일째 날과 그 이튿날인 50일째 월요일은 〈성령 강림 대축일〉 또는 오순절이라고 부르는 축제일이다. 오순절은 원래 유대인의 축제일로 첫 곡식을 하느님께 바치고 풍작을 감사하는 날이지만 예수의 제자들은 유대인이었기에 유대인의 오순절을 축하하다가 갑자기 성령이 제자들 위에 내려 여러 가지 방언으로 말을 하는 기적이 일어났다고 한다. 이 기적이 일어난 후, 오순절은 유대교와는 다른 뜻에서 기독교의 축제일이 되었다. 프랑스 대혁명 전에는 이 날이 있는 한 주가 휴일이었으나 1801년 교황과 나폴레옹의 협약 이후에 일요일과 월요일로 휴일을 정했다. 1886년 5월 8일 법으로 월요일만 공휴일이 되었고, 이후 2004년부터 2007년 동안의 라파랭 내각은 이 날을 노인에 대한 연대의 날로 정했다. 이 날은 여전히 휴일이지만 많은 기업들은 휴일이 아니었으나, 2008년부터 정부 몇 개 부처만 빼고 다시 공휴일이 되었다.

8) 모든 성인 대축일La Toussaint 11월 1일

11월 1일은 모든 성인들을 기리는 날이며, 그 이튿날인 11월 2일은 죽은 가톨릭 교인들을 기리는 날이다. 일 년에 한 번, 사람들은 〈모든 성인 대축일〉 날이나 그 이튿날에 세상을 떠난 사람들을 위해 묘지를 방문한다. 묘지를 방문할 때에 특히 국화꽃을 준비해서 가는데 그래서 프랑스에서 국화꽃을 산 사람에게 선물하지 않는 풍습이 있다.

옛날에는 이 날 시골에서 온 가족이 감자를 수확하기 위해 많은 아이들이 학교에 빠지게 되었다. 이를 계기로 지금은 방학으로 제정되어 가족이 함께 보낸다. 상점, 박물관 등도 문을 닫는다.

9) 예수 성탄 대축일Noël 12월 25일

크리스마스의 기원은 4세기에 민중의 농사 축제와 12월에 치러지던 기독교 이전의 이교도의 축제를 기독교화한 것에서 유래한다. 12월 25일은 라틴어로

▲ 12월 루브르 박물관의 야경

▲ 12월의 샹젤리제 야경

나탈리스 솔리스 인비시Natalis Solis Invici 즉 무적 태양의 탄생일로 무적 태양신을 믿는 고대 로마 사람들의 큰 축제일이었다. 기독교는 기존의 이교도의 축제일을 예수의 탄생일로 정해 사람들이 여전히 같은 날에 그들이 축제를 할 수 있게 하여 사람들을 훨씬 쉽게 기독교로 개종하도록 유도했던 것이다.

프랑스에서는 〈예수 성탄 대축일〉이 가장 중요한 축제일이다. 일반 가정에서는 예수 탄생을 기념하기 위해 외양간, 동굴, 성모마리아, 요셉, 아기예수, 양, 소가 등장하는 '구유'로 실내장식을 한다. 12월 24일 저녁에 온 가족이 저녁 만찬을 같이 하면서, 거위 간인 푸아그라, 훈제 연어, 철갑상어 알인 캐비아, 밤을 채워 넣은 칠면조, 굴, 좋은 포도주와 샴페인과 후식으로 장작 모양의 케이크를 먹는다. 프로방스 지방에서는 마른 과일과 단 것으로 구성된, 예수와 열 두 제자를 뜻하는 '레 트레즈 데세르'les 13 desserts를 선호한다.

〈예수 성탄 대축일〉의 모닥불은 크리스마스트리나 아기 예수 구유 장식보다 더 오래된 프랑스의 전통이다. 프랑스에서는 여러 세기 전에 〈예수 성

▲ 12월의 노트르담 대성당

▲ 백화점 진열대의 성탄절 장식

탄 대축일〉 전야에 과실나무 장작으로 모닥불을 피우는 풍습이 있었다. 불타는 장작 주변에서 가족들이 노래를 부르며 예수의 탄생을 축하하는 식사를 한 것이다. 〈예수 성탄 대축일〉에 영원을 상징하는 지난해의 장작에 불을 지피는 것은 축복의 의식이었다. 일반적으로 장작을 3일 동안 태우는데 이

▲ 파리 시청 앞 성탄절 장터

▲ 릴 시의 성탄절 장터

는 불행을 쫓기 위한 것이다.

전통적으로 성탄절 전야는 자정미사가 끝난 후에 가족과 친지들과 함께 성탄 축하 만찬을 즐긴다. 이 때 어린아이들은 산타 할아버지를 만나지 않기 위해 일찍 잠자리에 들어야 한다. 산타가 아이들이 잠든 사이에 굴뚝 근처나 크리스마스트리 밑에 둔 양말 옆에 장난감을 두고 가기 때문이다. 자정에 사람들은 "Joyeux Noël !"(성탄 축하 인사임)라고 성탄 축하 인사를 나눈다. 12월 25일 아침, 잠자리에서 일어난 아이들은 산타가 놓고 간 선물을 발견하고, 가족들은 가족 축제를 계속하며 아기 예수 성탄절을 지낸다.

10) 종교 축일과 음식

(1) 주님 공현 대축일과 갈레트

1월 첫 번째 일요일 〈주님 공현 대축일〉은 공휴일이 아니라 친구와 우의를 다지는 날이다. 갈레트라고 불리는 납작하고, 케이크 보다 약간 딱딱하며 노르스름한 빵을 나눠 먹는다. 이 빵 안에는 작은 도자기 인형, 잠두fève가 들어있어 이 잠두가 들어 있는 빵조각을 우연히 선택한 사람은 그날의 왕 혹은 여왕이 되어 금색으로 칠한 종이 왕관을 머리에 쓰고 가족들의 축하를 받는다. 잠두는 재료와 모양이 가지각색이다. 이날 왕을 뽑는 놀이는 루이 14세 때부터 시작된 관습으로써 가정, 사무실, 학교 등 여러 곳에서 행해진다.

▲ 갈레뜨와 왕관

프랑스 사람들은 이날 잠두를 발견한 사람에게 1년 내내 행운이 찾아온다고 믿기도 하여, 빵집마다 갈레트와 왕관을 진열하고서 사람들을 맞는다.

(2) 주님 봉헌 축일과 크레프

2월 2일은 〈주님 봉헌 축일〉이라고 부르는 축일이다. 성모 마리아가 유대교 율법에 따라 예수가 태어난 지 40일 만에 정결 예식을 치르고 하느님께 아기 예수를 봉헌하기 위해 예루살렘 성전에 간 것을 기념하는 축일이다. 이날은 가족들에게, 특히 아이들에게 비종교적인 가족 행사가 되어 오늘날 크레프 날 또는 팬케이크 날로 알려져 있다. 동전과 마찬가지로 둥그런 모양의 크레프는 2월 들어 날이 길어지면서 봄이 돌아오는 것을 상징하는 태양의 연상물이다. 게다가 크레프의 둥근 테두리는 풍요를 상징한다. 한편, 크레프를 먹는 이유는 속설에 의하면 5세기 경 교황 젤라시우스Gelasius 1세가 로마

▲ 크레프 만들기

▲ 크레프

에 오는 순례자들에게 크레프를 대접했다고 한다. 또 다른 속설로는 크레프의 동그란 형태와 잘 그을려진 금색 때문에 태양을 상징한다고 해서 어둡고 추운 겨울이 지나고 봄이 오는 것을 기원하기 위해 먹게 되었다고도 한다. 그리고 보통은 이때가 밀의 파종을 시작하는 시기이기에 밀가루로 크레프를 만들어 다가오는 한 해의 운을 점쳤다고 한다.

(3) 부활절과 달걀 초콜릿, 양의 넓적다리 요리, 양파 수프

달걀이 듬뿍 들은 부활절 과자를 먹는다. 사부아 지방의 양파 수프(일명 황금색 수프), 코르시카 섬의 캄파니리, 방데 지방의 아리즈 파코드, 브로고뉴 지방의 미프레트, 포레즈 지방의 파뇨트, 오베르뉴 지방의 푸가송, 양의 넓적다리 등을 먹는다. 그리고 부모들이 달걀 모양의 초콜렛을 숨겨 두면 아이들이 찾는 행사도 있다.

▲ 초콜릿 달걀

▲ 양의 넓적다리 요리

▲ 양파 수프

(4) 성령강림 대축일과 송아지 요리

전통적으로 이날 특별히 먹는 음식은 없지만, 최근 프랑스 축산협회에서 축산물 소비장려를 위해 이날을 송아지 고기를 먹는 날로 지정했다. 〈성령 강림 대축일〉에 송아지 고기 먹기운동은 〈예수 성탄 대축일〉의 칠면조 고기나 〈예수 부활 대축일〉의 양고기, 설날의 렌즈콩처럼 전통적인 행사는 아니지만, 점점 프랑스 가정에서 받아들여지고 있다. 종교 축제와는 상관없지만 특별한 식문화 전통이 없는 〈성령 강림 대축일〉을 농축산물 마케팅 캠페인에 잘 이용한 사례이다.

▲ 송아지 스테이크 요리

▲ 송아지 꼬치구이

(5) 성탄절과 칠면조 요리, 장작 모양의 케이크

크리스마스에는 칠면조 혹은 닭고기에 밤을 넣어 오븐에 쪄낸 요리를 대표적으로 먹고, 좋은 포도주와 샴페인과 후식으로 장작 모양의 케이크bûche de Noël를 먹는다. 장작 모양의 케이크를 최초로 만든 사람은 알 수 없으나 1834년 파리 생제르맹 데 프레라는 동네에 있는 초콜릿 가게에서 만들었다고도 하고 다른 한편 1860년대에 리옹에서 최초로 만들었다고도 한다. 확실한 것은 1898년 모나코의 샤를 3세의 제빵사가 최초로 만들었다는 설도 있다.

▲ 칠면조 요리

▲ 장작모양의 케이크

3. 비종교와 민속 축제

1) 기 축제Au gui l'an neuf !

"풍성한 한 해가 되기를! Au gui l'an neuf !"

1월 1일을 알리는 12번의 종이 울리면 새해를 기념하기 위해 모인 사람들은 복된 한해를 기원하며 "기"(gui, 불멸의 상징)라는 기생 식물인 겨우살이 아래에서 서로에게 새해 축하 인사를 나눈다. 40년 정도의 수명을 자랑하는 이 식물은 그리스, 로마 시대부터 행복과 장수와 행운의 상징이었다. 고대 프랑스인들(골족)에게 기로 덮인 전나무는 신비하고 성스러운 나무였다. 오늘날의 1월 1일에 해당하는 즉 동지가 지난 여섯 번째 날에는 〈기 축제〉가 벌어졌다. 끝날 것 같지 않은 긴 밤이 계속되고, 일 년 중 가장 어둡고 음산한 이 시기에 죽어버린 듯한 나무 위에 꿋꿋하게 푸른빛을 발하고 있는 기는 확실하지 않은 미래에 대한 하나의 희망 같은 것이었다. 고대 프랑스인들에게 전나무가 태양을 상징하는 것이었다면 그 위에 기생하는 '기'는 달을 상징하는 것이었다. 기(겨우살이)의 수확 또한 큰 축제였다. 하얀 옷을 입고, 깨끗하게 씻은 맨발을 한 골 족의 무녀가 나무에 올라 낫으로 '기'를 따고, 밑에서 흰 천에 그것을 받았다. 이 때 기가 땅에 떨어지면 알을 물리치는 그 신비의 영험이 땅의 심연으로 빨려 들어가 없어진다 하여 땅에 떨어뜨리는 것을 금기로 하였다. 이 기를 수확할 때 무녀가 읊은 주문이 "밀아 잘 자라라." 라는 뜻의 "O Guel an Heu"인데, 그것이 오늘날 새해를 맞이하며 외치는 "Au gui l'an neuf !"가 되었다. 이는 악령을 물리치고 영혼을

▲ 겨우살이를 받고 새해를 축하하는 노인들

정화하고 육체를 치유하고 풍요를 기원하는 효험 있는 주문이라고 사람들이 믿었다. '기'의 잎은 가루로 만들어 주머니에 넣어 목에 걸고 다녔는데 이는 잎사귀가 온갖 나쁜 기운을 몰아내는 강력한 힘을 가졌다고 믿었기 때문이다.

실제로 1월 1일은 '신정'Jour de l'an으로 한해를 시작하는 첫 날. 흩어졌던 가족이나 친구들이 한 자리에 모여 새로 맞는 한 해의 번영과 건강을 서로 기원하는 날로서, 음식은 각 지방마다 특색 있는 요리를 나누어 먹는다. 이날이나 연말에 주고받는 선물은 프랑스어로 에트렌느Etrennes라고 하는데, 가족 사이에서 뿐만 아니라 수위나 우체부, 소방관, 상점고객들에게 작은 선물이나 돈을 선물하여 고마움을 표시하기도 한다.

2) 만우절Poisson d'avril

만물이 소생하는 봄을 완연히 느끼게 해주는 4월은 "4월의 생선"Poisson d'avil이라 불리는 우리나라 식의 만우절로 프랑스에서 시작되었다고 한다. 기원은 확실하지 않지만 그 역사는 고대부터 중세를 거쳐 오늘에 이르고 있으며, 그 기원에 대해서는 4월 전후로 여러 형태의 낚시가 허락되는데 이날의 이름은 이것에서 유래한 것이라는 것 등의 여러 가지 가설이 있다. 역사적으로 더 신빙성이 있는 가설은 그레고리력(양력) 사용 이전까지 4월 1일이 새해의 시작이었으나 샤를 9세(Charles IX, 1550~1574)가 1546년 제후회의에서 공식적으로 한 해의 시작을 4월 1일에서 1월 1일로 변경했다. 그러나 그것이 말단에까지 미치지 못하였다. 이 때문에 이것을 알지 못한 사람들은 계속해서 4월 1일을 신년제의 마지막 날로 생각하고 그날 선물을 교환하거나 또는 4월 1일에 새해 축제를 열었고, 일부 사람들은 신년 잔치 흉내를 장난스럽게 내어 의미 없는 선물을 하거나 새해 축제를 흉내 내며 장난을 쳤는데, 이것이 만우절의 시초가 되어 유럽 전역에 퍼졌다는 설이 유력하다. 이때 새해 첫날

하던 새해 선물의 잔재가 남게 되어 4월 1일에는 웃음이 깃든 희극적인 선물을 한데서 기인했다고 보기도 한다.

또 4월이면 서양 점성술의 물병자리가 끝나는 시기여서 "사월의 물고기" Poisson d'avril가 유래하였다는 설도 있다. '4월 바보'를 '푸아송 다브릴'이라고 부르는데 이것은 '4월의 물고기'라는 뜻으로 고등어를 가리킨다. 4월에 어린 고등어가 낚시에 잘 걸리는 것에 빗대어 잘 속아 넘어가는 사람을 '4월의 물고기'라고 하는 부르며 놀린 설이 있고, 4월이 되면 태양이 물고기자리를 떠나므로 그것이 기원이 되었다는 설도 있다. 또한 고등어를 뜻하는 프랑스어 마크로maquereau라는 말에는 '유괴하는 사람'이라는 의미도 있으므로 4월은 사람을 속이는 유괴자가 많은 달이라 하여 그런 이름이 생겼다고도 한다.

이런 연유에서 만우절에는 상대방의 등에 몰래 종이물고기를 붙여 놀림감이 되게 하며, 초콜릿 전문점에서는 선물용으로 물고기 모양의 초콜릿을 만들어 팔기도 한다. 만우절을 정의하면 가벼운 장난이나 그럴듯한 거짓말로 남을 속이기도 하고 헛걸음을 시키기도 하는 날이다. 프랑스에서는 라디오, 텔레비전, 인터넷, 출판물 같은 매체에서 장난을 치기도 한다. 2011년 만우

▲ 사르코지와 오바마 [la photo LA TRIBUNE]

절에 프랑스 TV France 3의 3개 퀴즈 프로그램에서는 진행자들이 바뀌어 출연하였고, 야후에서는 영국의 미들턴 왕자비가 윌리엄 왕자와의 약혼을 파혼했다고 보도하기도 했다.

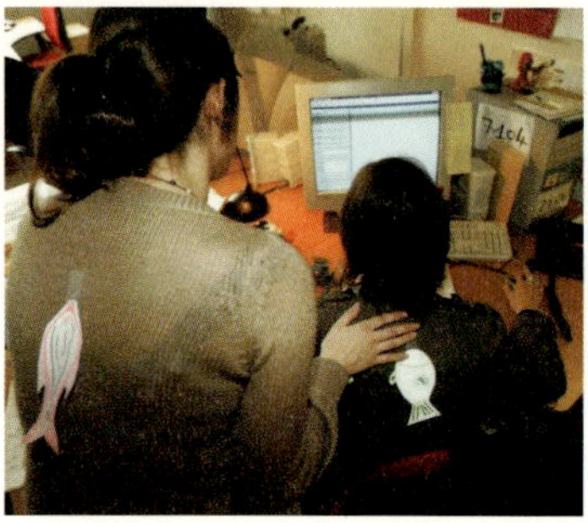

▲ 만우절의 추억

▲ 만우절 선물용 물고기 모양의 초콜릿

3) 노동절과 은방울꽃 풍습(Fête du Travail, 5월 1일)

5월 1일은 노동자의 날이며 동시에 행복을 기원하는 축제일이다. 오늘날 국제적으로 기념되고 있는 〈노동절〉의 기원은 자본주의가 급격한 발전을 거듭하던 1800년대 중반으로 거슬러 올라간다. 19세기부터 기술화, 산업화, 도시화가 추진됨과 동시에 노동조건의 인간화를 위한 투쟁이 시작되었다. 19세기 초반에는 남자나 여자나 심지어 아이들까지 하루에 12시간 내지 15시간씩 작업실이나 공장에서 일을 했다. 1841년에 미성년 취업금지 조항이 8세 이하에서 13세로 올려지고, 1864년에는 파업이 더 이상 미치광이 짓이 아닌 정당한 권리로 자리 잡게 되었고, 공무원이 아닌 다른 노동자들의 조합 결성이 공식적으로 인정받게 되었다. 1866년 마르크스가 제1차 인터내셔널 강령에서 8시간 노동제의 법제화를 요구한 후, 8시간 노동제 문제는 자본주의가 제국주의 단계를 이행하던 19세기 후반 세계 노동운동의 중심과제였다. 한편, 이러한 요구가 미국의 노동운동에도 수용되어 광범위한 운동으로 전개되었다. 1884년 5월 1일 미국의 방직노동자가 8시간 노동제를 요구하며 쟁의를 시작하고, 각 노조가 이에 호응하여 미국노동조합연맹은 8시간 근로를 요구하는 결의문을 채택하여 총파업을 단행했다. 이어 1886년 5월 1일 시카고의 노동조합연합회를 중심으로 8시간 노동, 8시간 휴식, 8시간 교육을 요구하는 총파업을 단행했다. 이 과정에서 많은 노동자들이 죽거나 부상당하고 체포되었다. 프랑스혁명 100주년을 기념하여 1889년 7월 21일 세계 20여 개국의 사회주의 운동가와 노조대표자 395명이 참석한 가운데 파리에서 열린 파리에서 열린 제2차 인터내셔널 설립대회에서는 미국 노동자의 8시간 노동을 위한 총파업 상황이 보고되었고, 국제 사회당 회의에서 5월 1일은 사회적 요구의 날로 정하였다. 이 때 발표문은 다음과 같다. "모든 나라와 모든 도시에서 같은 날 동시에 노동자들이 하루 8시간의 노동을 공식화시키기 위해 또 파리 회의에서 채택된 다른 결의안들을 실현시키기 위해 대중의 힘을 모아 큰 집회를 열 것이다." 1890년 5월 1일을 '노동자 단결의 날'로 정하여 8시간 노동쟁취를 위해 세계적인 시위를 결의했다. 이렇게 메이데이가 시작되었다. 이후 세계 여러 나라에서 노동자의 연대와 단결을 과시하는 국제적 기념일로 정하여 이날을 기념하고 있다. 이 노동절은 피 눈물 나는 노동자들의 투쟁의 결과로 얻어진 것이다.

그러나 이러한 결의를 실현시키는 것은 쉬운 일이 아니었다. 프랑스 북부의 푸르미에서 열린 5월 1일 노동자의 날 집회는 정부군의 반대에 부딪혀 10명의 사상자와 몇 십 명의 부상자를 내는 비극이 되고 말았다. 이런 희생의 대가로 1906년 일주일 중 하루 쉬는 주당 휴일이 법으로 제정되었고, 1919년에는 국회에서 일일 8시간 노동법이 채택되었다. 1936년에

▲ 노동절 날 노동조합원들의 시가행진

▲ 노동절 날 노동조합원들의 시가행진

는 대단위 집회가 주당 40시간, 15일의 유급 휴가를 위한 서막을 울렸다. 페탱 원수가 집권한 후에 노동절은 그 법적 효력이 더욱 공식화되었고, 그 날의 의미가 더 깊어졌다. 1947년 4월 30일 법이 제정되면서 이날이 공휴일이 되었다. 9월의 첫 월요일이 노동절인 미국을 제외한 대부분의 산업화된 나라에서는 오늘날 5월 1일을 노동절로 공식화하여 법적 휴일로 정하고 기념하며 그 의미를 되새긴다. 프랑스 노동조합은 매년 제반 행사를 통해 이날을 기리고, 이러한 행사들은 대개 현재의 투쟁으로 연결되곤 한다. 노동자들과 노동조합이 시가행진을 하고 그들의 요구를 정부에 전달할 수 있는 기회가 되기도 한다. 그러나 무엇보다도 이날은 7년에 4번은 토요일, 일요일 등을 포함하여 징검다리 연휴를 즐기게 하는 5월만이 가지는 긴 휴가의 묘미를 느끼게 한다.

5월 1일과 관계된 또 다른 전통 한 가지가 수세기를 넘도록 지속되어 왔다. 이날 사랑하는 사람에게 은방울꽃 한 다발을 선사하는 풍습이 그것이다. 여기에 얽힌 동화 같은 이야기가 있다. 1560년 어린 왕 샤를Charles은 어머니 카타리나 폰 메디치Katharina von Medici와 함께 프랑스 남동부 트리카스탱Tricastin지방의 생-폴-트루아-성Saint-Paul-Trois-Châteaux의 귀족들을 만나러 갔다. 이들의 방문을 받은 사람들 가운데

▲ 은방울꽃

기사 루이 드 지라르Louis de Girard가 있었다. 그는 여왕으로부터 이탈리아에 대한 비밀 임무를 위임받은 터였다. 그로부터 일 년 뒤 그는 돌아오는 길에 생-폴-트루아-성에 들러 자신의 정원에서 은방울꽃 한 다발을 꺾어 당시 열 살인 왕에게 행운의 징표로 선사했다. 이듬해 샤를 왕 자신도 모든 궁녀들에게 은방울꽃을 하사하면서부터 매년 이런 일이 있기를 소망하게 되었다. 이렇게 해서 이런 전통이 오늘날까지 그대로 이어져오고 있다. 이날은 꽃가게로 엄청난 인파가 몰려들지만, 꽃가게는 도리어 힘겨운 판촉 경쟁에 직면하게 된다. 왜냐하면 이날만큼은 예외적으로 누구나 세금을 내지 않고 아무 길 모퉁이에서나 은방울꽃을 팔 권리가 있기 때문이다. 단 인도에 탁자를 내놓아서는 안 된다. 이렇듯 이날은 가까운 친지나 친구들에게 은방울muguet꽃을 선사하면서 서로서로에게 사랑과 행운을 전하는 날이기도 하다.

4. 가족 축제

1) 세례식

프랑스 국민의 약 69%가 가톨릭 신자이다. 그 중 세례자는 약 4,550만 명이나, 실제로 신앙생활을 하는 사람은 대략 전체 인구의 약 10% 정도가 채 못 되며, 나머지는 세례식이나 결혼식, 장례식 등 특별한 행사가 있을 때 가

톨릭 의식에 참석할 정도이다. 이들은 일생동안 중요한 가톨릭 의식을 다섯 번 갖는다. 그것은 바로 세 번의 세례식과 결혼식, 장례식이다. 세 번의 세례식은 태어나서 6개월 이내에 받는 유아세례, 교리문답 공부를 1~2년 한 뒤 8살~12살 무렵 첫영성체 행사, 14살 무렵 신앙문제에 관하여 스스로 결정하여 새로운 약속을 선언하는 견진성사이다.

〈세례식〉은 가족 축제 중에서 아주 중요하고 큰 행사이다. 세례baptême라는 말은 '액체 속에 빠진 행위'라는 뜻의 라틴어 baptisma에서 유래되었다. 모든 세례식은 원칙적으로 부모가 속한의 교구의 성당에서 거행된다. 세례식은 대부분 일요일 미사 후에 있으며 세례식 후에는 성대한 가족축제가 열린다.

▲ 세례식

〈유아세례식〉에서 대부와 대모가 정해지며, 대부와 대모가 아기 대신 신앙을 고백하고, 세례식이 끝난 후 세례명부에 서명한다. 부모는 세례증명서를 혼인신고서나 출생증명서와 마찬가지로 소중하게 간직한다. 교리문답 강의를 마친 아이들은 대개 12살 경에 자기 교구에 있는 교회에서 〈첫영성체〉를 한다. 첫 영성체는 그들이 가톨릭 공동체에 속해 있다는 것을 의미한다. 첫영성체의 식사는 종종 결혼 피로연만큼이나 성대하다. 유아세례 때는 세례명이 적힌 금팔찌나 금목걸이, 8살 무렵에는 옷이나 학용품, 첫영성체 때에는 귀금속이나 보석으로 장식된 시계, 반지, 목걸이 등 평생 기념이 될 만한 큰 선물을 해주기도 한다. 또 세례식이 끝나면 이를 기념하기 위해, 가까운 친척들과 대부 또는 대모를 식사에 초대하는 관습이 있다. 이때 아이들은 초대 받은 모든 친지들에게, 아몬드나 호두에 당의를 입힌 당과를 나누어 주며 이에 대한 답례로 푸짐한 선물을 받는다.

▲ 첫영성제

2) 결혼식

프랑스에서 공식적인 약혼식은 이제 더 이상 거행되지 않으며, 결혼식은 대개 토요일에 올리는 경우가 많다. 결혼에는 '민법상의 결혼식'(시민결혼)과 '교회에서 올리는 결혼식'(종교결혼) 두 가지가 있다. 전자의 경우에는 결혼 당사자들이 선택한 증인과 친척들이 참석한 가운데 시청에서 식을 올린다. 시청에서 결혼식이 끝나면 교회로 이동하여 교회 결혼식을 갖는다. 가톨릭에서는 교회에서 결혼식을 하지 않으면 결혼으로 인정하지 않는다. 60년대까지만 해도 교회에서 결혼식을 올리는 쌍이 80%를 훨씬 넘었으나, 21세기에는 결혼식을 거의 하지 않아 '교회결혼식'이 이색적인 행사가 되고 있다. 전통에 따라 신부는 하얀 드레스, 신랑은 어두운 색의 복장을 입어야만 한다. 그러나 이러한 전통이 점차 사라지고 있다.

혼인 날짜와 장소는 일반적으로 신부 측이 정한다. 일시와 장소를 신랑 측에 전하면 부모들은 결혼식 초대장을 만들어 발송한다. 두 종류의 초대장이 있는데 하나는 '칵테일파티 초대장'으로 이를 받은 하객은 부담 없이 참석 여부를 정하면 된다. 다른 초대장은 '만찬 초대장'인데 이를 받으면 반드시 참석 여부를 알리는 답신을 보내야 한다. 일반적으로 초대장 하단에 '회신 요망'이라는 표현의 이니셜인 RSVP(Répondez, s'il vous plaît)가 표기되어 있다. 답신을 보내지 않으면 불참하는 것으로 판단한다. 참석 답신을 보내면 신랑 신부 측은 '결혼 선물 목록'을 보내온다. 이 목록에는 새로운 보금자리를 꾸미는 데 필요한 가전제품, 살림가구, 주방용품 등 백여 가지의 물품이 적혀 있다.

결혼 선물 목록Liste de mariage

프랑스인들은 결혼식에서 축하금을 받지 않는다. 대신에 하객이 만찬에 참석하겠다는 답신을 보내면 신랑 · 신부 측은 신혼에 필요한 백여 가지의 물품이 담긴 "결혼 선물 목록"을 보내온다. 하객은 신랑 · 신부와의 관계 및 자신의 형편을 고려하여 알맞은 물품을 선택한 후 목록 하단에 적혀 있는 혼수 전문 업체에 해당 가격을 지불하면, 업체는 물품에 구입자의 이름을 명시하여 새 보금자리에 갖다 놓는다. 비싼 물품은 여럿이 함께 구입하여 선물하기도 한다. 신혼부부는 신혼여행을 다녀온 후 이름표에 적혀 있는 친지들에게 감사 전화를 하거나 편지를 보낸다.

결혼식 행사는 일반적으로 시민결혼과 종교결혼으로 이루어진다. 법적으로는 시민결혼만이 효력을 갖는다. 가톨릭 신자인 경우에는 시청에서의 시민 결혼이 끝나면 성당에 가서 종교 결혼을 하게 되는데, 종교결혼의 비율은 점차적으로 줄어드는 추세이다. '교회결혼식'에는 출생신고 및 세례 증명서를 교회에 반드시 제출해야 한다. 만일 부부 중에 하나가 세례를 받지 않았다면, 주교의 면제가 필요하다.

시민결혼은 시청에서 증인과 친지를 모시고, 하는 방식으로 행해진다. 주례는 보통 시장이 맡으며 시장은 대혁명의 상징인 마리안 흉상 앞에서 혼인과 관련된 법조항을 낭독하고 시민적 의무를 환기시킨 다음 부부가 되었음을 선언한다. 이어 양측에서 각각 두 명의 증인이 나와 서명한다. 이 결혼식은 간결하고 신속하게 이루어진다.

▲ 시민결혼

▲ 증인들이 서명하는 모습

혼인 절차를 마치면 시청 앞에서 기념 촬영을 한 후, 가톨릭 신자인 경우에는 성당으로 가서 혼인 미사를 드리는 종교결혼을 한다. 교회결혼식은 일반적으로 토요일에 신부 측이 정한 성당에서 거행된다. 신부는 아버지와 팔짱을 끼고 입장하며, 그 뒤에는 아이들이 신부의 면사포를 잡고 따라온다. 혼인 미사는 약 한 시간 정도 소요되며 미사를 마치고 성당에서 나올 때 축하종이 울리고 어린 아이들은 신랑 신부에게 다산을 기원하는 쌀을 뿌린다.

▲ 종교결혼

종교결혼을 마치면 본격적인 축하연인 피로연이라는 가족축제가 성대하게 열린다. 피로연을 하기 전에 성당 근처에서 1차로 간단한 다과회를 하는데, 여기에는 누구나 올 수 있다. 일반적으로 '칵테일파티 초대장'이나 '만찬 초대장'을 받은 하객들이 참여하게 된다. 다과회를 마치면 리본, 풍선, 꽃 등으로 장식된 자동차가 신혼부부를 태우고 출발하고, 뒤이어 하객들의 자동차가 경적을 울리면서 피로연 장소까지 동행한다.

피로연은 일반적으로 호텔에서 하는 경우가 많고, 시골에서는 보통 마을회관에서 한다. 특히 시골에서는 친척들과 친지들이 모두 피로연에 초대된다. 피로연에는 '만찬 초대장'을 받은 가까운 친지들만이 자리를 할 수 있다. 오후 5시 정도에 시작되며, 우선 샴페인과 간단한 카나페(canapé, 얇은 빵이나 크래

커 위에 연어 훈제나 고기, 야채를 얹어 만든 요리)로 흥을 돋운다. 저녁 6시경부터 본격적으로 식사와 오락을 즐긴다. 피로연은 프랑스의 다양한 음식으로 구성된 풀코스로 진행되는데, 대략 30분 동안 식사하고 30분 동안 레크리에이션을 하는 식으로, 새벽 4~5시까지 파티가 계속된다. 일반적으로 신랑 신부는 하객들과 춤을 추며, 피로연이 종료될 때까지 함께 즐긴다. 파티를 마치면 신랑 신부는 신혼여행을 떠나는 것으로 결혼 예식이 모두 끝난다.

▲ 신랑 신부에게 쌀을 뿌린다

▲ 시골에서의 결혼피로연

크로캉부슈

크로캉부슈는 프랑스에서 결혼식이나 교회의 세례식 행사에 전통적으로 사용하는 케이크이다.

크로캉부슈는 18세기 프랑스 왕실과 귀족들의 중세풍 식탁 위에 건축물 형태로 만들어진 먹을 수 있는 과자를 장식한 것에서 유래되었다고 한다. 19세기 초 프랑스의 유명한 요리사인 마리 앙투안 카렘(Marie-Antoine Carême, 1783~1833)에 의해 개발되어 예술품으로 승화된 대표적인 음식이다. 주로 슈 아 라 크렘(Choux à la Crème-슈크림)이나 프로피트롤(profiteroles)을 탑처럼 쌓아올려 만든 건데 케이크이라기보다 슈크림을 거대하게 쌓아 올린 것으로 프랑스 등에서 결혼식 때 주로 만들고 결혼식이 끝난 후에 나눠먹으면서 행복을 기원한다.

3) 어머니날la fête des mères

〈어머니날〉이 상업적으로 이용되고 있다는 비난에도 불구하고 87%의 프랑스인들은 이날을 지지하고 59%가 가족의 의미와 어머니의 사랑의 중요성을 되새기게 해 준다고 여겨 이를 찬성한다.

이미 기원전 4세기에 어머니날이 있었고, 이때부터 선물을 했었다고 한다. 나폴레옹 1세는 만물이 소생하는 매년 봄에, 이 모든 것들이 우리 어머니들의 덕분이라 강조하며, 어머니와 어린이, 그리고 가족의 가치를 재확인하는 축제를 열도록 권장했다. 1917년, 5월의 첫째나 둘째 일요일에 어머니날을 지켜오던 제1차 세계대전 동맹국 미국으로부터 이 풍습이 프랑스에 유입되었다. 제1차 세계대전 때에 1918년 6월 16일 리용에서 크르와나발 대령의 권장을 받아드려 남편과 아들을 잃은 미망인과 어머니들을 위한 첫 번째 〈어머니날〉 행사가 열렸고, 대통령상이 수여되었다. 제1차 세계대전 당시에는 많은 인명 피해로 인해 출생과 다가족의 의미가 강조되었다. 1920년 12월 19일 내무부장관은 처음으로 다가족의 어머니들을 위한 경축일을 정하였다. 1926년부터 매년 어머니날 축제가 열렸고, 전후에는 다산을 한 어머니들이 조국의 감사를 받는 대상이 되고, 전쟁의 용사와 같은 대접을 받아 그들을 위한 훈장이 만들어지고 기념물들이 세워졌다.

1941년 비시 정부 때 드디어 다산가족의 어머니들을 기리는 날이 전국 어머니날이 되었다. 이 날은 다른 국경일처럼 달력에 표시되었고, 단지 다산한 어머니만이 아닌 모든 어머니들을 기리는 날이 되었다. 1950년 5월 24일 오리올 대통령이 이 날을 "어머니날"이라는 공식 명칭으로 5월의 마지막 일요일에 기념하였다. 오늘에 이르러 더 이상 정책적인 의미로 다산을 장려한다거나 가정주부의 의미를 강조하는 것이 아닌, 세상에 아이를 탄생시키고 자식에 대한 걱정과 사랑으로 세상을 가르치고, 평생 영원한 안식처의 역할을 하는 어머니의 의미를 되새기는 날이 되었다.

어머니날에 자식들은 어머니에게 카드와 꽃을 선물하거나 때때로 어린이들은 짧은 시를 지어 바치며, 어머니들은 일을 하지 않고 근사한 저녁 식사를 대접받기도 한다. 파리 거리의 가게들은 〈어머니날〉 행사로 진열장을 각종 선물들로 장식하고 인터넷 쇼핑 사이트에도 어여쁜 엄마와 귀여운 자녀를 모델로 하여 온갖 상품들을 선보이고 있다. 그리고 유치원부터 초등학교까지 〈어머니날〉이 다가오면 학교에서 선생님과 아이들이 엄마에게 줄 선물을 준비해서 선사한다.

5. 역사 축제

1) 잔 다르크 축제Fête de Jeanne d'Arc

잔 다르크(Jeanne d'Arc; 1412-1431)는 영국과 프랑스 간의 백년전쟁 시기에 프랑스를 구한 영웅이다. 영국과 프랑스 간의 백년전쟁(1337-1453) 후반부에 속하는 1412년 잔 다르크는 프랑스 동부의 동레미(Domrémy) 마을에서 태어났다. 그녀는 1428년(16세)에 신의 음성을 듣고 부모를 떠나 위기에 빠진 샤를 황태자를 구하러 나선다. 그 당시 영국군은 반년 전부터 오를레앙을 포위하여 성을 에워싸고 진을 치고 있었다. 오를레앙은 생활필수품을 보급받지 못할 위험에 놓인 것이다. 잔 다르크가 오를레앙을 해방시킨 역사적 전투를 살펴보자.

1429년 4월 29일 저녁에 잔은 보급품 부대를 포함한 군대를 이끌고 오를레앙으로 입성한다. 그 때 신분과 지위고하를 막론하고 모든 사람들이 기쁨에 넘쳐 환호하며 마치 천사를 맞이하듯 그녀를 맞았다.

4월 30일 저녁 잔은 다리로 가서 벨크루아 요새의 영국군을 향해 자기 나라로 돌아가라고 외쳤다. 그렇지 않으면 쫓아내겠다고 했다. 그러나 영국군은 욕설로 응했다.

5월 3일 잔은 성체 행렬에 참석하여 오를레앙에 자유를 달라고 기도한다. 많은 주민들이 그녀를 보러 나왔다. 잔이 지나가는 길은 그녀의 모습을 보고 싶어 하는 사람들로 메워져 움직이기 힘들 지경이었다.

5월 4일 잔은 몇몇 장교들과 그들의 부대와 함께 적군의 요새 중 가장 단단한 생루 요새를 공략하여 빼앗는다. 아군의 피해는 적었으나 적군의 피해는 엄청났다. 잔이 참여한 최초의 전투였다. 프랑스인들은 참 오랜만에 시원한 승리를 얻은 것이다. 오를레앙 시의 주민들은 잔과 잔의 영감에 감탄하고 그 공적을 칭송했다. 그러나 사령관들과 잔 사이에는 갈등이 심해졌다.

5월 6일에는 오귀스탱 요새에 전면 공격을 개시했다. 격렬한 싸움 끝에 요새를 탈환했다. 영국군은 대부분 죽거나 포로가 되었다.

5월 7일 동틀 무렵 프랑스는 투렐 요새를 공격했다. 영국군 진지에서 가장 튼튼한 요새였다. 언제나 선봉에서 병사들을 선동하던 잔은 어깨에 화살을 맞고 비명을 지르며 고꾸라졌다. 사람들은 서둘러 그의 가슴을 묶었던 갑옷을 풀고 피가 멎을 때까지 기름을 발랐다. 병사들은 지쳐 보였다. 뒤누아는 공격을 중단하려 했다. 그때 잔이 벌떡 일어나 다시 무장을 하고 휘장을 들고 열광적인 전투 정신을 보인다. 패잔병처럼 지친 병사들은 다시 사기충천하여 요새를 공략했다. 밤늦게 요새 외곽이 무너졌다. 잔이 오를레앙으로 돌아왔을 때는 어두워진 후였다. 종이 울려 퍼지고 주민들은 환호하며 그녀를 반겼다.

5월 8일 영국군은 천막을 걷고 야포와 원심분리포를 남겨 둔 채 진지를 비웠다. 아직 갑옷을 제대로 입을 수 없었던 잔은 가볍게 무장하고 오를레앙 서쪽 문으로 향했다. 도주하는 적은 계속 쫓지 않았다. 드디어 오를레앙은

▲ 잔 다르크의 오를레앙 전투 재현하는 중제축제

▲ 드골 대통령 잔 다르크 축제 방문(1959년)

▲ 사절단을 맞이하는 잔 다르크

▲ 잔 다르크 탄생 600주년 거리행진(2012년 5월 13일)

▲ 잔 다르크로 선발된 여학생

해방되었다.

영국군에 포위된 오를레앙을 해방시킨 잔 다르크는 7월 17일에는 랭스의 대성당에서 샤를 7세의 대관식을 거행하였다. 1430년(18세) 5월 23일 콩피에뉴 전투에서 영국 왕을 지지하는 부르고뉴의 주력 부대의 포로가 되어 1431년(19세) 5월 30일 아침 루앙의 옛 장터에서 산채로 화형을 당하였다. 1456년 샤를 7세는 교회법정을 열어 1430년의 판결을 번복하여 잔 다르크의 명예회복을 선언하였고, 1920년 5월 16일 교황 베네딕트 15세는 그녀를 성인의 반열에 올리는 시성식을 거행하였다.

잔 다르크는 당시 프랑스에게 불리하고 절망스러운 상황에서 영국군에 포위되었던 오를레앙을 해방시켜준 영웅이다. 따라서 오를레앙에서는 수백 년 전부터 잔 다르크 축제를 개최해오고 있다. 잔 다르크 축제는 잔 다르크가 오를레앙에 입성한 4월 29일부터 오를레앙을 해방시킨 5월 8일까지 매년 개최한다. 축제는 잔 다르크와 관련된 오를레앙 시내 여러 광장과 거리에서 진행된다.

잔 다르크 축제에서는 축제의 한 프로그램으로 축제 한 달 전에 그 해의 잔 다르크를 선발한다. 이는 1945년 이래의 전통으로 잔 다르크의 후보 자격은 오를레앙에서 태어나고, 공부하고 현재 살고 있는 17세 여학생 중에서 헌신적인 학생이어야 한다. 추천은 오를레앙 시내에 있는 공립 및 사립 고등학교 교장이 추천하며, 잔 다르크 축제 추진위원회에서 면담 등의 절차를 거쳐서 선발한다. 선발된 잔 다르크는 동레미부터 오를레앙까지 잔 다르크 유적지를 돌고 4월 29일에 일반 시민앞에 모습을 드러낸다.

잔 다르크 축제는 육군, 공군, 경찰 등이 적극적으로 지원하고 있다. 공군에서는 5월 8일에 전투기 편대가 축하 비행을 하고, 육군에서는 기갑부대가 퍼레이드에 참가한다. 경찰은 5월 8일에 경찰의 장대 퍼레이드를 벌이고, 교통 통제를 위해 부족한 경찰 인력은 도내 타 지역 경찰서에서 지원받는다.

프랑스 내의 수 십 개 지역에서 잔 다르크 축제에 사절단을 파견하여 자기 지역 전통 복장으로 퍼레이드에 참여하고 잔 다르크에 대한 경의를 표한다. 가끔 대통령이나 대통령 영부인이 축제를 참관할 정도로 잔 다르크 축제는 위상이 높다.

2) 혁명 기념일(7월 14일)

프랑스 최고의 국가 경축일은 무엇일까? 그것은 7월 14일인 '혁명 기념일'이다. 이날은 과거 1789년에 프랑스 민중들이 구체제(앙시앵 레짐)의 압제에 저항하여 일으킨, 인류 역사상 가장 중요한 사건이라고 할 수 있는 프랑스 대혁명이 시작된 날이다. 물론 제1차 세계대전 종전일이나 크리스마스같은 날들도 프랑스에서는 중요한 날이지만, 프랑스 대혁명의 역사적 가치와 정통성을 이어받은 프랑스에서는 〈혁명 기념일〉이야말로 전국이 떠들썩한 축제의 장으로 바뀌는 국가 최대의 경축일이다. 이 혁명 기념일에는 웅장한 군사 퍼레이드와 무도회, 그리고 화려한 불꽃놀이로 대혁명을 국가적 차원으로 경축한다.

(1) 파리 민중들의 바스티유 감옥 함락

▲ 1790년 7월 14일의 시민연맹 축제, 모네, 1790년, 프랑스 국립 도서관 소장

프랑스의 재정적자 문제를 해결하기 위해 1789년 5월 5일 베르사유 궁전에서 소집된 삼부회Etats Généraux는 그 목적을 달성하지 못하고 결국 '프랑스 대혁명'이라는 역사적 대사건의 서장이 된다.

삼부회는 해산을 거부했고, 제헌국민의회로 그 이름을 변경함으로써 굳은 의지를 표명했다. 같은 해 7월, 프랑스의 왕인 루이 16세는 새로운 군대를 조직했고, 민중 장관 네케르Necker를 해임했다. 이에 파리 민중들은 앵발리드Invalides에서 무기를 탈취하고, 오랜 시간동안 왕궁의 요새였던 바스티유Bastille 쪽으로 행진한다. 유혈 충돌이 일어난 후, 파리 민중들은 바스티유를 점거할 수 있었고, 당시 수감되어 있던 몇몇의 죄수들을 석방했다.

바스티유 점령은 앙시앵 레짐에 대항한 파리 시민의 첫 번째 승리로 기록되었다. 그 후 몇 달 뒤 바스티유 감옥은 완전히 파괴되었다. 한편, 바스티유 감옥의 함락 1년 뒤인 1790년 7월 14일에는 '시민연맹 축제'Fête de la Fédération가 열려 바스티유 점령 1주년을 성대히 기념하였다.

(2) 국경일로의 제정

그 후 1789년 7월 14일에 대한 기념일은 중단되었다가, 제3공화정에 들어서야 강베타Gambetta에 의해 제3공화정의 건립을 기념하기 위하려는 의도에서 다시금 거행될 수 있었다. 이는 결국 센 지역의 국회의원 뱅자맹 라스파이유Benjamin Raspail가 제출한 혁명 기념일에 대한 법안이 '1880년 7월 6일 법'(Loi du 6 juillet 1880)이란 이름으로 가결됨으로써 '7월 14일'은 공식적으로 프랑스의 경축일로 인정받게 된다.

▲ 〈1789년 7월 14일의 바스티유 감옥〉, 작자 미상, 베르사유 궁전 미술관 소장

▲ 〈정구장 선언〉, 유진 들라크루아, 1791년, 베르사유 궁전 미술관 소장

프랑스-프로이센 전쟁(보불전쟁, 1870년)의 패배 이후, 대내외적으로 심각하게 위신이 실추된 프랑스는 새롭게 건립된 제3공화정의 건재함을 증명하기 위해 혁명 기념일 행사는 애국적이며 군사적인 면에 중점을 두었으며, 모든 행정구에서 시행될 만큼 전국적인 규모를 자랑했다.

▲ 1880년의 7월 14일, 국립 고문서 보관소 소장

축제는 14일의 전날인 13일 저녁에 횃불행렬로 시작되었다. 그리고 14일에는 성당의 종과 예포를 발사하여 퍼레이드의 시작을 알렸고, 이후에는 오찬과 여러 볼거리와 놀이 등으로 이어졌다. 그리고 저녁에는 무도회와 불꽃놀이로 이 거대한 축제를 마무리했다.

한편, 암울했던 제1차 세계대전(1914년-1918년)이 끝난 이후, 1919년에 거행된 혁명 기념일의 행사는 옛 프랑스 대혁명뿐만 아니라, 제1차 세계대전에서의 승리를 경축하는 자리가 되었다. 그리고 제2차 세계대전 막바지에 거행된 1945년 7월 14일 역시 같은 맥락에서 3일 간의 시민축제에 뒤에 기념행사가 거행됐다.

▲ 1919년의 혁명 기념일

▲ 혁명 기념일 에펠 탑 불꽃놀이

(3) 오늘날의 7월 14일

매년 혁명 기념일은 언제나 성공적으로 치러지고 있다. 파리의 샹젤리제 거리에서는 세심하게 준비된 군사 퍼레이드가 행해지고, 아울러 프랑스 전역에서는 무도회, 조명장식, 불꽃놀이 등이 성대하게 이루어진다. 한편, 프랑스 제5공화정의 대통령들은 혁명에 대한 파리의 전통을 부활시키기 위해 혁명 기념일 조직에 몇 가지 수정을 가했다.

1974년부터 1979년까지 기념 퍼레이드의 장소는 다양하게 변하였다.

- 1974년 7월 14일: 바스티유-레퓌블리크(Bastille-République)
- 1975년 7월 14일: 뱅센 거리(cours de Vincennes)
- 1976년 7월 14일: 샹젤리제(Champs-Élysées)
- 1977년 7월 14일: 군사 학교(École militaire)
- 1978년 7월 14일: 샹젤리제(Champs-Élysées)
- 1979년 7월 14일: 레퓌블리크-바스티유(République-Bastille Défilé militaire)

그러나 1980년 이후로, 다시 샹젤리제 거리에서 기념 퍼레이드가 행해

▲ 2007년 7월 14일, 프랑스와 유럽연합의 합동 군사 퍼레이드(사진 출처 엘리제궁)

질 수 있었다. 프랑스와 미테랑 대통령 재임 당시인 1989년 7월 14일의 〈혁명 기념일〉은 프랑스 혁명 200주년을 기념하는 뜻깊은 순간이었다. 수많은 외국의 국가수반들이 프랑스의 혁명 기념일에 참석하여 장 폴 구드Jean-Paul Goude가 연출한 스펙터클 '라 마르세예즈'를 관람했다. 그리고 1994년에는 유럽연합군대에 소속되어 있는 독일 군대가 프랑스-독일 양국 관계에 화해하는 의미로 샹젤리제의 행진에 참가했으며, 2007년 처음으로 유럽연합의 27개국의 군인들이 군사 퍼레이드에 참가했다.

니콜라 사르코지Nicolas Sarkozy 대통령이 당선된 이후로부터는 혁명 기념 퍼레이드 이후, 엘리제 궁의 정원에서 전통적으로 거행되어 온 리셉션에 프랑스의 영웅들과 이름 없이 사라져간 희생자들을 위한 시간이 마련되었다.

6. 산업 축제

1) 포도주 축제

(1) 보르도 포도주 축제

프랑스 사람들은 가톨릭의 성삼위일체에 종종 포도주, 치즈, 바게트를 비유하곤 한다. 그만큼 프랑스 국민에게 이 세 가지는 아주 중요하기 때문이다. 프랑스 사람들뿐만 아니라 전 세계 사람들은 포도주와 프랑스 요리가 프랑스의 대표적 문화 아이콘이라는 것을 알고 있다. 그리고 세계 3대 요리 중 하나인 프랑스 요리와 그와 잘 어울리는 최고의 프랑스 포도주가 함께 하여 최상의 궁합을 이뤘을 때, 그것이 진정 최고급 요리라는 것을 누구나 알고 있다. 프랑스인들은 질 좋은 포도주 제조를 위한 많은 노력을 오랫동안 기울여 왔다. 포도와 포도주에 관한 모든 것을 체계적으로 학문으로 연결시켰고, 포도주 양조에 관심 있는 전 세계의 많은 사람들이 프랑스로 모여들어 포도

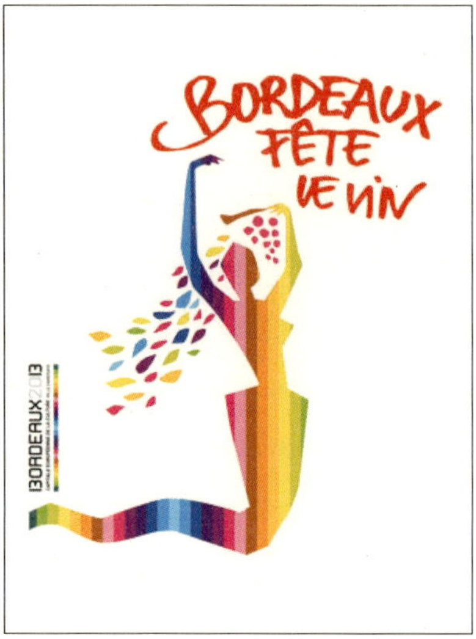

▲ 2013년 보르도 포도주 축제 포스터

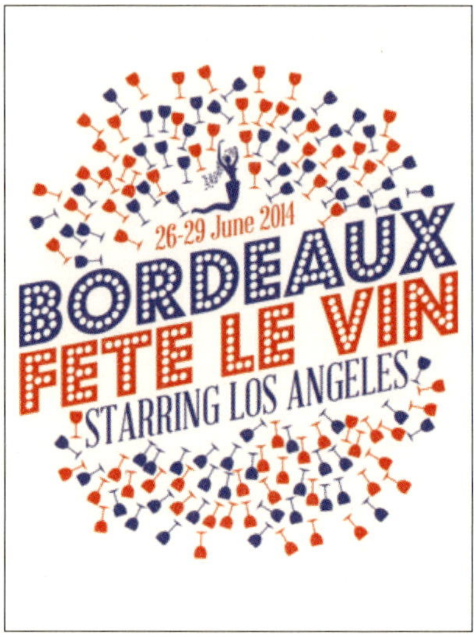

▲ 2014년 보르도 포도주 축제 포스터

재배와 포도주 양조에 관해 배우기까지 한다.

세계적으로 인정받는 최고의 프랑스 포도주 중에서도, 보르도 포도주의 산지인 보르도Bordeaux는 프랑스의 남서부에 위치했으며 부르고뉴와 더불어 최고의 포도주 산지로 손꼽힌다. 부르고뉴 포도주가 감성적이라면 지성적인 포도주인 보르도 포도주는, 프랑스 포도주를 이해하려면 무엇보다도 보르도 포도주를 이해해야 할 정도로 프랑스 포도주 산업의 핵심이라고 할 수 있다. 이 고장의 포도주는 프랑스의 전체 포도주 생산량의 10% 밖에 되지 않지만, 전체 프랑스 A.O.C.(Appellation d'Orgine Contrôlée, 원산지 통제 명칭) 등급 포도주의 1/4를 차지할 정도로 보르도 지방은 고급 포도주의 주산지이다. 보르도는 총 11만 3000헥타르에서 포도를 생산하고 있으며 적포도주가 80%이상 차지하고 있다.

보르도는 파리 남서쪽의 가론 강을 끼고 대서양으로 연결되는 하항을 가진 도시이다. 전통적으로 곡류, 채소, 과실 등의 생산이 풍부한 가론Garonne 강 유역에, 역사적으로 중세 시대 영국의 지배 아래에서 포도주 수출을 중심으로 경제적 발전을 이룬 도시이다.

보르도 포도주가 생겨나게 된 배경과 그 역사는 보르도의 포도 재배에 탁월한 자연에서 비롯되었다. 기원전 1세기에 아키타니아(지금의 보르도 인근 지역)에 정착한 로마인들에 의해 보르도 포도주의 역사가 시작되었지만, 본격적인 포도 재배와 포도주 생산은 12세기에 들어와서 본격적으로 시작되었다. 보르도는 아키텐 공국의 공작 딸인 알리에노르가 프랑스 국왕인 루이 7세와 이혼한 후, 영국 왕족이자 부르고뉴 공국의 영주인 앙리와 재혼할 때 보르도 땅을 지참금으로 챙겨가면서 1337~1453년간의 백년전쟁이 시작되었다. 우리가 잘 아는 샤토 탈보 포도주는 영국군 총사령관의 이름에서 유래한 것이라고 한다. 보르도는 이때부터 영국에 포도주를 수출하게 되었고, 포도주 산업으로 지역에 활기를 띠게 되었다. 프랑스 왕은 나날이 발전하던 프랑스 영토 아키텐을 영국으로부터 되찾아오기 위해 많은 노력을 했는데, 백년전쟁도 유럽 최대 포도주 생산지였던 지금의 보르도 인근지역을 영국으로부터 되찾기 위한 노력 중 하나였다. 이후 루이 14세와 15세 때 보르도 포도주는 전성기를 맞지만, 부르고뉴 지방 포도주를 각별히 사랑했던 나폴레옹의 등장 후 잠시 소강상태를 거쳤고, 나폴레옹 3세가 1855년 파리 만국박람회를 유치하여 세계에 보르도 포도주의 우수성을 알리기 위해 이 지방 포도주에 대해 등급 분류를 실시하면서 세계적인 포도주로서 확고부동한 입지를 다졌다.

보르도 포도주 산지는 지롱드Gironde 강을 중심으로 그 주변에 펴져있다. 주요 보르도 적포도주 산지로는 지롱드 강 남쪽의 오-메독Haut-Médoc, 그라브Graves와 강북의 생-테밀리옹Saint-Emilion, 포므롤Pomerol을 들 수 있고, 백포도주 산지로는 가론 강과 도르도뉴Dordogne 강 사이에 있는 앙트르-되-메르Entre-Deux-Mers가 있다. 보르도의 강 왼쪽(강남)과 오른쪽(강북) 지역 및 주변지의 포도주의 개성은 전혀 다르다. 근본적인 원인은 토양에 있다. 강 왼쪽일대는 자갈층이 땅속 깊은 곳까지 형성돼 있어 혼합물이 거의 없다. 그리고 자갈이 섞인 토양은 배수가 아주 잘 돼 포도품종으로 따지면 산도와 타닌, 색소가

▲ 2012년 보르도 포도주 축제 전경

풍부하고, 수십 년 정도 묵혀서 마셨을 때 진가가 드러나는, 품위 있는 적포도주로 만들어지는 “카베르네 쇼비뇽” 재배에 적합하다. 반면에 보르도의 강 오른쪽은 석회암계 흙에 점토질이 섞인 테루아르가 많다. 이 점토질은 배수가 좋지 않아 “카베르네 소비뇽”은 잘 자라지 않는다. 그래서 주요 품종은 점토질을 싫어하지 않는 과일향과 풍미가 있는 “메를로”이다. “카베르네 소비뇽”은 포도주를 많이 접해본 포도주 애호가들이, “메를로”는 포도주를 잘 모르는 초보자들이 즐겨 찾는다.

프랑스가 포도주 수출로 연간 약 93억 달러를 벌어들일 정도로 여전히 프랑스 포도주는 세계적으로 많은 사랑을 받고 있고 특히, 수백 년에 걸쳐 내려온 보르도 포도주의 명성은 아직도 여전하다. 그러나 오늘날 이탈리아를 비롯하여, 아메리카, 오세아니아, 아프리카 등지의 신세계 포도주의 생산량이 급증하고, 경기가 나빠지면서 과거 보르도 포도주의 위상도 이제 위협을 받고 있다. 지난 2008년부터 프랑스는 포도주 생산 1위의 자리를 이탈리아에게 내주기까지 했을 정도이다. 이러한 상황에서 보르도 및 부르고뉴 같은 주요 포도주 생산지에서는 포도주의 홍보를 위해 여러 가지 자구책을 내놓았다. 프랑스 포도 재배 지역 및 포도주 생산지 곳곳에서는 포도주 시음회 및 와이너리 투어를 비롯하여 와이너리 인테리어, 포도주병과 포도주잔 모양의 디자인 혁신, 포도주 관련 홈페이지의 다양한 외국어 버전을 제공하는 등의 노력을 하고 있다.

프랑스 3대 포도주 생산지 중 하나인 보르도 지역 역시 이러한 프랑스 포도주 산업에 불리한 상황에 적극 대처하여, 이 지역에서 생산되는 포도주를 주제로 〈보르도 포도주 축제〉Boredeau Fête le vin를 1998년에 처음 탄생시켰다. 〈보르도 포도주 축제〉는 보르도 시민들과 보르도 포도주 협회에서 짝수년마다 개최하는데, 홀수년에는 보르도 상공회의소의 주최로 '포도주 엑스포'를 개최하여 보르도 포도주에 대한 포도주 애호가들의 관심을 꾸준히 끌고 있다.

〈보르도 포도주 축제〉는 보르도 시내를 흐르는 가론 강이 내려다보이는 유럽 최대의 켕콩스Place des Quinconces 광장과 가론 강 주위의 12만㎡에 이르는 대회장에서 보르도 지역 포도주 시음을 하는 축제이다. 〈보르도 포도주 축제〉는 보르도 포도주 홍보와 더불어 지역 특산물과 축제를 결합한 행사로서, 포도주를 사랑하는 많은 포도주 애호가를 모아 놓고 보르도와 이 지역 인근 포도주 재배지역이 가지는 세계적인 포도주 대표 생산지로서의 위상을 더욱 널리 알리는 것이 목적이다.

1000년 전부터 포도주를 만들어온 보르도에는 5,000여 개가 넘는 샤토와 생산, 중개업을 병행하는 400여 개의 네고시앙, 104개의 포도주 중개업체, 57개의 A.O.C. 지역명칭을 갖고 있는 방대한 포도밭이 있는 포도주의 본고장 보르도에서, 포도주 축제를 통해 전 세계의 관광객들은 보고, 듣고, 마시며 보르도의 매력과 보르도 포도주에 흠뻑 취하게 된다. 축제를 즐기러 온 관광객들은 12만 3000헥타르가 넘는 A.O.C. 포도원에서 내놓은 보르도 특유의 블렌딩 포도주들을 8개의 시음관과 5개의 네고시앙 포도주 시음관에서 보르도 포도주를 시음하며 즐겁게 보르도의 여름을 즐기게 된다. 잠깐의 휴식이 필요한 이들은 18세기 보르도 집정관인 투르니가 만든 바로 옆 공원을 찾으면 된다. 포도나무의 꽃이 피는 6월에 열리는 보르도 포도주 기사단 작위 수여식도 함께 진행된다. 보르도 포도주를 알리는 데 열정과 노력을 아끼지 않은 세계 각국의 보르도 포도주 애호가들이 보르도 포도주 기사 작위를 받는다.

〈보르도 포도주 축제〉에서 음식을 빼놓을 수 없다. 가론 강가를 따라 보르도 각 지역 음식을 제공하는 임시 레스토랑이 문을 연다. 포도주가 태어난 지역의 음식이라면 서로 궁합이 좋을 수밖에 없다. 아키텐식 소고기 요리와 보르도 코트 포도주, 술과 향신료에 재운 돼지 볼살 요리와 지네스테 포도주, 브라스리 메뉴와 페삭-레오냥 포도주, 그리고 각종 해산물 요리와 앙트르-뒤-메르 화이트 포도주 등 시원스럽게 그늘을 드리운 플라타너스 아래서 탁 트인 가론 강을 바라보며 요리와 포도주의 환상적인 앙상블에 빠져본다.

시음 전시관 입구에는 무통-로칠드Mouton-Rothschild, 페트뤼스Petrus, 랭슈-바

▲ 2014년 보르도 포도주 축제 야경

▲ 2014년 보르도 포도주 축제에서 술통 굴리기

▲ 보르도 포도주

주Lynch-Bages 샤토가 소장하는 피카소, 베르나르 파제스, 니키 드 생팔, 콘라드 로더, 장 미셸 폴롱 등 유명한 예술가들의 조각 및 회화 작품을 전시한다. 뜨거워진 포도주의 열기를 잠시 차분하게 식혀주는 공간이다.

보르도 포도주 축제를 위한 세 가지 패스

시음 패스 Le Passe dégustation

사전에 구매하면 15유로 이지만 축제 행사장에서 구매하면 18유로이다. 이 패스는 8개의 시음 행사장에서 개인의 기호에 맞게 사용할 수 있고, 보르도 관광 안내소나 포도주 학교 등의 파트너 단체에 제시하면 다양한 혜택을 받을 수 있다.

포도원 체험 패스 Le Passe Vignogles

오전이나, 오후 혹은 하루 동안 포도원 체험 패스로 보르도 인근 포도밭을 체험해볼 수 있다. 30여개 이상의 유명 포도원과 이름 있는 브랜드의 포도주를 선택하여 체험할 수 있다.

- 1일 패스 : 앙트르 되 메르, 코트 아 보르도, 오트 지롱드, 그라브, 메독, 생테밀리옹을 25인승 버스로 둘러볼 수 있다. 패스 가격은 교통비, 가이드, 입장료, 시음, 점심 포함한 가격으로 62유로에서 135유로.
- 반일 패스 : 생테밀리옹, 메독, 그라브, 소테른, 프롱삭이나 포므롤을 8인승 미니버스로 둘러볼 수 있다. 패스 가격은 교통비, 가이드, 입장료, 시음 포함한 가격으로 49유로에서 85유로.

1855년에 지정된 그랑 크뤼 패스

보르도 상공회의소 홀의 축제 행사장 한 가운데에 자리 잡은 8개의 1855년 그랑 크뤼 등급의 최상급 포도주를 시음해 볼 수 있다. 메독, 소테른, 바르삭 지역의 그랑 크뤼 소유주나 대표자들이 이야기하는 고급 포도주 특성을 들어볼 수 있다. 더불어 위대한 쉐프들의 조리법과 요리 사진 전시회도 관람할 수 있다.

패스는 보르도 포도주 축제 사이트 www.bordeauxfetelevin.com이나, 인터넷 티켓 예매사이트 www.francebillet.com, 보르도 관광안내소 및 다양한 티켓 판매처에서 구입할 수 있다.

2012년 제8회 〈보르도 포도주 축제〉는 6월 28일부터 7월 1일까지 4일 동안 개최되었다. 매회 축제가 그러했듯, 보르도 시내를 흐르는 가론 강 좌안 2km에 달하는 포도주길Route des Vins과 켕콩스 광장 주변에 늘어선 125개의 시음관에서 80여 종류의 보르도 인근 지역(생-테밀리옹, 메독, 그라브, 소테른, 앙트르-뒤-메르 등)의 포도주를 50만 명 이상의 보르도 포도주 애호가들에게 선보여 성황을 이루었다. 축제 측은 포도주 시음뿐만 아니라 지역 전통 음식 체험, 뮤직 페스티벌, 미술전시회, 포도주 경매, 도서 전시회, 포도원 체험 및 그랑 크뤼 와이너리 방문 체험, 포도주 테라피 등 다양한 프로그램으로 참가자들의 호기심을 자극했고, 보르도 포도주 학교인 '에콜 드 뱅'Ecole de vin에서는 미니 포도주 아틀리에를 열어, 보르도 포도주의 지역적 특징과 포도주 관련 상식을 교육하여 일반인들이 포도주를 더욱 쉽고 폭 넓게 이해할 수 있는 기회를 제공하였다. 또한 〈보르도는 세상을 사랑하고, 세상은 보르도를 사랑한다.〉"Bordeaux aime le monde, le monde aime Bordeaux."라는 주제로 소리와 이미지의 행사를 열었고, 3만 여명의 관객들은 축제동안 매일 밤 11시 보르도 상공회의소 건물인 '팔레 드 부르스'Palais de la Bourse 앞으로 모여들었다. 건물 벽면에서 펼쳐지는 화려한 프로젝터 이미지와 소리 공연이 끝난 뒤, 축제의 클라이맥스가 11시 30분부터 시작된다. 가론 강에 쏟아 붓는 불꽃놀이다. 가슴까지 뛰게 하는 현란한 불꽃을 마지막으로 축제는 막을 내린다.

2012년 〈보르도 포도주 축제〉의 주빈으로 보르도 포도주를 많이 소비하기로 유명한 홍콩이 선정되었다. 홍콩은 〈보르도 포도주 축제〉를 통해 홍콩이 대표하는 아시아의 다양한 문화들을 유럽에 소개하는 기회를 갖기도 하였다. 다음 〈보르도 포도주 축제〉는 2014년 6월 26일부터 29일까지 개최되는데 〈보르도 포도주 축제〉의 주빈은 로스앤젤레스라고 한다.

보르도 포도주 홍보를 위한 꾸준한 〈보르도 포도주 축제〉 측의 노력은 유럽 포함, 3개 대륙에 걸쳐 빛을 볼 수 있게 되었다. 캐나다 퀘벡에서는 9월 6일부터 9일까지 〈보르도 포도주 축제〉Boreaux Fête le Vin를 통해, 홍콩에서는 11

월 1일부터 4일까지 〈포도주 & 음식 축제〉Wine & Dine Festival를 통해 보르도 포도주가 더욱 활발하게 홍보되는 기회를 갖게 되었기 때문이다.

이처럼 〈보르도 포도주 축제〉에서 볼 수 있는 포도주의 역사와 문화적 가치는 현대인의 여가와 관광욕구와 만나 다양한 체험 프로그램과 문화 프로그램으로 구성되었고, 또한 음악과 미술 등의 다양한 장르와 결합하여 보르도 포도주의 문화콘텐츠를 더욱 확대시켰다. 세계적인 포도주 생산지역의 변화와 더불어 변화된 대중들의 생활방식은 과거의 영광스러웠던 보르도 포도주의 지위를 위태롭게 하였지만, 보르도 포도주 관계자들과 시민들은 다양한 아이디어와 적극적인 참여로 보르도 포도주의 위상을 높이고 있다. 〈보르도 포도주 축제〉를 통하여, 보르도 지역이 오랫동안 품고 있던 역사적 사실과 현대인들의 관심과 흥미를 끄는 문화콘텐츠가 접목됨으로써 확대 재생산된 보르도 포도주의 매력과 의미는 좁게는 보르도라는 도시를, 넓게는 프랑스라는 나라의 매력과 다양한 문화자원들을 전 세계에 선보이는 좋은 기회가 되고 있다.

수치로 보는 보르도 포도주 축제

1. 50만 명이 넘는 프랑스 국내외 방문객
2. 5만 명의 시음 패스 소지자들의 시음 체험
3. 750장의 포도원 방문 패스 판매
4. 보르도 포도주 학교에서 교육받은 12,349명의 방문객
5. 보르도 포도주 축제 페이스북과 트위터에 가입한 5,000여 명의 팬과 친구들
6. 2,600만 유로의 예산
7. 50개 이상의 공공 및 민간 축제 파트너
8. 축제 기간 4일 동안 참가한 800~1000명의 포도원 관계자들
9. 200여 명의 예술가 참여
10. 300여 명의 프랑스 국내외 기자 (그 중 30%는 외신 기자들)
11. 1998년 1.5헥타르였던 축제용지가 지난 2011년 제7회 축제에서는 6헥타르로 늘어남
12. 1,500명 이상의 사람들이 축제조직에 참여
13. 2,000만 유로로 추산되는 경제 효과 : 직 · 간접 방문객, 축제조직, 비즈니스 관광 관련하여

(2) 부르고뉴 포도주 축제

▲ 2014년 제142회 부르고뉴 포도주 대축제 포스터

부르고뉴는 프랑스 최고의 명성을 가진 포도주산지이다. 부르고뉴 포도주 축제는 생산지 마다 그리고 계절 마다 축제가 열린다. 그 중 최대 행사는 11월의 셋째 일요일에 열리는 〈오스피스 드 본 포도주 자선 경매 축제〉Festivité des vins des Hospices de Beaune이다. 부르고뉴하면 본Beaune에 있는 오텔 디외(Hotel Dieu, 본의 자선병원) 병원에서 매년 11월 세 번째 일요일에 열리는 자선 경매 행사인 '오스피스 드 본'이 매우 유명하다. 1451년에 설립된 이 병원은 병들고 가난한 사람들을 위한 가장 멋진 안식처라고 할 수 있다. 이 병원은 약 150 에이커의 포도밭을 소유하고 있으며, 수 세기 동안 거기서 나온 수익금을 기부해 왔다. 이 포도밭에서 생산된 새로운 포도주를 내놓고 공개 경매에서 판매하고 여기서 생긴 수익의 상당액을 지역의 공공병원을 위해 사용한다. 포도주 가격 추세를 가늠할 수 있는 행사로 포도주 관련 전문가들은 물론 일반 관광객도 많이 참여하고 있다. 2014년에 제154회를 맞는 유서 깊은 포도주의 자선 경매이며 세계 각국에서 온 수입 업체, 포도주 업체들이 이 경매에 참가한다. 경매의 수입으로 본의 양로원과 병원이 운영된다는 것도 포도주의 도시다운 일이다. 이에 앞서 포도주 문화에 공헌한 사람들에게 '포도주 기사'라는 칭호를 수여하는 행사과 기사들의 만찬회가 있다. 이 시기에 맞춰서 본과 근교의 마을에서도 크고 작은 행사가 마련된다.

〈그랑 주르 드 부르고뉴〉Les Grands Jours de Bourgogne는 2년에 한번씩 샤블리에서 마코네 지역까지 부르고뉴 전 지역의 포도주 생산지에서 포도주를 시음할 수 있는 포도주 박람회이다. 프랑스에서도 가장 복잡하다는 부르고뉴 지방의 포도주들을 포도주 양조장을 직접 돌아보면서 시음할 수 있기 때문에, 그 지역과 포도주에 대한 이해를 도모한다는 취지에서 마련된 행사이다.

〈부르고뉴 포도주 대축제〉Fête des grands vins de Bourgogne가 오스피스 드 본 포도주 경매와 같은 날 본에서 열린다. '부르고뉴 포도주생산자와 포도재배자 연합회'Confédération des Appellations et Vignerons de Bourgogne, CAVB가 〈부르고뉴 포도주 대축제〉를 조직한다. 본의 멋진 대회의장에서 〈부르고뉴 포도주 대축제〉는 11월 셋째 주 주말(금요일-일요일)에 열리며 부르고뉴의 포도주 양조장 100여 개가 참여하여 자기네 포도주를 널리 알린다. 누구나 참여할 수 있는 이 축제는 부르고뉴 포도밭의 세계적 명성을 지닌 포도주 양조장이 모두 모이는 유일한 축제이다. 여기서 부르고뉴의 포도주 수천 병이 소비된다. 코트 샬로네즈와 코트 도르의 그랑 크뤼급 포도주와 마코네의 포도주를 거치면서 샤블리에서부터 보졸레에 이르기까지 300종이 넘는 다양한 포도주를 이 축제에서 음미할 수 있다. 포도원 주인들은 바쿠스 문화의 부르고뉴 테루아르의 마법을 발견하거나 재발견하는 기회를 제공한다. 100년이 넘은 이 축제에서, 새로운 포도주를 맛 볼 수 있으며 좀 더 오래된 포도주을 마시는 기쁨도 누릴 수 있다. 방문객은 6,500명을 상회한다. 2014년에 142번 째 〈부르고뉴 포도주 대축제〉가 열렸다.

▲ 오스피스 드 본 포도주 자선 경매 축제의 포도주 경매

▲ 부르고뉴 포도주 축제 관경

▲ 성 빈센티오 축일에 부르고뉴 타스트뱅 기사단(소믈리에) 행진

부르고뉴 지역의 포도주 축제 및 행사 일정

3월 중순

- 장소: 샤르네-레-마콩(Charnay-lès-Macon)
  마코네 지역에서 〈프랑스 포도주 살롱(박람회)〉이 열린다.
- 장소 : 마르사네-라-코트(Marsannay-La-Côte)
  포도주를 좋아하는 "미식가들을 위한 날"이 열린다.

5월 초순

- 장소 : 샤블리(Chablis)
  욘(Yonne) 〈포도주 시장과 꽃 시장〉이 함께 열린다.

6월 중순

- 장소 : 샬론-쉬르-손(Chalon-Sur-Saône)
  샬론-쉬르-손 지역과 코트 샤롤네즈(Côte Chalonnaise)에서 〈풍선 기구 페스티벌〉이 열린다.
- 장소 : 코트 도르(Côte d'Or)
  일종의 〈포도주 투어〉로 전문가와 함께 포도밭을 거닐며 포도주에 대해 배우는 〈산책〉 이벤트가 열린다.

7월 초순

- 장소 : 마르사네-라-코트(Marsannay-La-Côte)
  포도밭과 포도 제조 과정을 직접 방문, 탐방하는 프로그램이 열린다.

8월 말~9월 초

- 장소 : 디종(Dijon) 및 코트 도르(Côte d'Or)에 속한 주변 지역
  〈디종 포도밭 축제〉(Fête de la Vigne de Dijon)가 열린다.

11월 하순

- 장소 : 본(Beaune)
  11월 세 번째 일요일에 〈오스피스 본 포도주 자선 경매 축제〉(Festivitê des vins des Hospices de Beaune)가 열린다.
- 장소 : 본(Beaune)
  〈부르고뉴 포도주 대축제〉(Fête des grands vins de Bourgogne)가 〈오스피스 드 본 포도주 경매〉와 같은 세 번째 주 주말에 열린다.

부르고뉴

부르고뉴는 프랑스의 고급 적포도주 생산지 중 가장 북쪽에 위치하고 있다. 혹독한 겨울과 봄의 잦은 서리가 특징인 대륙성 기후에도 불구하고 유리한 방향(남향, 동향, 남동향)과 평균 200~400m에 이르는 언덕에 위치한 덕분에 일조

량이 많고, 서리로부터 보호되며, 서풍을 피할 수 있다. 준대륙성 기후의 혜택 덕에 섬세함과 개성, 풍부한 아로마로 유명한 고급 포도주가 생산된다. 부르고뉴 지방은 춥고 긴 겨울(포도나무의 휴식에 필요하다)과 온화하고 비교적 비가 많이 오는 봄(포도나무의 성장에 좋다), 매우 덥고 건조하며 일조량이 많은 여름(포도의 숙성에 없어서는 안 된다)을 특징으로 하는 준대륙성 기후이다.

부르고뉴 테루아르

▲ 부르고뉴 테루아르

부르고뉴에서 "테루아르"는 A.O.C.(Appellation d'Orgine Contrôlée, 원산지 통제 명칭)의 근간을 이루고 있다. 부르고뉴 지방에서 테루아르라는 용어는 자연적 요인과 인적 요인 모두를 이르는 넓은 개념이다. 중세 초기에 생긴 이 개념은 20세기 중반에 이르러 I.N.A.O.(프랑스 국립원산지명칭연구소)와 원산지 아펠라시옹의 탄생과 함께 공식적으로 인정받았다. 1000년 이상이 지난 오늘날, 부르고뉴에서 테루아르라는 개념은 세계 곳곳에서 모방하고 있으며 현대적 개념으로 인정받고 있다. 이유는 A.O.C.가 소비자들이 중시하는 원산지, 진품, 전통, 개성과 같은 가치를 대표하고 전달하기 때문이다.

부르고뉴의 토양의 지질적 기원과 물리-화학적 구성은 매우 다양하여 101개의 포도원마다 차이가 있으며, 동일한 포도원, 동일한 마을, 같은 장소에서도 다양성을 띤다. 이러한 이유로 부르고뉴 포도원은 아주 작은 단위로 이루어져 있어서 마치 체스판을 연상시킨다. 테루아르의 특성과 다양성은 수많은 명칭과 크뤼를 낳았다. 라 로마네La Romanée는 0.8헥타르가 약간 넘는 것으로 세계에서 가장 작은 아펠라시옹appellation이다.

다양성에도 불구하고 부르고뉴 테루아르는 어느 정도의 동질성을 지닌다.

부르고뉴의 토양은 2억 5천만년 전의 지층(화강암, 화산암, 편마암, 편암 등) 위에 1억 5천만년 전 쥐라기 시대에 퇴적된 토양(점토, 이회암, 석회암 등)이 덮여 있다. 이러한 지질학적 동질성에도 불구하고 실제로는 각각의 포도원마다 토양의 기원과 구성이 매우 다양한데, 이것이 바로 부르고뉴에서 기원하여 전 세계적으로 통용되는 '테루아르terroir'라는 개념의 기반이다. 테루아는 토양 외에도 채광, 고도, 기후, 강우, 풍속, 일조량 등 모든 요소를 포함한다. 부르고뉴의 포도원은 수천 개로 구획된 작은 규모의 밭(클리마, climat)으로 나뉘어 마치 모자이크와 같은 모습을 띠는데, 심지어 이 작은 클리마마다 테루아르가 달라 생산되는 포도주의 색, 향, 맛에서 미묘한 차이를 보인다. 해양 퇴적암의 풍화가 바로 점토-석회질 토양의 기원이며 이 토양에서 바로 부르고뉴 포도 품종이 제 역량을 낼 수 있다.

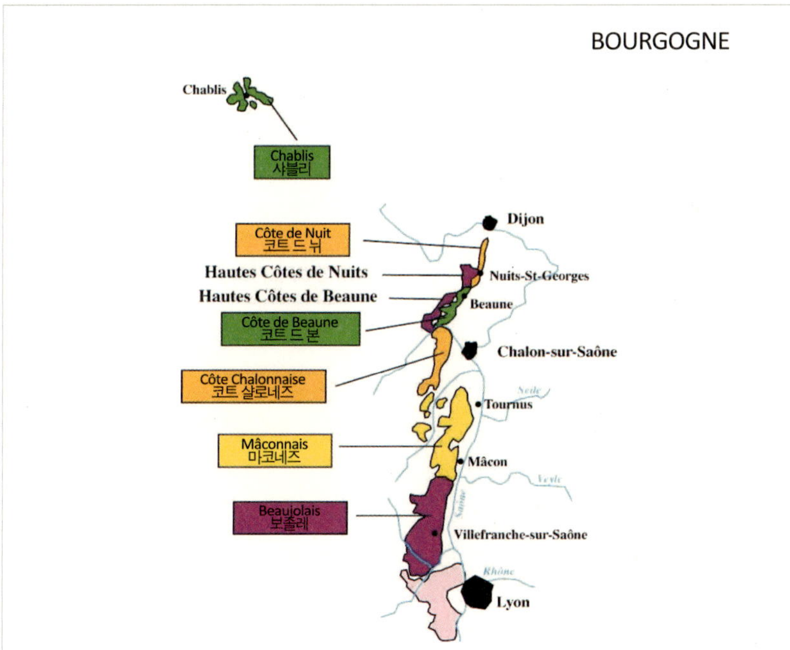

▲ 부르고뉴 5개 지역과 포도주

부르고뉴 포도 품종

부르고뉴 지방은 피노 누아르(Pinot Noir)와 샤르도네(Chardonnay)가 탄생한 원산지이자 그 품종이 개발된 곳이다. 부르고뉴 토양의 특성, 포도밭의 방향과 기후 조건은 피노 누아르와 샤르도네 재배에 특히 적합하다. 이 두 품종은 부르고뉴에서 재배될 때 풍부하고 우아한 향과 섬세함을 지니고, 입 안에서 여운이 긴 장기 숙성용 포도주를 만들어내기에 귀족 포도주라는 세계적인 명성을 얻게 되었다.

(1) 피노 누아르(Pinot Noir)

부르고뉴의 모든 레드 포도주에 쓰이는 품종이다. 매우 작은 포도알이 촘촘하게 붙어 있는 모양이 솔방울을 닮은 데서 피노라는 이름으로 불리게 되었다. 포도주에 실크같이 부드러운 타닌을 부여하며, 몇 달만 오크통에 숙성시켜도 앵두, 건자두향을 띤다. 대개 방향과 훈연향의 섬세하고 복합적인 향을 지니고 있다. 석회질 성분이 있고 배수가 잘 되는 이회암질 토양에 잘 맞는다. 석회질의 비율과 포도밭 구획 위치에 따라 가볍고 우아하거나 힘 있고 향긋한 포도주를 만들어낸다.

(2) 샤르도네(Chardonnay)

뛰어난 적응력과 좋은 품질로 인해 샤르도네는 오늘날 전 세계에서 가장 많이 재배되고 있는 백포도 품종으로, 그 원산지인 부르고뉴에서 세계 최고의 드라이 화이트 포도주를 생산해내고 있다. 포도주에 섬세하고 우아한 아로마를 부여하는 샤르도네는 어느 정도 점토질인 이회암-석회질의 토양을 선호한다. 토양의 점토 비율에 따라 향과 풍부함이 결정된다. 아름다운 황금색을 띠며 섬세한 아로마와 아몬드, 개암 등의 건과향, 훈연향이 돈다. 입 안에서는 신선하고 어우러진 맛을 주며 향기가 오래 남는 것이 특징이다.

(3) 가메(Gamay)

마코네 지역과 마콩 쉬페리외르에서 가볍고 기분 좋으며 향이 풍부한 적포도주를 생산해 낸다. 가메 2/3와 피노 누아르 1/3을 블랜딩한 것이 부르고뉴 파스-투-그랭(Bourgogne Passe-Tout-Grains)이다. 부르고뉴 그랑 오르디네르(Bourgogne Grand Ordinaire)와 크레망 제조에도 사용되며, 마콩 루즈(Mâcon Rouge)가 이 품종으로 세상의 빛을 보았다.

(4) 알리고테(Aligoté)

드라이하며 가볍고 활기찬 부르고뉴 알리고떼와 상큼하고 부드러운 부즈롱(Bouzeron), 단지 이 2개의 아펠라시옹에서만 생산된다. 크렘 드 카시스와 혼합한 것으로 애호가들에게 잘 알려져 있으며, 식전주로 널리 사랑받고 있는 키르를 만드는 데도 애용되고 있다.

(5) 그 외 품종

소비뇽(아펠라시옹 생브리), 세자르(아펠라시옹 이랑시), 피노 블랑, 피노 뵈로(Pinot Beurot)가 있다.

부르고뉴는 프랑스 최고의 명성을 가진 포도주산지로서 다음의 다섯 지역을 포함한다. 부르고뉴의 관문이라고 할 수 있는 가장 북쪽 지역인 샤블리Chablis는 샤르도네 품종으로 백포도주만을 생산한다. 가을 포도밭을 물들이는 깊은 황금빛 갈색에서 유래하여 '황금의 언덕'이란 뜻을 가진 부르고뉴의 등줄기 지역인 코트 도르(Côte d'Or, 황금의 언덕)는 코트 드 본Côte de Beaune과 코트 드 뉘Côte de Nuits로 나뉘는데, 이곳이 바로 전세계적으로 이름 높은 포도주산지이다. 코트 도르의 경치 좋은 남쪽에는 변두리 포도주산지인 코트 샬로네즈Côte Chalonnaise와, 새로 부상하고 있는 광활한 포도주산지 마코네Maconnais가 위치해 있다. 좀더 남쪽에 위치한 보졸레Beaujolais 지역은, 기술적으로는 론Rhone에 속하지만 역사적으로는 부르고뉴의 일부분으로 남아 있다.

⊙ 샤블리Chablis

파리 분지의 가장자리인 스렝Serein 계곡을 따라 언덕에 위치하고 있다. 자갈이 많은 진흙-석회질의 토양은 지질학적으로 쥐라기 연대에 속하는 것이며, 상부 쥐라기층이 가장 대표적인 지질층이다. 샤블리는 샤르도네를 위한 최적의 토양을 갖추고 있으며, 샤블리에서는 샤르도네만으로 화이트 포도주를 생산하도록 되어 있다. 샤블리는 전 세계에서 고급 드라이 백포도주의 대명사로 여겨지고 있다. 샤블리에는 4개의 아펠라시옹 등급이 있다.

⊙ 코트 드 뉘Côte de Nuits

폭 800m, 길이 20km로 코트 도르 지역의 북쪽에서부터 길게 늘어져있다. 코트 드 뉘 아펠라시옹의 풍부함과 명성으로 어떤 작가들은 부르고뉴의 샹젤리제라고 부르기도 한다. 쥐라기 중기의 석회질 층은 피노 누아르 품종에게 있어 천국이라고 할 수 있는데, 그 덕에 매우 풍부하고 최상급의 적포도주가 다양하게 생산되고 있다. 바로 코트 드 뉘에서 부르고뉴의 그랑 크뤼 적포도주를 모두 만나볼 수 있다(코르통 제외). 적포도주가 93%, 백포도주가 7%의 비율로 생산되고 있다. 코트 드 뉘에는 4개의 아펠라시옹 등급이 있다.

⊙ 코트 드 본Côte de Beaune

라두아-세리니Ladoix-Serrigny와 마랑쥬Maranges 언덕 사이, 햇빛에 바로 노출되어 있는 언덕에 자리잡고 있다. 코트 드 본의 구릉과 원만한 언덕들은 이회암-석회질층으로 코트 드 뉘와 비슷하지만, 코트 드 본이 더 젊은 토양에 위치하고 있다. 동쪽에 위치함으로써 더운 여름과 건조한 가을이라는 대륙성 기후 영향을 받게 되는데, 이는 포도 숙성에 좋은 영향을 끼치는 요인이다. 적포도주가 60%, 백포도주가 40%로 생산되고 있다. 모든 코뮌 단위 아펠라시옹은 적포도주와 백포도주 모두를 생산하는데, 예외적으로 포마르와 볼네에서는 적포도주만 생산한다. 코트 드 본에는 4개의 아펠라시옹 등급이 있다.

⊙ 코트 샬로네즈Côte Chalonnaise

북쪽으로는 코트 드 본과 남쪽으로는 마코네 산맥 사이, 길이 25km, 가로 7km의 면적에 펼쳐져 있다. 적포도주가 62%, 백포도주가 38%로 생산되고 있다. 코트 샬로네즈의 서쪽에 위치한 쿠슈아는 400헥타르이며, 적포도주와 백포도주를 생산한다. 코트 샬로네즈에는 3개의 아펠라시옹 등급이 있다.

⊙ 마코네Mâconnais

마코네는 부르고뉴의 남쪽 경계선이라 할 수 있다. 일련의 언덕으로 이루어져 있으며 동/동남향은 포도나무의 재배에 이상적이다. 이곳의 테루아르는 석회질 또는 이회암-석회질(샤르도네 품종에 가장 적합)과 진흙 또는 진흙-규토질(산성이 좀 더 강해 숙성 초기에 소비하는 마콩 화이트나 가메 품종의 상쾌한 마콩 레드를 생산), 화강암 혹은 화산 심토 위의 규토질(가메 품종에 가장 적합) 이렇게 3가지로 구분된다. 마코네 포도원 면적은 6700 헥타르이며, 주로 화이트 포도주를 생산한다. 화이트 포도주가 87%, 적포도주가 13%로 생산된다. 마코네 포도원에는 2개의 아펠라시옹 등급이 있다.

다음의 4가지 라벨 이미지를 등급이 낮은 순으로 정리해보자.

부르고뉴 〈 본로마네 〈 본로마네 "레 숌" 〈 로마네 콩티

이런 명칭들은 큰 인형 속에 작은 인형이 계속 들어가는 러시아 인형을 닮았다고 보면 된다. 이렇듯 로마네 콩티는 본로마네 레 숌보다 우위에 있으며, 후자는 본로마네보다 우위에 있고, 그 밑에는 부르고뉴 명칭이 있는 것이다.

▲ 부르고뉴 포도주

▲ 부르고뉴 포도주 생산지별 에티케트

부르고뉴 포도주 학교 Ecole des Vins de Bourgogne

'부르고뉴 포도주 학교'에서는 반나절, 하루 혹은 주말 코스 등으로 이루어진 강의가 진행된다.

부르고뉴 포도주의 품질 보증 마크, A.O.C.

부르고뉴에서 떼루아는 포도주의 등급을 분류하는 기준이 된다. 부르고뉴의 A.O.C.(Appellation d'Orgine Controlée, 원산지 통제 명칭)는 포도주의 특성, 포도주가 생산된 지역의 특성, 포도주 생산 방법, 포도주의 역사 그리고 생산자의 전문성 등을 보증하는 품질 표시라고 할 수 있다. 부르고뉴에는 약 100개의 A.O.C.가 있으며 크게 4가지 범주로 나뉜다.

그랑 크뤼 아펠라시옹(Grands Crus Appellations)

부르고뉴 포도주생산량의 1.3%를 차지하며, 마을 내의 포도밭 구획들 중에 오래 전부터 대단한 명성을 구가해 온 몇몇 구획에서만 생산되는 포도주의 등급이다. 33개의 그랑 크뤼 A.O.C.가 있으며, 레이블에는 '그랑 크뤼'라는 문구가 명기되어야 한다. 이 때 포도밭의 이름을 마을의 이름과 혼동해서는 안 되는데, 예를 들어 샹베르탕은 포도밭 이름을, 쥬브레 샹베르땅은 마을의 이름이다. 이는 뮈지니와 샹볼 뮈지니, 코르통과 알록스 코르통 역시 마찬가지이다.

프리미에 크뤼 아펠라시옹(Premier Crus Appellations)

마을 내에서 가장 좋은 평가를 받는 포도밭의 특정 구획에서 생산된 포도주이다. 684개 프리미에 크뤼 포도밭가 있으며, 부르고뉴 포도주생산량의 10.1%를 차지한다. 만약 'Beaune' A.O.C. 내의 'les Greves' 포도밭의 일정 구획에서 생산되는 프리미에 크뤼 포도주이라면, 레이블에는 Beaune 1er Cru les Greves 또는 Beaune les Greves로 기재된다.

마을단위 아펠라시옹(Appellations Villages)

44개의 마을단위 아펠라시옹이 있으며 부르고뉴 포도주생산량의 36.8%를 차지한다. 마을의 지정된 범위 내에서 수확한 포도로 만들며 레이블에 그 마을의 이름을 명기할 수 있다.

지역단위 아펠라시옹(Appellations Regionales)

23개의 지역단위 아펠라시옹이 있으며 부르고뉴 포도주생산량의 51.7%를 차지하는데, 부르고뉴 내에서 재배된 포도이기만 하면 이 등급의 포도주를 만들 수 있다.

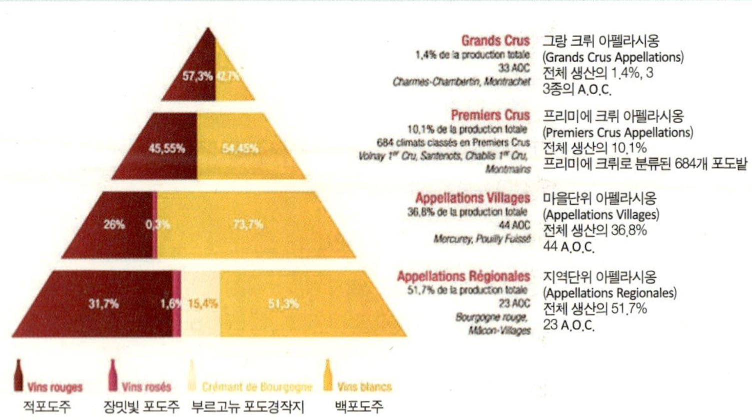

▲ 2014년 본의 대회의장에 마련된 부르고뉴 포도주 대축제 포도주 시음장

(3) 보졸레 누보 축제Fête de Beaujolais Nouveau

"포도주와 사람은 오래 될수록 좋다"는 말이 있지만, '보졸레 누보'는 예외다. '보졸레 누보'Beaujolais Nouveau란, 프랑스 부르고뉴 지방의 보졸레에서 생산되는 포도주로 갓 담근 포도주를 말한다. 보졸레Beaujolais는 포도의 생산지, 누보Nouveau는 '새로운'이라는 뜻이다.

그 해 여름 햇살을 듬뿍 받고 자라난 포도를 이용해 담근 햇포도주를 전 세계적으로 11월 셋째 주 목요일 자정을 기해 일제히 시판에 들어가며, 햇포도주를 시음하는 대대적인 행사로 이를 축하하기 위한 축제가 〈보졸레 누보 축제〉이다.

▲ 2013년 보졸레누보 포스터

▲ 보졸레 누보 포도주

축제의 기원은 2차 세계대전 당시 독일군이 프랑스 전역에서 쓸 만한 포도주를 모두 징발하여 간 탓에 마실만한 포도주가 없어서 바로 수확된 포도에 탄소를 넣어 빨리 발효시킨 후 마시기 시작한 것이 그 기원이다. 그 후로 보졸레 지역에서는 그 해에 갓 생산된 포도주를 포도주통에서 바로 마시는 전통이 생겨났고, 프랑스 정부에서 1951년 11월 13일 처음으로 〈보졸레 누보 축제〉를 공식적으로 개최했으며, 그 이후로 점차 발전하여 1970년대 이후부터 매년 세계적인 포도주 축제로 자리 잡았다.

보졸레 포도주는 50년대 초까지만 해도 리용의 값싼 레스토랑이나 파리의 작은 술집에서 매년 늦가을에 마시기 시작하는 값싼 대중적인 포도주이었다. 그러나 '보졸레 누보'를 마시는 것이 세계적인 연례행사가 되기까지 한 사람의 노력과 지혜가 숨어 있었다. 그는 보졸레 지역에서 가장 우수한 포도주를 만드는 포도주생산자로서 지난 수십 년간 이 지역 포도주 제조에 지대한 공로를 세워 '보졸레 왕'이란 칭호까지 듣는 '죠르쥬 뒤뵈프Georges Debœuf'로서 매년 11월 셋째 목요일 세계가 동시에 보졸레 햇포도주를 마시게 하는 마케팅의 전략으로 포도주 애호가들의 호기심을 자극하여 결국 오늘날과 같은 세계적인 〈보졸레 누보 축제〉를 만들어 냈다.

11월에 〈포도주 축제〉Les Sarmen telles와 〈보졸레 미식가 축제〉La Fête Du Beaujolais Gourmand가 열리는 보졸레 지역을 비롯해 프랑스 곳곳의 카페들은 '보졸레 누보 상륙'이라는 포스터와 포도를 연상케 하는 장식들로 꾸며진다. 오전에는 가게마다 새로 출시된 '보졸레 누보'를 구매하기 위한 사람들로 문전성시를 이룬다.

보졸레 누보 포도주에 대해 문답형식으로 알아보자.

문 : '보졸레 누보'는 어떻게 만들어지는가?
답 : '보졸레 누보'를 만든다는 것은 포도주 생산 노하우 전체를 제대로 통제해야 가능하다. 포도주 저장고에서는 극도의 주의를 기울여 짧은 침용 과정을 거친다(물론 포도밭에서는 1년 내내, 가지치기, 필요 없는 순 자르기, 빛 쪼이기, 등 재배 조건이 까다로운 가메 품종을 정성들여 키워 낸다).

문 : 보졸레 누보 포도품종은 무엇인가?
답 : "가메 누아르 아 쥐 블랑"(Gamay Noir à jus blanc)으로 보통 "가메"라 불린다. 가메는 현재 거의 독보적으로 보졸레에서 사용되고 있는 포도주 품종이다. 전 세계 36,000헥타르에 걸쳐 가메가 심어져 있으며 이중 22,500헥타르는 보졸레에 있다. 양조학적으로 보았을 때, 가메는 과일 맛이 나는 포도주를 생산하며 향이 매우 빠르게 발산되기 때문에 빨리 소비하는 것이 좋다. 가메는 누보 포도주 양조에 더할 나위 없이 완벽한 품종이다.

문 : '보졸레 누보'는 어떤 양조과정을 거치는가?
답 : 잘 익은 포도를 양조통(cuve)에 넣고 밀봉한 후에 첫 번째 알코올 발효를 시작한다. 풍부한 아로마와 과일향이 느껴지는 포도주를 만들기 위해, 최대 4~5일간의 짧은 침용 단계를 거친다. 이 침용 과정은 아주 복잡한 노하우를 필요로 한다. 만약 포도주를 양조통에서 3시간 빨리 걸러낸다면, 너무 가볍거나 색상이 충분히 우러나오지 않는다. 반대로, 침용 단계를 3시간 늦게 끝낸다면, 타닌 성분이 지나치게 느껴질 것이다. 이렇게 일부 소비자들의 편견과는 달리, 보졸레 누보는 절대로 "공장에서 만드는" 혹은 "기술적인" 포도주가 아닌, 순수한 수작업을 통해 만들어진 포도주이다.

문 : '보졸레 누보'가 생산되는 "아펠라시옹"은?
답 : 보졸레 누보는 두 가지 "아펠라시옹"에서 생산된다. "보졸레"(beaujolais)와 "보졸레-빌라쥬"(beaujolais-villages)이다. 총 13,000헥타르의 포도밭이 자리 잡고 있는 이 두 가지 아펠라시옹에서 생산되는 것은 단 한 종류의 '보졸레 누보' 포도주가 아니라, 테루아르와 생산자 "고유의 노하우"를 통해 다양한 특성을 지닌 '보졸레 누보'인 것이다.

문 : “보졸레(beaujolais) 아펠라시옹”과 “보졸레-빌라쥬”(beaujolais-villages)의 차이는?
답 : 먼저 “보졸레(beaujolais) 아펠라시옹”은 남부 지역의 72개 마을과 포도원을 아우른다. 점토성 석회질 토양과 화강암질 토양이 뒤섞인 이곳에서 생산된 포도주는 절반이 ‘보졸레 누보’ 포도주로 판매된다. 전체 보졸레 누보 포도주 유통 물량의 2/3인 20만hl를 차지하고 있다.
“보졸레-빌라쥬”(beaujolais-villages)에는 38개 마을이 가파른 화강암질 언덕에 자리 잡고 있다. “보졸레 누보” 포도주 판매량의 1/3을 차지하고 있다. 2008년에는 105,000hl가 넘는 “보졸레-빌라쥬” 포도주가 “보졸레-빌라쥬 누보”(beaujolais-villages nouveau) 라벨로 판매되었다. 2008년 12개 “보졸레 아펠라시옹”의 전체 수확량은 총 730,943hl에 달했다.

문 : 생산량은?
답 : 1950년대, 간접세 징수청이 새로운 포도주 생산을 허가하자, 20세기 말에는 포도 재배면적과 생산량이 크게 늘어나기 시작하였다. 1954년 포도재배면적이 14,680헥타르였던 것이, 1961년에는 15,42헥타르, 현재 19,000헥타르로 증가하였다. ‘보졸레 누보’의 생산은 평균 15,000hl (간신히 2백만 병)에서 30만hl (4천만 병)으로 크게 성장하였다. 이 같은 폭발적인 증가세로 전 세계 인기를 끈 ‘보졸레 누보’ 포도주가 사회적인 현상으로까지 주목받게 되었다.

문 : 누보 포도주(햇포도주)의 역사?
답 : 2000년이 되었다. 일반 포도주와 햇포도주는 인류가 포도주를 마시기 시작했을 때부터 같이 소비되기 시작했기 때문이다.

문 : ‘보졸레 누보’ 현상의 역사가 시작된 때는?
답 : 1967년 11월 15일 시행령으로 날짜를 정하면서 출시를 합리화하였는데 11월 15일 0시00분이 매년 보졸레 누보를 판매할 수 있는 날과 시간으로 결정되었다. 한 번의 예외가 있었는데 1977년, 유난히 늦게 11월 25일 0시00분에 출시되었다. 20,000 헥타르의 포도나무에서 나오는 수확은 당시 220,000hl를 기록하였다.

문 : 지금처럼 11월 세 번째 목요일 날이 출시일로 지켜진 때는 언제부터인가?
답 : 1985년에 개정되었다. 이해 500,000hl의 출시를 용이하게 하기 위하여 ‘보졸레 누보’(및 기타 햇포도주) 소비날짜를 11월 셋째 목요일로 정하는 시행령이 공포된다. 11월 셋째 주 목요일로 정해진 날짜는 오늘날까지 지켜지고 있다.

문 : ‘보졸레 누보’의 포도품종 ‘가메 누아르 아 쥐 블랑’란?
답 : 1395년 필립 왕에 의해 부르고뉴에서 사라진 가메는 현재 거의 독보적으로 보졸레에서 사용되고 있는 포도주 품종이다. 전세계 36,000헥타르에 걸쳐 가메가 심어져 있으며 이중 19,000 헥타르는 보졸레에 있다. 이 포도나무는 재배에 적합한 성격과 특별한 농학적응력이 있다. 내성이 매우 강하며 생산성이 좋지만 다루기 힘들다.
양조학적으로 보았을 때, 가메는 과일 맛이 나는 포도주를 생산하며 향이 매우 빠르게 발산되기 때문에 빨리 소비하는 것이 좋다. 가메는 누보 포도주 양조에 더할 나위 없이 완벽한 품종이다. 보졸레 내에서 가메가 차지하는 독보적인 위치는 누보 포도주의 번성을 가능케 했으며, 현재 다른 포도주를 선두 자리를 지킬 수 있게 했다. 가메 없이는 보졸레 누보는 절대로 존재할 수 없었을 것이다.

문 : '보졸레 누보'는 프랑스 파리에서도 인기가 많았는가?
답 : 아주 오래 전부터, 보졸레는 파리를 정복하였다. 지금도 수많은 레스토랑과 유명한 까페의 바에는 가메 품종으로 만든 이 신선하고 부드럽게 넘어가며, 햇포도주로 즐기기 좋고, 신선한 포도의 과육이 그대로 느껴지는 보졸레 레드를 특산 포도주로 내놓고 있다.
비스트로 아 뱅(포도주 바)은 보졸레 누보 홍보에 중추적인 역할을 하였다. 이중, 1954년 이후 라블레 학회가 주는 최고의 비스트로(선술집) 상인 '메이에르포'를 수상한 파리 소재 비스트로들이 견인차 역할을 하였다. 마르셀 그랑세와 끌로드 제오프레를 주축으로 예술가와 기자들로 구성된 라블레 학회는 브루이이 산기슭의 샤또 띠뱅에서 이들과 이들의 추종자들 덕분에 보졸레 누보는 더 이상 리옹지방만의 산물로 머무를 수 없게 되었다. 쾌활하고 진솔한 보졸레 누보를 파리 비스트로에서 점점 더 많이 마실 수 있게 되었다.

문 : '보졸레 누보' 출시행사는 언제 최초로 이루어졌는가?
답 : 1966년, 파리에 소재한 250개의 니콜라 포도주가게에서 처음으로 '보졸레 누보' 출시를 기념하기 위한 프로모션 행사가 열렸다.(1959년, 보졸레 포도주 생산자 연합회가 창설되었다. 1960년부터 홍보행사를 시작하였다. 2004년에는 명칭을 바꾸어 '인터 보졸레'(Inter-Beaujolais)가 되었다.) 특히 2009년, '보졸레 누보'는 새로운 활력을 찾아내, 〈팝 아트〉의 색깔로 물들었다. 팝 아트의 강렬한 색상과 초현대적인 그래픽 코드로 재탄생한 '보졸레 누보'의 새로운 홍보 이미지는 2009년 11월 19일 '보졸레 누보' 출시 행사가 열리는 프랑스와 전 세계 101개국 소비자들에게 선보였다.

[출처] 정리_ 임정채 / 자료제공_ 보졸레포도주협회
http://wine79.com/dgf/bbs/board.php?bo_table=webzine&wr_id=327&sca=%C1%A4%BA%B8& page=13

▲ 2011년 보졸레 누보 축제에서 술통 굴리기 대회

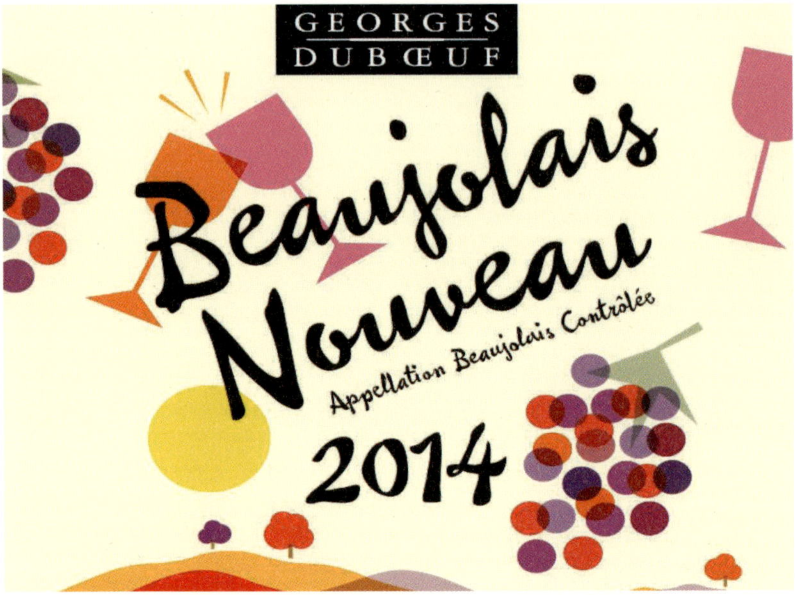

▲ 2014년 보졸레 누보 포스터

▲ 보졸레 누보 축제 마라톤

2) 빵 축제La Fête du Pain

유명한 프랑스 작가 빅토르 위고의 소설 '레미제라블'은 주인공 장 발장이 어린 시절 가난과 배고픔에 못 이겨 빵 한 조각을 훔치면서 시작된다. 프랑스 혁명 당시 굶주려있던 민중이 분노에 들끓었을 때 그들에게 빵은 생명과도 같았다. 생명에 위협을 느낀 그들은 결국 왕과 왕비를 처형했고, 혁명은 절정을 이뤄 프랑스의 새 역사가 시작됐다. 2세기가 지난 지금 여전히 빵은 프랑스인들에게 중요한 주식이다. 한 통계에 의하면 프랑스 사람들의 하루 빵 소비량은 평균 160g이라 한다. 절대 과식하지 않는 프랑스 사람들의 식습관상 양이 많지 않으나, 그들의 식탁에 하루도 빠짐없이 늘 다양한 빵들이 자리한다. 프랑스인들에게 빵은 일상이요 생활 그 자체인 것이다.

식사시간 즈음에 바게트를 사들고 지나가는 남녀노소의 모습이나 퇴근길에 또는 일요일 오전 미사에 참석 후 빵집 앞에서 빵을 사려고 줄서 있는 사람들의 모습은 프랑스에서 가장 흔히 볼 수 있는 풍경 중 하나이다. 동네 빵집에서 갓 나온 바게트를 손에 쥐게 되는 때면 그 온기와 구수한 냄새가 마음을 설레

▲ 2013년 빵축제 포스터

▲ 2014년 빵축제 포스터

게 하고 집으로 향하는 발걸음을 재촉한다. 동네 빵집은 일상의 작은 행복을 전해주는 곳이다.

그들에게 주식이자 일상인 빵은 매일 먹는 것인 만큼 그 맛에 소홀할 수도 있지만, 좋은 빵은 요리를 완성시켜주고 맛없는 빵은 요리의 맛을 잃게 하기도 한다. 그만큼 식사와 음식에서 중요한 부분을 차지하는 것이고 그 때문에 좋은 빵집이 집 근처에 있다는 것은 커다란 행운이다. 빵맛은 제빵사들의 능력에 따라 맛의 차이가 매우 크다. 특히 밀가루, 물, 소금 단 세 가지 재료만을 써서 만드는 바게트 등 기본적인 빵일수록 그 맛은 매우 정직하다. 제빵사의 능력과 경험, 숙련도가 빵의 맛을 좌우한다. 그렇기 때문에 매일 새벽에 일어나 빵을 굽는 고된 일상 속에서도 제빵사들은 자신의 빵이 고객을 통해 매일 평가받는 이 직업에 대한 자긍심이 매우 크다. 우리나라에서는 제과점에서 빵이나 과자를 모두 만들어서 판매하고 있지만 프랑스에서는 빵을 만들어 파는 불랑쥬리(Boulangerie, 제빵업)와 과자를 만들어 파는 파티스리(Patisserie, 제과업)로 구분된다.

"전통 바게트"와 법

프랑스에서는 "빵은 문화유산으로서 오직 밀가루, 물, 소금으로만 만들어져야 하며, 자연발효를 거치거나 이스트를 사용해야 하며, 완성된 반죽에는 일체의 첨가물과 색소가 포함되어서는 안 되고, 냉동의 과정을 거쳐서도 안 되며 고유의 반죽 그대로 구워내야 한다." 라고 1993년 법률로 명시하였다. 이렇게 법에 명시된 대로 만든 바게트가 '전통 바게트'이다.

제빵사들과 시민이 함께하는 〈빵 축제〉에 가면 이러한 그들의 일상을 볼 수 있다. 그래서 5월이면 프랑스의 제빵사들은 매우 분주해진다. 〈빵 축제〉는 1996년 상공관광부 장관인 장-피에르 라파랭Jean-Pierre Raffarin이 주도하여 처음 열렸으며, 매년 5월 16일이 들어가는 주의 월요일에 프랑스 전 지역에서 동시적으로 시작해 일주일 동안 펼쳐진다. 특히 5월 16일은 아미앵의 성 호노라토 축일이다. 호노라토 성인은 제빵사와 제과사들의 수호성인이라는 점에서 이 날이 축제 기간 중에 반드시 들어간다. 〈빵 축제〉는 2003년의 경우 3만 3천여 명의 제빵사들이 참가하는 이례적인 기록을 세우기도 했다.

〈빵 축제〉와 성 호노라토(Saint Honoré)

▲ 아미앵의 성 호노라토

▲ 성 호노라토 케이크

1996년부터 시작된 〈빵 축제〉 행사기간이 성 호노라토(Saint Honoré, 프랑스어 발음으로는 생또노레) 축제일과 겹쳐져 있는 것은 결코 우연이 아니다. 호노라토는 600년경에 프랑스 아미앵(Amien) 교외지역에서 태어나 아미앵 대성당의 주교로서 성직활동을 했다. 알려진 것은 별로 없지만 1060년에 그의 유해가 떠오르는 등 많은 기적들이 일어났다고 한다. 그 이유로 성 호노라토는 제빵사와 제과사의 수호성인으로 공경을 받고 있는데, 호노라토 주교가 어느 날 미사를 보던 중에 하느님이 주교의 손에 빵을 내려주는 것을 체험하였다는 기적에 기인한다. 그래서 생 호노라토 축일인 5월 16일을 제빵사의 수호성인의 날로 정하여 기념하는 것이다. 프랑스 〈빵 축제〉 기간의 마지막 날인 5월 16일은 축제의 마무리 행사인 동시에 제빵사들의 수호신인 생 호노라토 축일을 기념하는 행사로서 의미를 가지기도 한다.

〈빵 축제〉는 각 지역의 제빵사들이 자발적으로 주최하여 빵 시식회, 빵 만들기 등 다양한 프로그램으로 이루어진다. 행사가 개최되는 일주일 동안 제빵사들은 시민들과 함께 빵을 만들고 맛보며 자신의 실력을 검증받고, 제빵사라는 직업을 홍보한다. 마련된 부대 행사로 가장 긴 빵 만들기 대회, 가장 무거운 빵 만들기 대회, 빵 위에 그림 그리기, 시 전시하기 등 다채로운 행사들이 진행된다. 2003년에 올해의 가장 긴 빵은 2.45미터, 가장 무거운 빵으

▲ 2012년 빵축제 출품작

▲ 2013년 빵축제 출품작

▲ 2014년 빵축제 출품작

로는 1백 10킬로그램, 가장 높은 빵으로는 7미터 높이의 대형 빵이 만들어져 새로운 기록을 세우기도 했다. 이 밖에도 미스 불랑쥬리 선발과 케이크 장식 아틀리에, 그리고 젊은이들을 위한 제빵사 직업 소개 등 실용적인 정보들도 준비된다. '밀가루에서 빵까지'라는 구호 아래 빵에 대한 모든 것을 보여주는 〈빵 축제〉이다. 건강식에 대한 중요성을 강조함은 물론 기존의 제빵사들에게 도전의 기회를, 그리고 젊은이들에게 실질적인 정보를 제공한다. 파리 시청과 노트르담 대성당 앞 광장에 마련된 행사장에서는 각 지방의 전통 빵에서부터 제빵사들이 만들어낸 새로운 건강식 빵에 이르기까지 다양한 빵에 대한 홍보 행사를 벌인다. 이와 함께 어린이들은 견학장에서 밀의 재배 과정부터 빵 만드는 과정까지 직접 살펴보면서 빵을 만들며 자연스럽게 빵에 대해 학습한다. 또한, 빵 아틀리에를 마련해 아이들이 직접 빵을 만들어 구운 후 시식할 수 있는 코너도 마련했다. 어린이들을 위한 이런 프로그램을 제공해 프랑스빵 문화교육의 기회로 활용한다. 이를 위해 파리 시내에서만 10만

▲ 어린이 빵 만들기 체험장

▲ 빵 축제를 준비하는 제빵사들

명의 학생들이 찾아오고 있다. 어른들은 빵으로 갖가지 모양의 예술작품을 만들며 축제에 참여한다. 프랑스빵의 명성과 함께 긍지를 가지고 있는 이들은, 〈빵 축제〉를 통해 고유의 음식 문화를 더욱 탄탄하게 이어나가고 있다.

파리에서는 노트르담 대성당 앞 광장에 축제장이 마련된다. 관광객들로 붐비는 지역인 만큼 프랑스빵 홍보에 더없이 좋은 장소이다. 프랑스빵으로 만든 샌드위치로 식사를 하는 관광객들로 곳곳에 넘쳐나는 행사장 점심 풍경을 만날 수 있다.

빵 만들기 시연

행사장의 천막 안은 온통 고소한 빵 냄새로 가득하다. 30여 명의 제빵사들은 시민들 앞에서 빵을 만드느라 여념이 없다. 이렇게 갓 만들어진 빵들은 시식용으로 또는 판매용으로 쉴 새 없이 운반된다. 1993년 "전통 바게트"에 대한 법이 생기면서 예전에 비해 프랑스인들의 빵 소비가 예전에 비해 증가했다. 특히 여러 가지의 밀가루의 사용으로 빵의 종류가 다양해진 점도 중요한 이유이다. 예전에는 일반 밀가루 55호만 사용했다면 80년대부터는 현미밀가루 156호나 시리얼 등을 이용한 빵들이 선보였고, 최근 들어 소화를 돕는 빵을 만드는 등 제빵사들이 건강식 빵을 개발하기 시작하면서 소비자들의 선택의 폭이 넓어졌다.

▲ 빵 축제 전시부스 - 빵에 사용되는 다양한 종류의 밀가루와 곡물가루 등을 전시해놓은 곳

〈빵 축제〉의 테마

매년 〈빵 축제〉는 특정 테마를 정해 행사를 개최한다. 2010년에는 프랑스 남쪽 피레네 부근의 '페이 바스크Pays Basque'지방이 선정됐다. 20여 명의 '페

이 바스크 지역' 제빵사들은 고장의 빵을 사람들에게 소개했다. 그들은 모두 빨간 스카프를 두르고 있었는데 이는 '페이 바스크'를 대표하는 문화적 상징물로서 지역의 상징물 빨간 고추에서 비롯된 것이라 한다. 그들이 선보인 것은 그 지방의 브리오슈와 빵 종류이다. 지역의 꿀과 밀가루로 만든 '로브뤼Lauburu'나 '르 갸르푸Le Garfou'등의 제품은 방문객들의 많은 관심을 끌었다. 4개의 물방울 모양이 십자 형태를 하고 있는 '로브뤼'는 물 · 공기 · 철 · 땅을 상징하는 '페이 바스크 지역'의 특산물이다. '르 갸르푸'의 경우는 17세기부터 이어져 온 전통적인 케이크로 '왕의 과자'라고 불렸다 한다. 다만 안타깝게도 오늘날 원래의 형태는 전해지지 않는다.

제17회를 맞는 2012년에는 역시 프랑스의 해외도인 '라 레위니옹' 섬이 선정되었다. 그 섬의 제빵사들은, 우리가 알지 못하거나 또는 매우 좋아하는 지역 특제품을 선보였다. 6일 동안 라 레위니옹 제빵사들 40여 명이 십여 가지 특제품을 매일 소개했고, 노트르담 대성당 광장을 바쁘게 지나다니는 파리 사람들과 관광객들의 발걸음을 멈추게 했다. 2012년 〈빵 축제〉는 제빵업에 종사하는 모든 여성들에게 헌정되었다. 제빵계를 이끄는 다양한 여성들 즉 여성 제빵사나 판매자 덕분에 "여성에게 제빵술을 바친다." 라는 슬로건을 내걸었다. 오늘날 실제로 제빵계를 움직이는 사람들의 과반이 여성들이다. 이들은 자기들의 직업과 빵에 대한 열정, 특수한 빵 제품을 사람들에게 알렸다.

프랑스 "전통 바게트" 명장 대회

▲ 2012년 파리 빵 축제 바게트 경연대회 심사

매년 열리는 이 대회는 프랑스 바게트 실력자들이 경합을 벌이는 장으로, 우승자들에게는 엘리제대통령궁에 1년 동안 바게트를 공급하는 기회가 주어진다. 쟁쟁한 실력의 경쟁자들을 제치고 2010년의 우승자는 세네갈 출신의 제빵사 디브릴 보디앙Djibril Bodian 씨로 선정됐다. 2012년 제 9회 프랑스 전통 바게트 명장 대회에서는 가장 훌륭한 전문가들이 각자 축제 현장에서 심사위원들이 뽑을 40가지의 바게트를 선보인다. 2012 파리시 바게트 대상을 거머쥔 명장은 세바스티앵 모비외Sébastien Mauvieux이다. 앞으로 한 해 동안 대상을 받은 제빵사는 대통령궁에 바게트를 제공하는 가장 맛있는 바게트의 기술자로서 모든 시민들의 관심의 대상이 될 것이다.

▲ 빵 축제 야외 판매 현장

프랑스의 〈빵 축제〉는 각 지역에서 온 제빵사들과 소비자들이 빵을 통해 즐거움을 함께 나누는 자리이다. 프랑스인들에게는 자문화의 중요성을 인식시키는 하나의 기회가 되는 시간이며 외국인 방문객들에게는 빵을 통해 프랑스의 지역 문화를 이해할 수 있는 공간으로서 의미가 큰 행사이다.

3) 돼지 축제Fête du Cochon

큰 도시 한가운데서 벌어지는 화려하고 사람들이 많이 참가하는 축제가 있는가 하면 산골 깊숙한 마을에서 벌어지는 축제도 있다. 그 대표적인 것이 프랑스 전역에서 마을 단위로 마을마다 날짜를 따로 정하여 열리는 〈돼지 축제〉이다. 우리는 돼지에 대해 좋은 의미와 이미지를 갖지 있는 반면, 프랑스에서는 탐욕스럽고 성질이 사납고 음흉스러운 사람에게 곧잘 돼지 같다

▲ 2013년 돼지 축제 포스터

▲ 2014년 아이앙쥬 돼지 축제 포스터

는 비유를 든다. 돼지가 이렇듯 부정적 이미지로 프랑스 사람들에게 굳어 있지만 식생활에서는 떼어놓을 수 없는 식품이다. 이런 돼지가 축제를 통해 마을 주민들에게 경제적 효과와 마을의 결속과 유흥을 주고 있다.

〈돼지 축제〉의 행사 내용은 전국적으로 거의 유사하다. 어린 돼지 달리기 대회, 돼지소리 흉내 내기 대회, 순대 많이 먹기 대회, 돼지 요리 시식, 음악회, 어린이를 위한 행사, 기념품이나 생산품 판매, 그리고 기타 여흥을 돋우는 행사 등이다. 그 역사도 1975년에 처음 개최되어 2013년에 49회째 열리는 트리-쉬르-바이즈Trie-sur-Baïse의 〈돼지 축제〉로부터 8회째 열리는 마르텔Martel의 〈돼지 축제〉까지 다양하다. 축제 시기도 제각각이다. 2월에는 마르텔에서, 5월에는 윙제르생Ungersheim에서, 8월에는 에스티삭Estissac과 라 쥐믈리에르La Jumellière와 트리-쉬르-바이즈에서 이 축제가 열린다.

프랑스의 〈돼지 축제〉 중에서 가장 유명한 트리-쉬르-바이즈의 축제를 살펴보겠다. 대규모 돼지생산지인 '오트-피레네 지역'Hautes-Pyrénées의 산골 작은 마을에서는 1975년부터 주말을 몽땅 바쳐 돼지를 공경한다. 그리고 마을

▲ 2009년 8월 트리-쉬르-바이즈(Trie-sur-Baïse) 돼지 축제의 돼지소리 흉내내기 세계선수권대회

▲ 트리-쉬르-바이즈(Trie-sur-Baïse) 돼지 축제에서 순대 많이 먹기 대회

사람들은 이 돼지를 먹고 게다가 흉내까지 낸다. 프랑스와 스페인을 가로지른 천혜의 국경선인 피레네 산맥, 그 중에서도 대서양쪽 피레네 지방을 '오뜨 피레네'라 부르는데 이곳에 있는 트리-쉬르-바이즈라는 마을에서 해마다 8월에 유럽 돼지 챔피언을 뽑는 〈돼지 축제〉가 중앙 광장에서 열린다. 이 마을은 제1회부터 지금까지 트리 마을의 상인과 장인들이 조직하여 이 지역에서 없어서는 안 될 독특하고 독보적인 만남의 장을 해마다 마련하고 있다. 3천여 명의 주민들이 모여 사는 이 마을의 유일한 교통수단은 중심가에서 30킬로미터 떨어진 역까지 하루 두 번 왕복하는 철도회사의 버스이다. 그렇지만 일 년 중 가장 큰 마을 행사인 〈돼지 축제〉가 열리는 여름이면 2~3군데의 작은 호텔은 손님들로 붐비고 레스토랑에서는 사람들이 끼리끼리 모여 다음날 열릴 〈돼지 축제〉에 대해 이야기꽃을 피운다. 거리에는 〈돼지 축제〉를 알리는 현수막이 나부끼고 담벼락을 장식한 벽보는 축제 순서와 내용을 알린다. 축제가 시작되기 며칠 전부터 마을의 유일한 공터인 교회 옆엔 이미 임시로 가설된 식당과 무대가 마련되어 잔치 분위기를 돋운다. 어떠한 이유에서라도 빠지지 말아야 하는 두 가지 프로그램이 바로 순대 많이 먹기 대회와 "돼지소리 흉내 내기 세계 선수권 대회"이다.

마을 중앙 광장에 사람들이 몰려오고 돼지와 관련된 장사꾼들은 판을 벌이느라 분주하다. 정오경 마을 주민들과 다른 지역에서 참가한 내방객들의 점심 식사 자리가 마련된다. 1인당 13유로에 제공되는 점심식사는 돼지를 재료로 한 푸짐한 요리(지역 양돈업자가 생산한 돼지고기 요리, 타르브 완두콩 한 사발과 함께 나오는 돼지 갈비, 후식과 커피)이다. 순대, 햄, 돼지통구이, 돼지고기 찜 요리가 나오고 맥주와 포도주도 곁들여진다. 주최 측의 배려로 밴드까지 가세되어 흥겨운 식사시간이 끝날 무렵 돼지 축제 운영 위원장이 무대에 올라 돼지 축제의 역사와 의의, 축제 순서와 곧 이어질 돼지소리 흉내 내기 대회 심사위원들을 소개하면서 본격적인 축제 행사는 막이 오른다. 곧 이어서 약 10여 마리가 출전하는 1차 '어린 돼지 달리기 대회'가 열린다.

▲ 트리-쉬르-바이즈(Trie-sur-Baïse) 돼지 축제의 어린 돼지 달리기 대회

▲ 돼지 축제에서 소세지 시식

그리고 돼지 가면 경연 대회와 동시에, 마을 사람들과 프랑스 전역에서 모여든 돼지 애호가들의 시선을 모으며 펼쳐진 돼지소리 흉내 내기 경연 대회가 시작된다. 주의할 점은 돼지처럼 소리를 지를 줄 아는 것으로 만족할 수 없다는 것이다. 포유, 출산, 짝짓기를 할 때 내는 돼지의 울음을 흉내 낼 줄 알아야 한다. 심사위원들은 물론 의상과 연출도 심사한다. 상금 400유로와 마음껏 먹을 수 있는 돼지고기 등을 쓸어가려는 우승자들이 매우 많기 때문에 준비를 단단히 해야 한다. 이어서 어린 돼지 3마리가 상금으로 걸린 돼지소리 흉내 내기 일반인 참가 부분이 열리고 순대 많이 먹기 대회가 열린다. 전년도 챔피언이 앙코르 공연으로 녹슬지 않은 솜씨를 보여주는 것으로 한껏 분위기를 돋운다. 그리고 올해의 신인들이 차례로 등장하여 불꽃 튀기는 경합에 들어간다. 아이디어도 기발해서 단순한 돼지 흉내가 아니라 돼지 구애 작전, 교배 장면, 돼지 부부 싸움, 돼지 멱따는 소리 묘사는 기상천외한 연출로 장내는 폭소가 끊이지 않는다. 배를 움켜쥐고 눈물까지 흘리는 사람들도 있다. 많은 사람들의 환호 속에 돼지소리 흉내 내기가 끝나고 심사 위원장의 심사평과 투표에 의해 그 해의 돼지 흉내 내기 챔피언이 탄생하면 챔피언의 앙코르 공연으로 장내는 또 한 번 웃음바다가 된다.

이어지는 행사는 2차 어린 돼지 달리기 대회로, 출전하는 돼지들이 등에는 푸른 물감으로 번호가 씌어 있다. 이때 경마 대회처럼 경주권을 파는데, 예상 우승 돼지를 맞히면 상품을 받게 된다. 상품이라고 해보아야 돼지햄 한

덩어리가 고작인 다분히 장난기가 섞인 경주권이다. 경주권이 어느 정도 팔리자 경주가 벌어졌다. 응원하는 사람들의 고함 소리에 놀란 아기 돼지들은 우왕좌왕 어쩔 줄을 모른다. 꽥꽥거리며 반대 방향으로 달리는 아기 돼지를 그 돼지 번호를 산 꼬마가 뛰어들어 방향을 바로잡는 반칙을 범하자 구경꾼들이 폭소를 터뜨린다.

어린 돼지 달리기가 끝나면 이제 가장 중요한 행사인 전 유럽 돼지 선수권 대회가 열린다. 거창한 이름에 비해 참가한 돼지는 인근 지역에서 트럭에 실려 온 몇 십 마리의 돼지가 고작이다. 이중에서 한 마리의 우량 돼지를 뽑는 것이다. 이렇게 뽑힌 돼지는 이 작은 마을에서 1년 내내 주인의 어깨를 펴게 하고 영원한 자랑거리로 남게 되는 것이다.

오후의 휴식시간에도 이 축제의 참관객들은 거의 쉴 수가 없다. 돼지를 테마로 한 각종 물건을 파는 가판대를 구경하기 위해서다. 우스꽝스럽게 의인화한 돼지 장난감과 T셔츠 등 기념품과 이곳의 특산물인 돼지 가공 식품이

▲ 2012년 8월 라 쥐믈리에르(La Jumellire) 돼지 축제의 어린 돼지 달리기 대회(8코스가 있다.)

불티나게 팔린다. 한쪽 공터에서는 어린이를 위한 놀이 시설이 설치되어 있다. 칸칸이 예쁜 돼지 모습으로 된 돼지 열차, 돼지 모양의 자동차 등이 동심을 즐겁게 한다. 또 돼지와 함께 찍는 즉석 기념 사진관도 재미를 더한다. 또 한편에서는 인근도시에서 원정 나온 돼지 요리 전문 레스토랑이 돼지를 재료로 한 각종 요리를 소개하며 자기네들만의 비법으로 요리했다고 선전에 열을 올린다.

이윽고 다시 시작된 돼지 축제는 멀리 파리에서 초청된 가수가 외설스런 몸짓을 섞어 돼지에 관한 노래들을 부르며 박수갈채를 받는다. 손바닥만 한 산골 마을이라 그런지 마을 젊은 남녀들은 스스럼없이 어울려 노래에 맞춰 신나게 춤을 춘다.

새로 굽기 시작한 통돼지구이의 장작불이 활활 타오르면서 구수한 냄새를 풍길 때쯤 점심의 요리방법과는 다르게 요리한 돼지 요리가 선을 뵌다. 저녁 식사가 끝나면 바로 밴드에 맞추어 동네 댄스파티가 열린다. 댄스파티는 낮 동안 내내 식사 준비를 돌봐온 자원 봉사자인 할머니, 할아버지까지 가세하여 마을의 화합을 도모한다. 적당히 취기가 오르자 즉석 장기 자랑과 노래자랑이 벌어지고 홍이 오른 젊은이들은 어깨동무를 한 채 마을 대로로 진출해 간다. 밤이 깊도록 마을의 여기저기서 사람들의 괴성과 요란한 음악소리가 넘쳐 축제의 열기는 좀처럼 식을 줄 모른다.

〈돼지 축제〉가 트리-쉬르-바이즈에서 열리게 된 데는 사실상 별다른 이유

▲ 2012년 8월 에스티삭(Estissac) 돼지 축제 기념 티셔츠와 돼지 통구이

는 없다. 일찍 지방 자치제가 자리 잡은 프랑스의 경우 어느 지방을 가든 자기 지방만이 간직하는 고유한 것에 강한 애착을 가지고 자기네들만의 독창적인 지역문화를 만들고자 노력한다. 비록 작은 것일지라도 다른 지방에 비해 내세울 만한 것이 있으면 축제 형식이든 카니발이든 주민 전체를 아우를 수 있는 화합의 장을 만든다. 또한 축제를 자기 고장을 홍보하고 외지 관광객들의 방문을 유도하는 수단으로 삼기도 한다. '오트 피레네 지역'의 트리-쉬르-바이즈는 양돈 농가와 돼지가공식품이 발달되어 있기도 하지만 이 축제의 저변에는 그런 의도가 깔린 것이다. 지루할 정도로 이렇다 할 것이 없는 이 트리-쉬르-바이즈의 주민들은 이 돼지 축제 기간에 외지 사람들과 마음껏 어울리며 삶의 활기를 가져보는 것이다. 따라서 〈돼지 축제〉는 사회의 공동체를 결속시키는 역할을 한 대표적 축제이며, 소수 집단이 축제를 통해 종종 다수의 사회, 문화 집단에 영향을 미칠 수 있는 힘을 얻은 대표적 사례로 볼 수 있다.

4) 국제 농업 박람회Salon International de l'Agriculture

생산업과 연계한 축제는 지역 특산품 생산과 관광 산업과 깊이 연결되어 있기 때문에 지역 경제에 지대한 영향을 미친다. 특히 농촌 체험이나 생태 체험을 주제로 한 농촌 축제는 프로그램에 미래지향적이면서 생태보존이라는 친환경적 교육 내용을 많이 담고 있기 때문에 어린이나 중 · 고등학생들에게 국가적 비전을 제시해준다. 무엇보다 농촌 축제의 프로그램은 자녀와 함께 온 부모에게도 친환경이나 농업의 중요성에 대한 인식의 전환을 불러일으킬 수 있는 절호의 기회이기도 하다. 프랑스의 농업 관련 기록을 살펴보면, 유럽연합 15개국 농업 생산량의 23%를 차지하고 있는 유럽 제1의 농업 생산국이자 주요 농산품 공급국이고, 세계적으로 주요한 곡물 생산국이며 미국에 이어 세계 제2의 농산품 수출국이고 세계 1위의 식료품 수출국이다. 그러므로 산업 축제로 단연 농산물뿐만 아니라 포도주, 축산품 등 농업 관련

▲ 2013년 국제 농업 박람회 포스터

▲ 2012년 국제 농업 박람회 포스터

축제가 많다. 이런 조건이라면 프랑스는 〈국제 농업 박람회〉를 개최할 필요 충분조건을 갖추고 있다고 말할 수 있다. 프랑스 정부는 매년 2월 말부터 3월 초까지 9일 동안 대대적으로 〈국제 농업 박람회〉를 열고 있다. 이 박람회는 유럽에서 열리는 독일 〈Euro Tier〉, 네덜란드 〈VIV 축산 박람회〉와 더불어 유럽 3대 농축산 박람회 중 하나이며, 유럽최대의 농축산업 전문 박람회이자 시장이자 축제이다.

프랑스 〈국제 농업 박람회〉는 전 세계 농업 관련 비즈니스 종사자들의 정보 교환과 교류를 위한 장이며 도시와 농촌의 교류의 기회를 제공한다. 파리 남쪽 경계의 '포르트 드 베르사이유Porte de Versaille'에 위치한 파리 엑스포전시장에서 펼쳐진다. 프랑스의 소, 양, 포도주, 치즈 등 농축산물의 정체가 궁금한 세계 각지의 수많은 사람들이 파리로 몰려든다. 행사의 규모가 큰데다 농업을 중요시하는 프랑스의 정서가 맞물려 이 농업 박람회는 프랑스 대통령이 개회사를 하고, 주요 정치인들도 꼭 한 번씩 들른다. 2007년 제44회 박람회는 대선의 열기와 맞물려서, 농민운동가 출신 조제 보배José Vobé를 제외한 후보들이 민심을 얻으려고 줄줄이 방문하는 바램에 선전효과를 톡톡히 보기도 했다. 동물, 농축산품, 농업 관련 서비스업 등 3개 분야로 크게 나뉘어 전시가 되며, 박람회 기간 중에는 가축, 농산품, 유제품, 포도주 경연대회도 동

▲ 2014년 국제 농업 박람회 채소 전시관

▲ 양계업 종사자가 닭에 대해서 설명하고 있다.

▲ 2011년 국제 농업 박람회 우량 젖소 대회

▲ 2011년 국제 농업 박람회 우량 소 전시

▲ 고려 인삼 홍보관

▲ 전통 햄

시에 개최된다. 프랑스 각 지역의 특산물뿐만 아니라 세계 농산물, 수산물 및 바이오 농산물을 한 곳에 모아 경연, 전시, 세미나 등을 통하여 농업에 대한 전국적인 관심을 유도하고 거래 상담을 한다.

1960년대에 획기적인 농업 기술의 혁명이 일어나고 전 세계 농산물 교역이 증가하기 시작하자 프랑스 농업생산품을 알리기 위한 국제 수준의 농업 박람회 개최 필요성이 대두되었다. 이렇듯 시장을 활성화할 목적으로, 1963년 당시의 농수산부 장관 에드가르 피자니Edgar Pisani의 제안으로 '국립 농산품 경연대회와 전람회 센터'Centre National des Expositions et des Concours Agricoles를 구성하여 1964년 3월 9일에 제1회 〈국제 농업 박람회〉가 개최되었다. 그 이전에 18세기에 농민 집회가 있었고 그 후속으로 1844년 푸아시Poissy에서 "비육 가축 경연대회" 또는 "푸줏간용 가축 경연대회"가 있었다. 박람회의 기원은 1870년에 공식으로 시작된 "농산품 경연대회"Concours Général Agricole에서 비롯되었다. 동 경연대회는 1909년 "파리농업주간" 행사로 확대되고 1964년부터 현재의 〈국제 농업 박람회〉(SIA)로 위상이 높아졌으나, 1925년 이전까지 야외에서 개최되었다. 1925년부터 포르트 드 베르사이유 전시장Parc des Expositions de la Porte de Versailles에서 열리고 있다. 개최규모는 면적이 146,466m²이며, 참여국이 90여 개국, 참여업체가 1천3백여 개, 참여 농업 종사자 및 전문가가 16만 명에 달한다. 2000년대에 들어서 60여만 명이 방문하여 참관하고 있다. 제1회 박람회 때에는 관람객이 30만 명이었으나 2012년에는 68만 명이 다녀갔다. 가축은 4천 마리가 전시된다. 2008년 기준 프랑스의 농업종사자는 약 114만 명이고, 농업생산총액은 667억 유로에 달한다.

50주년이 되는 2013년에는 〈국제 농업 박람회〉가 "가슴에 농업을"이라는 콘셉트로 2월 23일부터 3월 3일까지 열렸다. 7종류의 가축(소, 말, 염소, 양, 당나귀, 개, 돼지)이 2013년의 박람회 주역이며 스타 가축마다 경연대회가 있다. 전시관은 7관이다. 목축과 그 관련 산업, 국내외 식도락, 경작과 식물 관련 산업, 농업직과 서비스 등 4개 분야로 나뉘어 운영된다. 70만 명의 관람객을 목표로

▲ 2014년 국제농업박람회를 방문한 올랑드 대통령

하고 있다. 이번 박람회는 여러 가지 변화와 새로운 것을 보일 것이다.

한국의 농수산물유통공사는 우리 농산품의 유럽연합(EU) 지역 수출 확대를 위해 한국관을 마련, 인삼 등 한국의 대표 농식품을 전시·홍보하며, 또한 주불 한국대사관, OECD 대표부, 한인회 등과 공조해 한국전통음식 시연과 시식, 다도 시연 및 사물놀이 공연 등 다양한 프로그램도 선보인다.

국제 농업 박람회 연도별 현황

2004년

22개국 1,153개의 기업이 참가했다. 가장 많은 전시 면적을 차지하는 제품은 프랑스 지역 농산물 및 수산물, 바이오 농업 제품으로 전체 스탠드의 40%에 해당한다. 방문객은 2004년 총 70여만 명으로 이중 일반 관람객이 아닌 관련 직종에 종사하는 전문관람객은 프랑스에서 농업전문가 157,644명, 해외 96개국에서 5,395명의 관람객이 방문했다(1990년대 후반부터 외국 방문객이 증가하기 시작하여 1996년 이후 외국 방문객이 1만 명을 넘고 있다. 방문객의 주요 국적은 벨기에, 스위스, 튀니지, 영국, 네덜란드, 스페인, 독일, 이탈리아, 알제리, 모로코, 포르투갈 등이다. 외국 방문객의 주요 관심분야는 목축 자재 및 유전자 농산물이다. 한편 1996년부터 생산자 이외에 오샹(Auchan), 카르푸르(Carrefour), 엥테르마셰(Intermarché), 모노프리(Monoprix) 등 프랑스 대형유통점 및 하이퍼마켓과 다논(Danone), 네슬레(Nestle) 등 다국적식품기업이 참가했다).

2005년

이번 박람회의 특징은 유럽연합 신규가입국가의 신규참가와 유전자변형농산물 및 가축 전시이다. 700개의 프랑스 생산업자와 22개 프랑스 지방관, 30개국 이상에서 참가했다. 한국은 HALL3 '농업 및 세계 진미관'에 3 개사가 참가했다.

2007년

세계 각국에서 농산품 생산업자와 농민들이 직접 참여하면서 호응도가 좋고, 시장 개척에 도움을 주며 '농산품 경연대회'를 통하여 우수 상품에는 인증서를 발급하기 때문에 상품의 질을 높이는 데에 기여했다. 올해에는 소 718마리, 양 567마리, 염소 66마리, 돼지 60마리, 말 110 마리가 경연대회에 출품될 뿐만 아니라 나귀, 닭, 오리, 개 등등 모든 가축들이 전시되어 아이들에게 생생한 현장 체험을 통하여 자연과 농수산업의 중요성을 깨닫게 하는 학습장이기도 하다.

2009년

1천 7백 마리 개들의 행진을 끝으로 막을 내렸다. 90개국 1천1백여 업체가 참가하는 이번 2009년 박람회에 약 60만 명의 관람객이 방문했다. '소 경연대회'의 개막과 함께 시작한 '가축 경연대회'에는 모두 120종의 동물들이 참여했고, 650마리의 소와 550마리의 양, 140마리의 말이 전시되었다. '농축산 가공품 경연대회'에 모두 1만 8천 종의 농축산 가공품이 선보였다. 국제관에는 세계 90개국의 전통음식과 농업생산품을 홍보하는 자리가 마련되었다.

2013년
참가자 1,300여 명이 최상급 제품만을 가지고 매년 파리에 모이고, 이러한 상품을 경험하기 위해서 약 70여만 명의 관람객들이 박람회를 찾는다. 주요 프랑스 농업인들이 대부분 참여한다. 전통적인 농민부터 유기농 종사자들까지 다양하다. 가축 7종이 이번 박람회의 주역이다. 약 4,000마리의 가축들이 전시되어 전시장을 찾는 이들에게 색다른 볼거리를 제공한다.
농업 박람회 중에는 전문 농업인 육성을 위한 두 번의 대회가 열린다.
- 농업 일반 경쟁 부문 : 연간 가축을 가장 잘 키운 농가에 수여하는 상
- 농업 생산품 일반 경쟁 부문 : 최고의 프랑스 식품을 생산한 농가에 수여하는 상

5) 파리 컬렉션과 패션 위크

현대 인간이 개인의 자기표현을 위한 수단으로 의복을 선택하는 것은 당연한 것이 되었고, 의복은 이제 한 사회와 시대의 표현으로서 시대의 흐름과 함께 변화하고 발전하게 되었다. 개인의 차원을 넘어서 각 시대와 사회의 요구를 가장 적극적으로 반영하여 즉각적이고 구체적으로 드러내는 것이 바로 의복이며 의생활이기 때문이다.

이러한 의복 발전의 시초는 17~18세기 유럽을 휩쓸었던 프랑스의 궁정과 귀족들의 의생활에서부터 시작된 것이라 할 수 있다. 루이 15세의 애첩인 퐁파두르 부인, 뒤 바리 부인, 루이 16세의 왕비 마리 앙투아네트 등은 당시 프랑스 패션계의 대표적인 인물이었다. 그리고 이후 프랑스와 세계의 많은 패션 디자이너들과 패션 관계자들은 파리를 중심으로 위대한 파리 모드를 이루었다. 여기서 파리 모드는 프랑스 모드라고도 할 수 있는데 다시 말해 파리 패션, 파리 스타일을 의미한다. 그리고 패션 디자이너의 한 해 동안의 작품들을 패션의 메카 파리에서, 매년 분야별로 봄 · 여름용과 가을 · 겨울용 각각 두 차례씩 대중에게 공개하는 것을 〈파리 컬렉션〉이라 한다.

〈파리 컬렉션〉의 역사는 '오트 쿠튀르'가 성립하게 되는 19세기로 거슬러 올라간다. 파리 오트 쿠튀르의 아버지이자, 진정한 의미의 첫 번째 패션 디자이너였던 찰스 프레드릭 워스(Charles Frederick Worth, 1825~1895)라는 영국인으로

부터 패션 디자이너와 오트 쿠튀르(맞춤복)의 역사가 시작된다. 그는 1855년 파리 만국박람회에서 궁정복의 디자인상을 받아 나폴레옹 3세의 제2제정 시대 유행의 독보적인 존재로서 '오트 쿠튀르'의 선구자였다. 그는 파리에 그의 매장을 열고 파리의 상류사회 인물들을 고객으로 확보하기 위해 자신의 새로운 작품을 모델에게 입혀 그의 고객들에게 보여줬는데 이것이 '오트 쿠튀르 컬렉션'의 시작이 되었다. 그 이후 파리를 패션의 중심지로서, 프랑스 상류사회 인물들뿐만 아니라 유럽의 황실과 귀족들도 찾게 되었고, 왕실과 귀부인들의 자택에서 선보이던 컬렉션은 쿠튀리에couturier들의 살롱에서 행해지게 되었다. 1910년대부터는 외국에서부터 오는 바이어나 저널리스트들의 편의를 위해 연 2회에 나눠 조직적으로 패션쇼를 기획하여 선보였고 이것이 현재 〈파리 컬렉션〉의 모습이라 할 수 있다.

1920년대부터 1930년대 까지는 모드(유행)의 중심에 〈파리 컬렉션〉이 자리 잡게 되는 시기이다. 여성들이 스포츠를 하게 되었고, 교통수단의 발달로 여행, 스포츠 웨어를 즐겨 입기 시작한 것이다. 그러나 무엇보다도 제1차 세계

▲ 2013년 샤넬의 파리 패션 위크 포스터

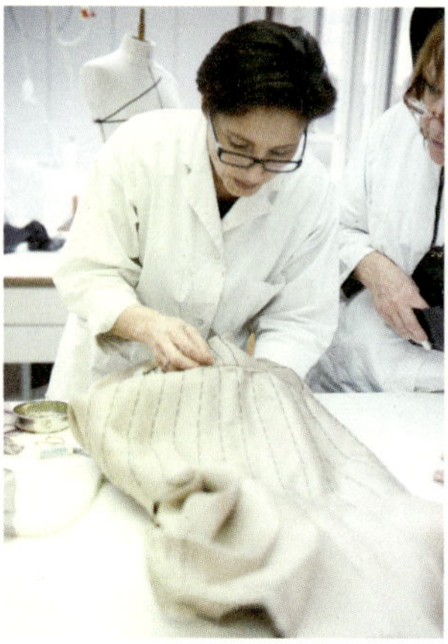

▲ 디오르 작업실

대전은, 여성들을 전쟁터로 나간 남성들을 대신하여 생활에 책임을 지고 사회로 진출하도록 하였고 여성의 변화된 사회적 지위와 함께 여성복도 변화할 수밖에 없었다. '나는 여성들이 생활하고 숨 쉬고 편안하게 느낄 수 있으며 더 젊어 보일 수 있는 패션을 만든다.'라고 말했던 샤넬(Gabrielle Chanel, 1883-1971)은 특히 이 시기 여성들의 삶의 방식에 많은 영향을 주었다.

1940년대부터 1950년대는 제2차 세계대전으로 인해 전 세계의 패션계에는 그만큼 변화나 발전이 어려웠다. 그러나 곧 크리스찬 디올(Christian Dior, 1905-1957)이 내놓은 뉴룩New Look의 등장으로 파리는 전 세계 패션계에서 위치를 확고히 할 수 있게 되었고, 이후 미국의 헐리우드 영화는 파리 모드와 결합하여 새로운 유행을 만들어 냈다. 특히 오드리 헵번(Audrey Hpburn, 1929-1993)은 영화에서 지방시(Hubert de Givenchy, 1927-)의 의상을 입고 나와 지방시의 옷을 전 세계적으로 칭송받게 하였다. 1960년대부터 1970년대는 젊은이들에 의해 패션계에도 큰 변화의 바람이 불게 되었다. 당시까지 패션계는 전통과 권위의 오트 쿠튀르가 지배적이었다. 그러나 젊은 디자이너들은 오트 쿠튀르에 대항하여 프레타포르테 기업과 함께 새로운 모드를 창조하여 패션계의 흐름을 변화시켰다. 전쟁 후 베이비 붐 세대는 전 세대와는 다른 가치관으로 대중소비사회를 맞이하게 되었고, 기성복 산업이 크게 발전하기 시대가 온 것이다. 전후 기성복 기업들은 오트 쿠튀르를 모방하여 '프레타포르테(기성복) 컬렉션'을 발표하였고, 이제 패션의 중심은 오트 쿠튀르에서 프레타포르테로 이동하게 되었다. '오트 쿠튀르'의 좁아진 입지로 오트 쿠튀르 디자이너들은 '프레타포르테 조합'에서 작품을 발표하기에 이르렀고, 쇼에 참가하는 디자이너도 해가 갈수록 증가하여 이 시기에 '프레타포르테'는 크게 발전할 수 있었다. 1970년대에 '프레타포르테 컬렉션'을 발표한 이후, 오늘날 대중들에게 선보이는 세계 각국의 컬렉션은 주로 '프레타포르테'이며, 〈파리 컬렉션〉 역시 '프레타포르테 컬렉션'을 일컫는 것이라 해도 과언이 아닐 정도로 프레타포르테의 위상이 높아졌다.

1980년대 〈파리 컬렉션〉은 국가의 지원을 받게 되었고, 1982년부터 루브르 궁전의 카루젤이 개최장소로서 사용되기 시작하면서 더욱 힘을 얻게 되었다. 80년대 전반까지 세계 각지에서 컬렉션이 조직되어 〈파리 컬렉션〉은 패션계에서 그의 위상이 흔들리는 것 같아 보였으나, 파리는 〈파리 컬렉션〉을 탄생시킨 전통의 '오트 쿠튀르'를 유일하게 보존하여 '오트 쿠튀르 컬렉션'을 개최함으로써 지금까지 그 전통성을 지키고 있다. 1990년대 이후부터 21세기 파리 컬렉션은 특정 트렌드나 스타일이 지배적인 것이 아니라 개인의 스타일이 중시되는 패션 경향과 함께 전통을 기반으로 여타 다른 컬렉션들과는 다른 전통성과 우위성을 바탕으로 계속 전진하고 있다. 변화하는 사회와 소비자에 발맞추어 다양한 생활방식과 취향들을 고려하여 새로운 모드를 창조하는 〈파리 컬렉션〉은 앞으로도 패션계를 이끄는 견인차로서, 다양해진 소비자들의 라이프 스타일과 취향에 맞춰 더욱 다양한 아이디어와 소재들도 세계 패션계를 이끌 것이다.

파리 모드를 이끄는 파리 패션 하우스들의 통합 기관으로 '파리 의상조합'Chambre Syndicale de la Couture Parisienne이 있다. 1868년에 창설되어 엄격한 규정 아래 한정된 수의 회원을 포함하던 이 단체는 1973년 '프랑스 의상, 프레

▲ 2013년 프레타포르테 패션쇼가 열리는 포르트 드 베르사이으 전시장 안과 밖

타포르테 그리고 스타일리스트들의 연맹'Fédération française de la couture, du prêt-à-porter des couturiers et des créateurs de mode으로 발전하였다. 이 단체는 3개의 조합으로 구성되어있는데 '오트 쿠튀르 조합'Chambre syndicale de la haute couture, '남성복 조합'Chambre syndicale de la mode masculine, '프레타포르테와 스타일리스트 조합'Chambre syndicale du prêt-à-porter des couturiers et des créateurs de mode 이렇게 세 분야로 나뉘어 1년에 두 번 있는 〈파리 컬렉션〉을 주관하고, 각 시즌마다 기자와 취재 사진들을 초청하며, 루브르의 카루젤 샤를 5세 홀에 위치한 국제 프레스 센터와 정보센터에서 세계 각국에서 모인 구매자, 기자, 사진가들에게 파리 컬렉션 관련 정보를 제공하고 안내한다. 또한 1928년에 '파리의상조합학교'Ecole de la chambre syndicale de la couture parisienne를 설립하여 후배 양성에도 힘쓰고 있다. 이 조합들의 회원들은 모두 국제적으로 이름이 높은 수출 브랜드들로서 프랑스 브랜드뿐만 아니라 일본, 이탈리아, 벨기에 등 다양한 회원으로 구성되어 있고 이들은 1913년에 타인의 디자인에 의한 무단 제작을 금지하는 협약을 작성하였다. 1943년에는 불법 복제품과 위조품들로 인한 피해로부터 그들의 권리를 보호하기 위해 브랜드, 그림, 시안 등에 대하여 예술이나 문학 작품과 같이 지적재산권을 법률에 의해 인정받게 하였다.

〈파리 컬렉션〉은 매년 주문복 위주의 '오트 쿠튀르'Haute couture 컬렉션이 1월말에서 2월 초에 봄 · 여름용 의복을, 7월말에서 8월초에 가을 · 겨울용 의복을 위해 열리고, 기성복 위주의 '프레타포르테Prêt-à-porter 컬렉션'은 봄 · 여름용을 4월과 가을 · 겨울용을 10월에 열리고 있다. 〈파리 컬렉션〉은 파리 컬렉션 1주일 전에 열리는 〈밀라노 컬렉션〉이나 60년대 미니스커트가 탄생했던 〈런던 컬렉션〉, 뉴욕 등지에서 열리는 컬렉션 중에서도 가장 크고, 전통 있는 컬렉션으로서 전 세계 모드를 좌우할 만큼 영향력이 크다. 한 컬렉션의 패션쇼가 집중적으로 열리는 기간은 보통 1주일인데 이를 일컬어 〈패션 위크〉라고 하고, 파리를 비롯하여 뉴욕, 런던, 밀라노 외에도 오스트레일리아, 베를린, 로스앤젤레스, 서울, 도쿄 등지에서도 패션 위크를 갖고 있다. 뉴욕 컬렉션을 시작으로 런던, 밀라노 그리고 파리에서 패션 위크를 끝마치게 됨으로써 〈파리 패션 위크〉가 피날레를 장식하게 된다. 〈파리 패션 위크〉의 명

▲ 2014년 파리 컬렉션-패션 위크

▲ 2013년 파리 콜렉션 출품작

성으로 이탈리아의 미우미우Miumiu나 영국의 맥카트니McCartney 같은 몇몇 국제적인 프랑스 국외 패션 브랜드들이 파리에서 패션쇼를 하기도 한다. 1982년 이래 〈파리 패션 위크〉는 패션쇼의 성격에 따라 루브르의 카루젤 및 포럼 데알, 샤이오 궁과 현대 미술관 등지에서 열리고 있다.

6) 과학 축제Fête de la Sience

〈과학축제〉는 프랑스 고등교육 · 연구부의 주최로 매년 10월에 열린다. 축제 기간 동안 수천 가지의 행사가 프랑스 전역에서 개최된다. 2012년 10월 10일~14일에 열린 〈과학 축제〉는 백만 명이 넘는 방문객을 끌어들였다. 2013년에는 10월 9일부터 13일까지 열렸고 2014년에는 10월 8일 부터 11일까지 열렸다.

1992년 1994년 1998년 2000년 2003년
2010년 2011년 2012년 2013년 2014년

▲ 연도별 과학 축제 포스터

1991년에 고등교육 · 연구부가 과학단체와 대중 사이에 교류를 촉진하고자 〈과학 축제〉를 만들었다. 〈과학 축제〉의 탄생은 일반인들에게 부처 건물 내 정원을 개방하면서 부처 창립 10주년을 기념하는 자리에서 위베르 퀴리엥Hubert Curien 장관에 의해 이루어졌다. 그 명칭이 처음에는 "축제 속의 과학"이었고 그 후 "과학 주간"을 거쳐 2000년에 "과학 축제"가 되면서 행사가 지속되고 해가 거듭할수록 축제는 풍성해지고 있다. 매년 백만 명이 넘는 방문객과 7천 명에 달하는 과학자들이 이 축제에 참여하고 프랑스 전역에서 모든 일반인들을 대상으로 체험장, 학술회의, 전시, 토론, 생생한 스팩타클 등을 통해 독창적인 아이디어들이 넘쳐나는 성공한 축제가 되었다. 이 축제는 과학의 실제적이면서도 한편 잔치 기분이 나며 놀이식 접근 방법을 제공하고 있다. 즉 다양한 과학의 세계를 발견하고 많은 과학자들을 만나는 기회가 바로 이런 접근 방법을 통해 마련되고 있다.

▲ 모든 연령층이 과학 축제에 참여(브르타뉴)

▲ 일선에서 일하는 과학자들(로렌)

▲ 축제가 열리는 〈과학 동네〉(미디 피레네)

▲ 과학의 놀이적 탐구(일드프랑스)

연도별 과학 축제의 특징

- 1991년 : 위베르 퀴리엥 고등교육 · 연구부 장관은 부처 창립 10주년을 맞아 시민에게 부처 건물에 있는 정원을 개방하기로 결정했다. 그는 "이 얼마나 감격어린 행사인가 ! 나는 여러분에게 우리 부처의 상징을 보시라고 제안합니다. 연구와 기술이 모든 사람의 일입니다."라고 강조했다. 이 축제를 통해 위베르 퀴리엥 장관은 파리 시민과 과학과 과학자들 사이가 가까워지기를 기원했다. 또한 젊은이들이 열정적으로 연구와 기술 분야에 참여하도록 독려했다. 이런 행사는 미래의 "축제 속에서 과학"을 예고한 것이다.
- 1992년 : 축제의 성공을 보면서 행사는 국가적이 되었고 6월에 3일간(금요일부터 일요일까지) 진행되었다. 이것이 제1회 〈축제 속의 과학〉인 것이다. 5십4만 명이 이 축제에 다녀갔다.
- 1995년 : 이때부터 축제가 10월에 치러졌다.
- 1998년 : 〈축제 속의 과학〉은 과학 주간이 되었고 무엇보다 학생을 겨냥하였다. 학생과 과학자들의 만남이 주요 행사였다.
- 2000년 : 2000년에 〈과학 축제〉가 탄생했다. 행사가 조직적으로 이루어졌고 주로 축제와 잔치 분위기가 강화되었다. 수학에게 이 축제의 영예가 돌아갔다.
- 2001년 : 〈과학 축제〉 10주년

  2001년은 〈과학 축제〉 10주년이며 노벨상 100주년이 되는 해이고 유럽인들에게도 개방을 한 해였다.
- 2005년 : 세계 물리학의 해이다.
- 2006년 : 〈과학 축제〉 15주년을 경축하고 2006년 9일부터 15일까지 진행되었다.
- 2007년 : "지식의 경계선에서, 과학의 기구와 함께" 라는 주제로 2007년 10월 8일부터 14일까지 제 16회 〈과학 축제〉가 열렸다. 국제 극지방의 해에 즈음하여 〈과학 축제〉는 더 잘 지구를 지키기 위해 지구를 더 잘 이해하자는 취지에서 마련된 과학탐구 분야에서 엄청난 도약을 보여주었다.
- 2008년 : 프랑스가 유럽연합의장국이 된 것을 계기로 제17회 〈과학 축제〉가 2008년 11월 17일부터 23일 동안 유럽에 주목하여 열렸다. 그때 주제는 "유럽에서 사회봉사로서의 과학"이었다. 파리 그랑 팔레에서 고등교육 · 연구부에 의해 조직된 '유럽 과학 도시'가 2008년 축제를 개시하였다.
- 2009년 : 제18회 〈과학 축제〉는 2009년 11월 16일부터 22일까지 "생명과 우주의 근원 : 어떤 도약과 어떤 혁명이 있었는가?" 라는 주제로 열렸다. '세계 천체학의 해'(갈리레오가 망원경으로 첫 관찰을 한 이후 400주년이 되는 해)와 10년 전에 『종의 기원』을 발표한 찰스 다윈의 탄생 200주년을 연계하여 행사를 치렀다.
- 2010년 : 제19회 〈과학 축제〉가 2010년 10월 21일부터 24일까지 "생명의 다양함과 생명윤리 : 미래를 향해 어떤 위협이 있는가?" 라는 주제로 열렸다.
- 2011년 : 〈과학 축제〉20주년
- 2011년 〈과학 축제〉가 2011년 10월 12일부터 16일까지 열렸다. 이번 20주년은 화학(국제 화학의 해)과 프랑스 해외도(프랑스 해외도의 해)에 주목하여 치러졌다.
- 2012년 : 제21회 〈과학 축제〉가 "과학과 대중의 소통"이라는 주제로 10월 10일부터 14일까지 열렸다. 5개의 "과학-대중 소통" 프로젝트가 5개 지역에 지정되었다.

제21회 프랑스 과학축제에서 고등교육 · 연구부는 "과학과 대중의 소통"이라는 주제와 관련한 5개의 혁신프로젝트에 총액 20만 유로를 지원하기로 결정

1) 스스로에 에너지를!(리무쟁 지역) : 이 행사는 에너지를 테마로 한 게임이나 레크레이션 제공을 목적으로 전시, 영화, 에너지 강좌, 과학 코너, 기업 견학 등의 프로그램이 리무쟁 지역 내 3개의 과학마을에서 개최
2) 미래로의 여행(론-알프스 지역) : 과학기술 전문직에 대한 젊은이의 관심 고취를 목적으로 미래로의 여행으로 특화한 과학마을에서 현지 기업이 개발한 수송 장치나 프로토 타입을 소개
3) 태평양 과학제(누벨 칼레도니) : 태평양 지역 6개국(일본, 호주, 한국, 뉴질랜드, 바누아투, 피지 등)이 참여, 컨퍼런스, 과학 마을, 견학 등의 과학 행사 개최
4) 광장에서의 과학(일-드-프랑스 지역) : 10개의 연구기관(C.E.A., CNES, C.N.R.S., INSERM, IRSTEA, IFPEN, Météo France, IFREMER, INRIA, I.R.D.)이 파리의 포럼 광장에서 대중과 연구자의 상호 교류
5) 지구과학을 위한 Q.R.코드(프로방스-알프스- 코트다쥐르 지역) : 지구 과학의 다양한 양상과 활동에 따른 사회 공헌에 대한 탐색을 목적으로 한 학제적 프로젝트

〈과학 축제〉의 개최목적은 축제를 통해서 지식을 나누고, 우리를 둘러싼 세계를 보다 잘 이해하고, 우리 사회가 직면한 문제들에 대해 논의하는 기회를 마련하는 장을 만드는 데 있다. 〈과학 축제〉는 과학과 기술의 중요성을 인식하고 과학과 좀 더 친숙해지는 기회를 제공한다. 그리고 자신의 환경을 이해하고 더 나은 미래를 설계할 수 있도록 과학 정보에 접근할 수 있는 기회와 연구원이나 민간업체 사람들과의 교류도 제공한다. 또한 젊은 세대에게 미래의 세계에 대한 호기심을 불러일으켜 다음 세대의 과학 발전에 중추적 역할을 하게 하는 동기를 불러일으킨다. 이러한 〈과학 축제〉는 일종의 산업 축제로서 일반인들의 직접적인 체험과 전문인들의 포럼 등을 통해 프랑스인 모두에게 과학에 대한 필요성을 인식시키고 동시에 흥미를 고취시켜 고부가가치를 창출하는 과학산업 발전에 지대하게 공헌한다.

〈과학 축제〉에서는 워크숍, 전시회, 실험실이나 산업현장의 방문, 연구원들과의 만남, 과학카페, 토론, 콘퍼런스, 공연 등 과학지식을 전달하고 교환하고 의문을 제기하며 나눌 수 있는 각종 방법이 동원된다. 이 축제에서 다

루어지는 분야로는 생명과학, 의학, 재료과학, 지구과학, 우주과학, 수학, 물리, 화학, 기술, 통신, 인문사회과학, 환경과학, 신기술 등 과학의 전 분야가 해당된다.

축제 기간 동안 프랑스의 각 지역은 그들 나름대로 독특한 테마를 만들어 각자의 〈과학 축제〉를 꾸린다. http://www.fetedelascience.fr의 웹사이트를 참고하면 각 도시마다의 축제 테마와 행사 일정을 알 수 있으며, 과학 전문 사이트 http://www.futura-sciences.com은 포럼을 통해 과학자와의 만남의 기회를 마련하고 있다.

7) 파리 에어쇼(Salon international de l'aéronautique et de l'espace de Paris-Le Bourget, 파리-르 부르제 국제 항공 우주 박람회)

하늘을 나는 것은 인간의 오래 꿈이었다. 1903년 미국의 라이트 형제가 만든 가솔린 기관 항공기 플라이어 No.1으로 처음 그 꿈을 이루고 난 뒤, 1909년 8월 프랑스 랭스에서 최초의 에어쇼가 개최되었다. 랭스 에어쇼는 당시 무려 50만 명의 관객을 모으며 성황리에 치러졌고 이윽고 에어쇼는 대중들에게 관심 속에서 성장하여 불과 몇 년 만에 국제적인 큰 행사로 성장하였다.

▲ 2013년 파리 에어쇼 포스터

〈파리-르 부르제 국제 항공우주 박람회〉는 〈부르제 박람회〉, 〈파리 에어쇼〉라는 이름으로 더 알려져 있다. 격년제로 열리는 이 행사는 파리 북동쪽에 위치한 르 부르제 공항에서 개최된다. 파리-르 부르제 공항Aéroport de Paris-Le Bourget은 파리 북동쪽으로 11㎞떨어진 공항으로 현재는 군용 항공과 에어쇼에만 이용되는 공항이다. 세계 최고의 항공기 제작사들은 자사의 가장 최신 항공기를 〈파리 에어쇼〉를 통해 세상에 선보이고, 국가 또는 기업을 상대로 주요 계약을 체결하기도 한다. 에어쇼는 항공기 제작능력이 있는 각국이 자국의 군용, 민간용 항공기를 전시하는 행사로서 세계적인 에어쇼는 〈파리 에어쇼〉와 영국의 햄프셔 판버러 공항에서 개최되는 〈판버러Farnborough 에어쇼〉이다. 〈파리 에어쇼〉는 홀수 년마다 파리 근교의 르 부르제Le Bourget 공항에서 개최되고, 판버러 에어쇼는 짝수 년마다 개최된다. 〈파리 에어쇼〉는 가장 오래되고 참가자 수도 가장 많은 행사로, 항공기를 대중과 친숙한 교통수단으로 발돋움하게 하는 계기를 마련하였다.

▲ 에어쇼 설명

초창기 〈파리 에어쇼〉는 1909년 9월 25일부터 10월 17일까지 그랑 팔레Grand Palais의 중앙 홀에서 〈국제 항공수송 박람회〉Exposition Internationale de la Locomotion Aérienne라는 이름으로 앙드레 그라네André Granet와 로베르 데스노-펠트리Robert Esnault-Peltrie에 의해 개최되었다. 첫 번째 박람회로 그랑 팔레는 10만 명의 관람객들로 가득 찼고, 이후 매년 성황리에 행사를 마쳤으나 격년제로 진행되는 박람회의 전통은 1924년 제 9회 박람회부터 시작하여 지금에 이르고 있다. 1927년 르 부르제 공항이 전 세계적으로 알려지게 된 계기가 있었는데, 바로 미국인 찰스 린드버그(Charles Lindbergh, 1902-1974)가 뉴욕 루스벨트 공항에서 파리-르 부르제 공항까지 '스피릿 오브 세인트루이스 호'를 타고 뉴욕~파리 간 대서양 무착륙 단독비행에 처음으로 성공했기 때문이다. 이때부터 르 부르제 공항은 세계에서 가장 유명한 항공기 플랫폼이 되어 박람회는 더욱 유명해지기 시작했고 1953년에는 박람회가 르 부르제 공항에서 개최되는 것으로 완전히 정해지게 되었다. 1969년 최초의 초음

▲ 에어버스 A380 이륙장면

▲ 파리 에어쇼 항공 촬영

속 상업적 항공기 콩코드기와 보잉 747 점보제트가 처음 박람회에 등장하여 세상의 관심을 끌었고, 1973년에는 프랑스, 독일 합작으로 에어버스 A 300 B가 처음으로 대중들 앞에 선을 보였다. 1979년에는 아리안 로켓과, 현재까지도 프랑스 공군의 요격기 및 정찰기 등으로 활동하고 있는 프랑스 최신예 전투기 미라주 2000이 박람회에 등장하였다. 이후 2005년 박람회는 에어버스 A380의 등장과 함께 3일 만에 약 23만 명이라는 굉장한 방문객 수를 기록하면서 박람회의 명성을 세계에 알렸다. 2009년에는 박람회 100주년을 맞아 300여 개의 역사적인 비행기전시와 더불어 그동안 에어쇼에서 일어났던 불미스런 사고 때문에 제30회 박람회 이후로 등장하지 않았던 프랑스 공군의 곡예 비행팀 파트루이 드 프랑스Patrouille de France가 다시 등장하여 일반인들의 눈을 즐겁게 해주었다. 지난 2011년 제 49회 박람회에서는 45개국 2,000여개의 항공업체와 36만 명의 바이어, 관람객, 기자들이 참가하여 세계 최고 항공우주 행사로서 박람회를 성황리에 마쳤다. 119만 2천㎡의 부지에 전시되었던 150대의 비행기 중에서 특히 가장 큰 관심을 끈 비행기는 에어버스를 생산하는 '유럽항공방위우주산업'EADS의 제스트ZEHST였다. 제스트는 콩코드 속력의 2배에 달하는 차세대 여객기로서 영국 런던과 일본 도쿄를 마하 4에 달하는 시속 5,029km로 2시간 내에 비행할 수 있는 제트 여객기이다. 또 이번 행사에는 태양광 에너지만을 이용하는 친환경 비행기가 특별히 초대되었는데, '솔라 임펄스Le Solar Impulse'라는 이 친환경 비행기는 태양 전지판 1만 2천개를 붙이고 벨기에에서 프랑스까지 시속 70km로 비행하여 박람회에 참여하였고, 중국 비행기 제작사인 COMAC도 처음으로 박람회에 참여하였다. 그리고 49회 박람회에서는 우리나라 사람들의 흥미를 끄는 예기치 못한 이벤트가 있기도 했다. 원래 〈파리 에어쇼〉에서 비행하려던 A 380 MSN 400기체의 오른쪽 날개가 르 브루제 공항 시설물에 충돌하면서 파손되자, 대한항공에게 인도될 예정이었던 에어버스의 A380-861 2호기가 대타로 박람회에서 시범 비행을 하게 된 것이다. 이 시험 비행으로 얼떨결에 대한항공은 〈파리 에어쇼〉에서 전 세계적으로 대대적인 기업 홍보 효과를 누릴 수 있었다고 한다.

2013년 제50회 〈파리 에어쇼〉는 6월 17일부터 23일까지 르 부르제 공항에서 '프랑스 항공 우주 협회'Industries Françaises Aéronautiques et Spatiales, GIFAS의 자회사인, '항공 우주 국제 박람회'Salon International de l'Aeronautique et de l'Espace, SIAE의 주최로 개최될 것이다. 다가올 50회 박람회는 박람회에 참가하려는 항공업계 관계자들의 직접 참가 등록을 위해 처음으로 온라인 등록제를 실시한다고 한다. 한편, 지난 2009년에 '국제 항공 우주 박람회의 역사'를 주제로 하여 크리스티앙 라메Christian Lamet감독과 앙투안 라비올Antoine Laviolle 감독이 기록 영화를 만들기도 했는데 이는 곧 박람회를 통해 프랑스와 전 세계가 경제적 가치뿐만 아니라 역사적, 문화적 가치도 얻을 수 있기에 의미가 크다. 또한 에어쇼를 위해 군용기 및 곡예비행 팀을 지원하는 프랑스 및 각 국의 군대가 보이는 관심과 적극적인 참여를 굳이 말하지 않더라도, 〈파리 에어쇼〉

▲ 파리 에어쇼

▲ 파리 에어쇼

는 세계 최대 에어쇼로서 일반인들뿐 만 아니라, 세계 최대 방위산업 전시회로서 수많은 나라의 국방 관계자들의 많은 관심을 받고 있음을 알 수 있다. 이러한 사실은 앞으로도 국제 항공 우주 박람회가 전 세계 많은 국가와 사람들을 위해 제공할 수 있는 다양한 잠재적 가치와 가능성을 엿보여주고 있어서 앞으로가 더욱 기대되는 행사라 할 수 있다.

숫자로 살펴보는 2011년 파리 에어쇼

1. 2113개의 세계적인 기업들의 참여
2. 151,000명의 전문가들의 참여
3. 204,000명의 대중들의 참여
4. 130,000㎡ 상업적 전시 공간(홀, 마을, 간이건물, 외부 구역 등)
5. 192,000㎡ 의 비행기 전시 공간
6. 공중 시범과 전시회에서 선보일 150여 개 이상의 비행기들
7. 100여 국가에서 방문한 290명의 정부대표들
8. 전 세계에서 모인 3,200명의 기자들

박람회 관람 정보

* 전문가를 위한 일정 : 2013년 6월 17일부터 20일까지(16세 이상 허용)
* 학생을 위한 일정 : 2013년 6월 21일(신분증 제시로 무료입장)

* 일반인을 위한 일정: 2013년 6월 21일부터 23일까지
* 입장 요금 : 일반 일일권 요금은 세금포함 13.5유로이고, 15명 이상은 단체 요금이 적용된다.
* 프랑스 국내외 모든 제복차림의 군인과 파일럿, 7세 미만의 어린이 등에게 무료입장이 허용된다.
* 애완동물의 입장은 불허
* 개장 시간 : 8시 30분부터 18시까지

좀 더 자세한 정보는 www.salon-du-bourget.fr 에서 얻을 수 있다.

에어쇼는 그 경제적인 파급 효과가 매우 커서, 많은 나라에서 국가적인 행사로 개최하고 있다. 그 중 해마다 2월에 아시아권을 대표하는 〈싱가포르 에어쇼〉와 매 짝수 해에 열리는 〈베를린 에어쇼〉가 파리 및 판버러 에어쇼에 가장 강력히 도전하고 있다. 〈파리 에어쇼〉의 흥행을 보고 미국의 로스앤젤레스나 뉴욕, 보스턴에서도 유사한 에어쇼를 개최하였다. 우리나라도 1996년에 처음으로 경기도 성남에서 국제 에어쇼인 〈서울 에어쇼〉를 개최하였으며, 98년 제2회 에어쇼에 이어 2001년 10월에 제3회 〈서울 에어쇼〉를 개최한 이후 2년마다 매 홀수 년도에 행사가 치러지고 있다. 〈서울 에어쇼〉는 대통령 전용공항인 성남공항에서 개최되는데 2011년 에어쇼에서는 31개국, 314개 업체가 참가하며 총 25만 명 이상의 관람객이 찾았다고 한다. 축제 기간 동안 50억 달러 상당의 수주 상담과 5억 달러의 계약도 체결되는 등 〈서울 에어쇼〉도 아시아 최대 규모의 에어쇼이자, 세계 3대 에어쇼 중 하나인 〈싱가포르 에어쇼〉에 버금가는 아시아 최고의 에어쇼가 되기 위해 계속 노력하고 있다.

그밖에 프랑스의 중요한 산업축제로는 앙플뤼의 공업축제, CNT 컴퓨터 조합축제, 과학의 공간축제, 조명축제, 체리축제, 치즈축제, 미래의 센 축제, 음식축제 등이 있다.

7. 스포츠 축제

프랑스 스포츠 축제의 중심에 세계적인 자동차와 자전거 경주, 테니스 대회가 있다.

1) F1 모나코 그랑프리Grand Prix F1 Monaco

〈F1 그랑프리〉는 월드컵, 올림픽과 함께 세계 3대 스포츠 이벤트이자 모터스포츠의 최고봉이며, 〈F1 모나코 그랑프리〉(통칭 '모나코 GP')는 〈인디애나폴리스 500마일 레이스〉, 〈르망 24시간 레이스〉와 함께 세계 3대 자동차 경주로 꼽히는 인기 경주이다. 인구 약 3만 5천 명, 면적 1,974㎢의 모나코 전체가 자동차 경주장으로 변하고 초대된 전 세계 유명인들과 관광객들로 넘쳐나는 지상 최대의 자동차 축제가 펼쳐진다.

지중해 코트-다쥐르Côte-d'Azur 연안에 위치한 모나코는 프랑스 보호 하의 공국으로 바티칸시국에 이어 세계에서 두 번째로 작은 나라이다. 모나코 GP(Grand Prix) 주최국이자 유럽에서 카지노로 유명한 곳이다. 1297년 이탈리아

▲ 모나코 GP 서킷

그리말디Grimaldi 가문의 영지가 된 모나코의 정체는 입헌군주제이며 공용어는 프랑스어이고 종교는 가톨릭(약 90%)이다. 순수 모나코인은 인구의 약 20%이고 나머지 80%는 세금(직접세)이 면제되는 모나코로 자국의 막대한 세금을 피해 프랑스, 이탈리아, 영국 등에서 이주한 부호나 유명인들이다. 인기 높은 유럽의 휴양지 모나코는 늦은 밤까지 파티와 놀이가 이어지며 화려한 사

▲ 모나코 GP 항구 구간과 객석

▲ F1 공식 샴페인 멈(Mumm)

▲ 1950년 모나코 GP 포스터

▲ 2014년 모나코 GP 포스터

교의 장이 펼쳐질 뿐만 아니라 모나코 GP와 해양 리조트, 카지노를 관람하고 즐기기 위해 늘 수많은 관광객이 찾는 나라이다. 그랑 카지노Grand Casino와 오페라 극장, 대공궁전, 역사박물관, 해양학박물관과 수족관, 우표와 동전 박물관 등이 대표적 관광자원이다.

〈모나코 GP〉는 모나코 최대의 축제로서 매년 5월, 4일 동안 개최되며 종교적 이유로 금요일을 제외한 목, 토, 일(다른 F1 대회는 모두 금, 토, 일)의 3일간 자유주행과 예선을 거쳐 마지막 날 결선을 치른다. F1의 대표적인 스트리트 서킷인 모나코 서킷의 총 길이는 3.34km이며 총 주행거리가 78회 260km로 F1 중 가장 짧다. 몬테카를로Monte Carlo와 라 콩다민La Condamine 일반 도심 도로를 이용하여 코스가 아름다우면서도 까다로워 레이서의 기량에 큰 영향을 받는다. F1 서킷 중 주행 속도가 가장 느리고 주행이 위험하며 추월이 어렵다.

영국 출신의 그레이엄 힐Graham Hill이 〈모나코 GP〉, 〈인디 500〉, 〈르망 24시〉의 3대 대회에서 유일하게 우승한 선수이고, 브라질 선수 아이르통 세나다 실바Ayrton Senna da Silva가 6회에 걸쳐 모나코 그랑프리 최다승 선수이다. 모나코 GP의 시작은 F1보다 21년이나 앞선 1929년으로 유서가 깊다. 이 첫 대회에서 부가티 소속의 윌리엄 그로버-윌리엄즈William Grover-Williams가 우승하였

▲ 모나코 GP

다. 모나코 GP는 1950년에 F1 월드 챔피언십에 처음 포함되었으며, 4년 공백기에 이어 1955년부터 다시 F1에 포함된 후 매년 개최되고 있다.

F1(Formula One World Championship)

1950년 영국의 실버스톤 서킷에서 시작한 〈F1〉은 국제자동차 연맹FIA이 규정하는 단좌식 경주용 자동차와 이 자동차로 행해지는 국제적인 장거리 자동차 경주 대회인 포뮬러 중 하나를 의미한다. 매년 3월부터 11월까지 전 세계 17~20개국을 투어하며 각 나라에서 열리는 경기를 '그랑프리'라고 부르며 개최국의 이름을 앞에 붙인다.

▲ F1 로고

F1은 연간 동원관중 약 4백만 명, 매회 6억 명이 TV를 통해 시청하는 초대형 모터스포츠 이벤트이며 세계 최고 기업들의 경쟁적인 후원을 받고 있기 때문에 세계에서 가장 상업적인 스포츠로 평가받고 있다.

F1은 2,400cc의 엔진이지만 750마력의 출력과 350km/h의 최고시속을 자랑한다. 참가 레이서는 팀당 2명씩 12개 팀의 24명이고 최첨단 소재와 기술이 적용된 F1 머신의 가격은 대당 약 1,000만 달러이다.

챔피언은 한해 거둔 성적을 바탕으로 결정된다. FIA는 매 경기마다 1위 25점, 2위 18점, 3위 15점 등 1~10위에 '챔피언십 포인트'를 주고 이를 합산하여 최다 득점 레이서에게 챔피언 타이틀을 부여한다. 레이서의 연봉은 1천만 달러에서 4천만 달러에 이른다.

2) 르망 24시간 레이스24 Heures du Mans

▲ 르망 24시 로고

〈F1〉과 함께 자동차 경주의 양대 산맥으로 불리는 〈르망 24시간 레이스〉(통칭 '르망 24시')는 프랑스 북서부 르망Le Mans에서 열리는 세계에서 가장 유명한 극한의 자동차 내구 경주 대회이자 전 세계 모터스포츠인들의 축제이다.

르망은 페이드라루아르Pays de la Loire 지방의 사르트 강과 윈 강이 합류하는 곳에 위치한 인구 약 14만의 도시로서 매년 23만 명 이상이 몰려와 대회장 주변 공터에 캠핑카와 텐트를 설치하고 24시간 축제를 벌인다. 대회 전날,

▲ 르망 24시 포스터

미국과 유럽 각지에서 온 명차, 신구 희귀차량, 역대 우승차량들이 출전 선수들을 태우고 열렬한 환호 속에 시가행진을 펼친다.

세계에서 가장 오래된 자동차 내구 경주인 르망 24시는 프랑스 '서부 자동차 협회ACO, Automobile Club de l'Ouest'의 주관 하에 1923년 5월 26일과 27일 33개 팀이 참가한 첫 대회 이래 몇 회를 제외하고 매년 연중 밤이 가장 짧을 무렵인 6월(24번째 주 토요일) 르망 외곽의 '사르트 서킷Circuit de la Sarthe'에서 개최된다.

총 길이 13,629km 서킷을 당일 오후 4시에 시작해 이튿날 오후 4시까지 24시간 동안 1970년 이후 오늘날까지 차량 당 3명의 레이서가 한 팀을 이루어 교대로 동일 차량을 5,000km 이상 쉼 없이 몰아 차량의 성능과 내구성을 함께 겨룬다. 대회 초기 몇 년 간 차량 당 한 명의 레이서가, 이후 두 명의 레이서가 팀을 이루어 출전이 가능했다. 르망 24시는 다른 레이스와 달리 결승점 통과 순이 아니라 주행 거리 순으로 시상한다. 종합 우승, 등급별 우승 외 열효율 지수상, 성능 지수상 등이 수여된다. 대회 공식 서킷인 사르트는 상설 서킷과 국도 서킷으로 나뉘며 출발선 및 결승선에 있는 시설물 주위의 뷔

▲ 텐트를 친 관람객들

▲ 대회 전날의 카퍼레이드

▲ 르망 24시 레이스

가티Bugatti 서킷 일부 구간이 상설 서킷으로 사용된다. 경주용 자동차들은 약 6km의 직선 경주로에서 1분 동안 400km/h 가까운 속도로 주행한다. 최고기록은 1988년의 405km/h이다.

르망 24시는 경기 전용 차량 레이스인 프로토타입Prototype과 양산 차량을 경기에 맞게 개조한 차량 레이스인 GT(Grand touring)의 두 가지 카테고리로 나뉘며, 다시 각각 LM P1/LM P2, LM GTE Pro/LM GTE Am 등 4개 등급으로 구분되어 진행된다. 가장 인기 있는 경주 등급은 속도가 가장 빠른 LM P1과 일반 도로 차량과 가장 비슷한 차량들이 참가하는 LM GTE Am이다.

최다 우승 기록 보유 레이서는 9회의 톰 크리스텐센Tom Kristensen이며, 포르쉐 레이싱 팀이 1970년부터 1998년 사이 16회로 최다 우승을 기록했고, 1999년 첫 출전한 아우디 레이싱 팀이 2000년부터 독무대를 펼쳐 2014년 우승으로 총 16회 출전, 13회 우승이라는 대기록을 수립했다.

▲ 르망 24시 시상식 장면

최악의 사고

〈르망 24시〉는 자동차 경주 대회 사상 최악의 사고가 발생한 대회이기도 하다. 1955년 6월 11일 피에르 르베그Pierre Levegh가 몰던 메르세데스가 갑자기 진로를 바꾼 앞 차를 들이받고 경주로를 이탈하며 스탠드 옆벽과 충돌하여 불이 붙은 차 엔진과 파편이 빽빽이 들어찬 관중석으로 날아가 르베그를 포함한 80명 이상이 사망하고 그보다 훨씬 많은 이가 부상을 당한 비극적 참사를 일으킨 것이다.

▲ 1955년 르망 24시 레이스 사고 광경

3) 투르 드 프랑스Tour de France

▲ 투르 드 프랑스 포스터

매년 7월에 개최되는 〈투르 드 프랑스〉는 세계 최고 권위의 프랑스 전역 일주 사이클 대회이면서 전 세계 자전거인들을 매료시키는 축제이다. 1903년 앙리 데그랑주Henri Desgrange와 스포츠 일간지 『레키프L'Equipe』의 전신인 『로토L'Auto』에 의해 창설되어 제1, 2차 세계대전 동안을 제외하고 해마다 열려 유럽에서는 〈월드컵 축구 대회〉와 거의 대등한 위상의 대회이다. 유럽, 미국 등 전 세계 최고의 프로 사이클 팀이 경쟁을 벌인다. 현재 투르 드 프랑스를 개최하고 있는 '소시에테 뒤 투르 드 프랑스Société du Tour de France'는 레키프를 소유한 미디어 그룹인 ASO(Amaury Sport Organisation)의 자회사이다.

보통 2일의 휴식일이 포함된 23일 동안 20~21개의 평지와 산악 구간으로 구성된 총 연장 3,000~4,000km의 경주 거리를 선수들은 하루에 한 구간씩 달린다(경주 거리는 해마다 약간 차이가 난다). 경기 코스는 격년제로 프랑스를 시계 방향과 반 시계 방향으로 번갈아 일주하여 전통적 결승점인 파리 샹젤리제 거리에서 끝나며 일부 경주 구간은 영국, 벨기에, 이탈리아, 스페인, 스위스, 독일 등 이웃 나라들이 포함되기도 한다.

기록된 전 구간의 소요 시간을 합산한 결과, 총합 기록이 가장 짧은 선수

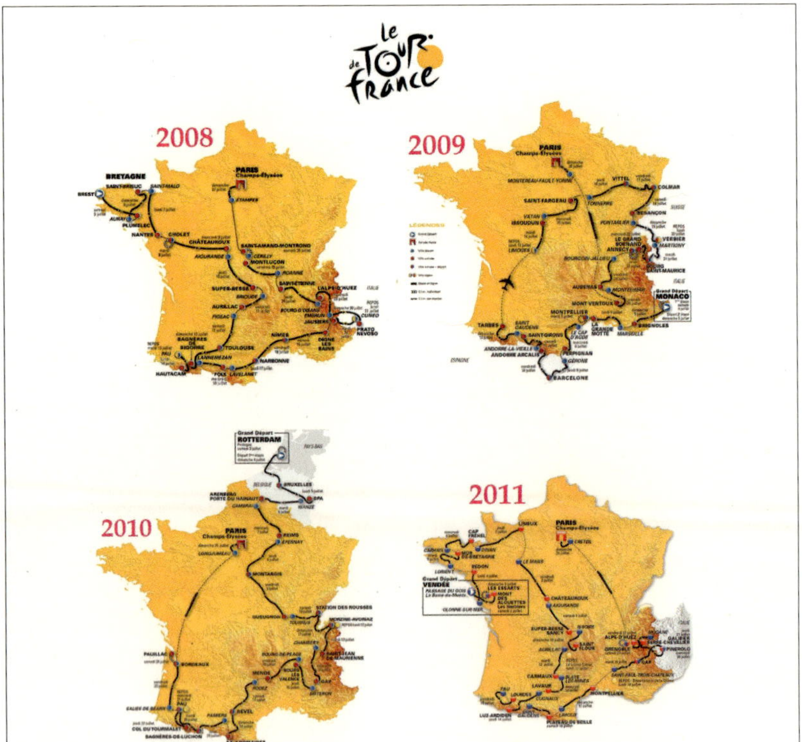

▲투르 드 프랑스 코스

▲ 영국에서 출발한 투르 드 프랑스 2014

▲ 2014년 투르 드 프랑스 시상식

▲ 결승점을 향해 개선문 앞을 통과하고 있는 선수들

▲ 우천 속 선수들의 역주

가 우승자가 된다. 이러한 종합 시간에 따라 순위가 정해지는 종합 순위를 GC(General classification)라 하며 마지막 구간 경주 종료 후 GC 선두자가 전 경주 종합 우승자이다. 즉 어떤 구간에서도 1위를 하지 못했어도 기록으로 (전체 경주에서) 종합 우승을 할 수 있다. 투르 드 프랑스의 최초 우승자는 모리스 가랭 Maurice Garin이다.

입상 저지

투르 드 프랑스는 종합 우승과 별도로 포인트 순위와 산악 그랑프리, 최우수 청년 부문도 시상한다. 매 구간 종료 후 각 경쟁 부문의 현재 선두를 집계하여 아래와 같이 색깔로 구분된 '마이요'(Maillot, 저지)를 최고 기록 선수에게 입힌다.

■ 마이요 존Maillot jaune

각 구간의 경주가 끝날 때마다 그 시점까지 시간을 합산해 최단 시간을 기록한 선수가 마이요 존(jaune, 노란)이라는 노란색 저지를 수여받아 다음 구간 경주에 입고 참가한다. 마이요 존은 종합 순위 선두를 의미하며 대회가 끝날 때 종합 우승자가 된다. 1919년 만들어진 마이요 존은 투르 드 프랑스의 상징물 중 하나로 『로토』 신문의 노란 지면 색깔에서 유래하였다.

■ 마이요 베르Maillot vert

각 구간마다 도중에 설치된 스프린트 포인트와 결승선 통과 순위에 따라 점수가 주어지고, 그 합계가 가장 큰 선수는 녹색 저지인 마이요 베르(vert, 초록)를 입는다. 즉 마이요 베르는 최고의 스프린터에게 주어진다. 평지 코스 점수가 제일 높고 중간 난이도, 높은 난이도의 산악코스 순으로 점수가 낮다.

■ 마이요 그랭피르Maillot grimpeur

마이요 그랭피르는 산악 구간 오르막 꼭대기를 가장 빠르게 오른 선수가 입는 흰색 바탕에 붉은 물방울 무늬 저지이다. 최고의 그랭피르는 1933년부터 시상되었지만 이 독특한 문양의 저지는 1975년 후원 제과회사 쇼콜라 플랭Chocolat Poulain의 유명 사탕 봉지 디자인을 따라 결정되었다. 언덕은 경사도와 길이에 따른 난이도 별로, 가장 어려운 '난이도 무제한hors catégorie' 아래 1급에서 4급까지 분류되며 구간마다 점수가 누적된다.

■ 마이요 블랑Maillot blanc

흰색 저지인 마이요 블랑은 제한 연령 25세 이하 선수 가운데 구간 총합 기록이 가장 좋은 선수가 입는다. 제한 연령 이하 선수는 여러 차례 수상이 가능하여 신인상보다는 최우수 청년상이라고 할 수 있다. 1975년 처음 만들어졌고 1989년부터 1999년까지 폐지되었다가 2000년 복원되었다.

4) 프랑스 오픈 테니스 선수권대회Internationaux de France de tennis

▲롤랑 가로스 로고

〈롤랑 가로스 테니스 대회Tournoi de Roland-Garros〉 혹은 〈롤랑 가로스〉라고도 불리는 프랑스 오픈 테니스 선수권대회는 매년 5월 마지막 주부터 6월 첫째 주에 걸쳐 2주간 열리며 〈윔블던 테니스 대회Tournoi de Wimbledon〉, 〈US 오픈 테니스 선수권대회〉, 〈호주 오픈 테니스 선수권대회〉와 더불어 4대 그랜드 슬램 대회 중 하나이다. 호주 오픈 다음 연중 두 번째로 파리 롤랑 가로스 경기장에서 열리는 세계 최고 권위의 클레이 코트 대회이며 전 세계 가장 많은 시청자들이 지켜보는 대회이다. US 오픈은 1978년 이래 클레이 코트 대회를 중지하였다. 프랑스 오픈은 2007년부터 상금을 남녀 선수에게 동일하게 수여하고 있다.

클레이 코트의 특성상 바운드 후의 공의 속도가 느려지고 리바운드가 높게 형성되면서 벌어지는 5세트 남자단식 경기가 타이브레이크 없이 마지막 세트가 진행되기 때문에, 테니스 대회 중 가장 힘들어 강한 체력이 요구되는 대회이다. 이와 같은 코트 특성상 지미 코너스, 보리스 베커, 피트 샘프라스 등의 세계 여러 유명 테니스 선수들이 다른 대회에서 1회 이상 우승하였으나 프랑스 오픈에서만 단 한 번도 우승하지 못해 그랜드 슬램을 달성하지 못했다. 윔블던 오픈은 잔디코트를 사용하고, US 오픈과 호주 오픈은 데코터프Decoturf와 리바운드에이스Rebound Ace 재질의 하드 코트를 각각 사용한다.

이 대회는 1891년 〈프랑스 국제 테니스 선수권대회Championnat de France international de Tennis〉라는 명칭으로 프랑스 레이싱 클럽Racing club de France 코트에서 5명의 참가자가 하루 동안 경기를 벌임으로써 시작되었다. 1897년 여성 3명이 참가한 가운데 처음으로 여성 대회가 추가되었다. 1902년 혼합복식, 1907년 여자복식 경기가 추가된데 이어 1912년 클레이 코트에서 펼쳐지는 첫 세계 선수권대회가 열렸다. 이 해에 기존의 잔디코트 대신 붉은 클레이 코트 형태가 대회 주최 측에 의해 도입되었다. 1924년까지 프랑스 테니스 클럽에 등록된 프랑스인과 프랑스 거주 외국인만 출전할 수 있었고, 1927년까지 '프랑스 레이싱 클럽'과 '프랑스 스타드Stade franais'의 잔디코트에서 번갈아가며 개최되었다.

1925년 외국 유명 선수들에게도 문호를 개방하였으며, 1927년 미국에서 열린 〈데이비스컵 대회〉에서 프랑스 선수인 자크 부뤼뇽Jacques Brugnon, 장 보로트라Jean Borotora, 앙리 코쉐Henri Cochet, 르네 라코스트René Lacoste가 우승한 후 이듬 해 프랑스에서 열리는 대회에서 우승컵을 방어하기 위해 포르트 도퇴유Porte d'Auteuil 인근에 '롤랑 가로스 경기장'을 건설하기로 결정하여 1928년 준공되었고 이 해 첫 〈롤랑 가로스 국제 테니스 대회〉가 열렸다.

1968년 아마추어와 프로 모든 선수가 출전할 수 있는 프랑스 오픈 대회French Open가 되었다. 프랑스 오픈은 14,840명을 수용할 수 있는 필립 샤트리에Philippe-Chatrier 센터코트, 9,959명을 수용하는 쉬잔 랑글랑Suzanne-Lenglen 코트,

▲ 필립 샤트리에 센터코트

▲ 쉬잔 랑글랑 코트

▲ 라파엘 나달

3,518명을 수용하는 1번 코트 등의 메인코트와 2~18번 코트에서 벌어지며 나머지 코트는 연습용으로 사용된다.

프랑스 오픈은 본상 외에 1981년부터 시트롱 상Prix Citron, 오랑주 상Prix Orange을, 1988년부터 부르종 상Prix Bourgeon을 수여하고 있다. 프랑스 오픈의 최다 우승자는 통산 9회로 스페인 출신의 라파엘 나달Rafael Nadal이다. 기자와 관중에게 좋은 매너를 보이고 최고의 페어플레이를 펼친 선수가 오랑주상을, 기자들이 뽑은 가장 비호감적인 선수가 시트롱상을, 올해의 떠오르는 신예가 부르종상을 수상한다. 2004년부터 오랑주상과 시트롱상은 기자들뿐만 아니라 인터넷과 SMS를 통한 대중 투표로도 집계되고 있다.

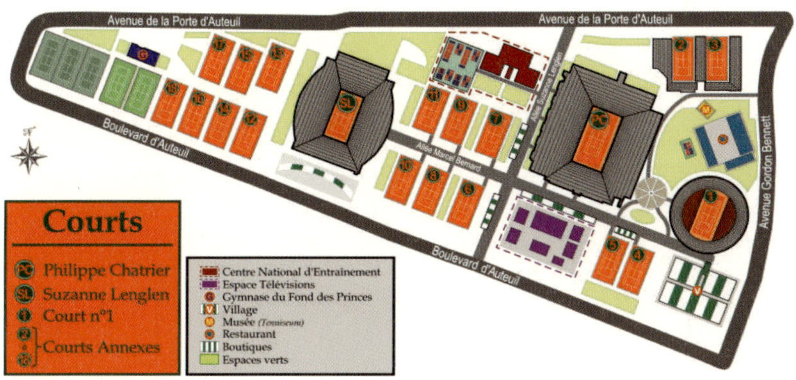

▲ 롤랑 가로스 경기장 배치도

롤랑 가로스 스타디움 명칭의 유래

롤랑 가로스는 1913년 사상 최초로 7시간 53분의 기록으로 지중해 횡단비행에 성공한 영웅이고 제1차 세계대전 말인 1918년 10월 5일 공중전투에서 사망한 공군 조종사이다. 경주용 비행기 조종사였던 가로스는 제1차 세계대전이 발발하자 공군에 자원입대한다. 그는 당시 나무로 되어 있던 프로펠러 표면에 강철 전향판을 덧붙여 총알이 튕겨나갈 수 있게 비행기를 고안하였고, 비행기 옆에 붙어 있던 기관총을 조종석 앞 쪽에 설치하여 명중률을 높인 창의성을 발휘한 인물로도 유명하다.

▲ 롤랑 가로스

04 Chapter 축제와 문화콘텐츠

1. 축제와 스토리텔링
2. 축제와 마케팅
3. 문화산업과 문화상품

축제와 문화콘텐츠

미래학자 앨빈 토플러는 그의 저서 『부의 미래』에서 '21세기는 문화의 주도권을 잡는 나라가 세계인의 감성까지 지배하게 될 것이다'라고 예측하였다. 경제자본이 문화자본으로 이동 중인 오늘날은 문화가 자본이라는 개념으로 취급되며, 문화자본의 불평등이 불공정시대를 만들 수도 있다. 이러한 문화자본은 전통과 창조, 문화예술과 기술이 바탕이 되어 만들어진다.

문화 콘텐츠는 문화culture와 콘텐츠contents의 복합어로 상상력, 창의력, 감성, 예술 등 문화적인 요소가 기반이 되어 현대의 기술이나 매체와 결합된 경제적인 가치를 지닌 재화로서의 내용물을 의미한다. 문화콘텐츠의 개념은 온라인 영역에만 한정되는 것이 아니라 오프라인 영역까지 확장된다. IT 정보기술을 이용한 온라인상의 콘텐츠 제작과 활용도 매우 중요하지만, 오프라인의 여러 영역들인 지역축제, 테마파크, 관광 등의 분야에서도 문화콘텐츠의 개발과 적용이 절실히 요구되고 있다.

문화콘텐츠 산업은 제조업 등에 비해 부가가치 유발계수나 고용 유발계수가 더 높다. 여기서 축제 같은 문화콘텐츠 산업은 무형의 아이디어와 지식을 기반으로 가치를 창출하고 막대한 부가가치를 생산하는 창조산업이다. 상상력과 창의력이 기반이 되는 문화콘텐츠 산업은 비경쟁 시장의 창출에 큰 역할을 할 것이다.

1. 축제와 스토리텔링

1) 이야기의 힘

프랑스 축제와 이야기는 불가분의 관계이며, 스토리텔링은 수준 높은 문화콘텐츠의 개발에 핵심적인 요소이다. 스토리텔링이란 단어는 이야기, 즉 '스토리story'와 멀티미디어적 속성을 지닌 구술적 의미의 '말하다'란 뜻을 지닌 '텔tell'과 서로 상호작용이 오가는 현재진행의 뜻을 지닌 '-ing'의 합성어이다. 스토리텔링은 다양한 문화적 소재를 창작과정에 사용하며 여러 종류의 매체를 통해 새로운 표현 방식으로 나타난다.

OSMU(One Source Multi-Use)란 이야기의 근원이 되는 원 소스One Source가 다양한 매체를 만나 멀티 유즈Multi-Use되어 나타남으로써 서로 다른 장르들이 유기적으로 연결되어 시너지 효과를 발휘한다. 즉 하나의 원형이 되는 콘텐츠를 개발하여 다른 콘텐츠로 확대시키고 발전시켜 다양한 방식으로 활용하여 부가가치를 극대화시키는 것을 의미한다.

예를 들어 1959년에 출간된 르네 고시니René Goscinny의 글과 우데르조Albert Uderzo 그림의 만화책 '아스테릭스Astérix'라는 원소스는 영화와 애니메이션으로 만들어지고, 아스테릭스 온라인 게임, 아스테릭스 테마파크까지 만들어졌다. 이렇게 만들어진 만화, 영화, 애니메이션 등은 또 다시 만화 축제, 영화

축제, 애니메이션 축제와 연계되면서 축제의 한 구성요소로 파생된다. 게다가 더 나아가 관광 산업, 디자인 산업, 영화 산업, 광고 산업과 밀접한 관계를 갖게 되었다.

이처럼 스토리텔링의 원천이 되는 소스는 여러 장르로 건너가 새롭게 변환되고 활용되고 융합되어 새로운 장르로 탄생된다. 이렇게 제대로 된 하나의 훌륭한 원형 소스가 있다면 수준 높은 콘텐츠로 확대 재생산되어 고부가 가치를 올릴 수 있다. 문화콘텐츠의 가장 큰 특징은 멀티 유즈성, 즉 모든 매체가 서로 유기적으로 연결되어 있는 '통합성'이다. 같은 콘텐츠(A)라도 미디어 매체가 다르면 거기에 맞는 다른 스토리텔링(A', A'', A'''...)이 되어야 한다. 따라서 변화된 미디어 환경에서 스토리텔링을 어떻게 가지고 가야 하는지에 대한 아이디어와 전략이 필요하다.

무엇보다 스토리의 원형이 되는 핵심 소스의 개발이 참 중요하다. 특히 역사의 축적과 스토리텔링은 비례한다. 유구한 역사를 지닌 나라일수록 많은 이야기보따리가 있다. 문화콘텐츠는 이야기 산업이고, 이 이야기 산업의 원천은 역사에서 비롯되는 경우가 많다. 역사는 한 나라의 정체성의 원천이며, 인간사의 판례집이자 거대한 드라마의 각본이다. 고대 골족과 로마인의 이야기, 중세의 잔다르크 이야기, 대혁명 이야기, 나폴레옹 이야기 등은 역사이자 작가들에게 창작의 영감을 주는 이야기의 원형이었다. 이야기의 원형은 또한 지역의 전통적인 이야기나 개인이 겪은 체험이나 꿈 등 재미있고 생생한 이야기에 토대를 두고 있다. 이야기를 말하는 것은 우리 자신을 돌아보고 우리 자신의 가치를 찾는 것이다. 즉 이야기에는 우리들 자신의 고유한 경험과 진심이 담겨 있어야 한다. 이렇게 만들어진 스토리텔링은 예를 들어 축제를 매개로 세계와 교류하고 소통하면서 그 외연을 확대해 나갈 수 있는 것이다.

성공한 축제에는 이야기가 흐른다. 왜 이야기인가? 우리의 뇌는 한 사회의 독특한 문화적, 역사적, 사회적 경험이 담긴 이야기를 좋아하고, 감동받아 그 이야기를 오래 기억하고 저장한다. 축제는 감성으로 접근되는 시간과 공간이다. 사람들은 축제의 장에서 재미있는 이야기가 동반된 감성 이미지에 쉽게 감동을 받고 설득되므로 축제에서 스토리텔링이 그만큼 중요한 것이다. 재미있고 훌륭하고 가치 있는 이야기는 행복과 감동을 주고 아낌없이 소비되는 선순환적인 구조를 지닌다. 즉 성공적인 이야기는 수익을 가져오고, 일자리를 만들고, 그 어떤 것보다 더 역동적이다.

캐릭터와 플롯이 양축을 이루는 '이야기'를 통해서 작가는 세상을 바라보며 세상과 소통하기 위하여 전달하고 싶은 이야기 소재를 무제한의 상상력을 동원하여 무한한 자유의 시 · 공간에 펼쳐 보인다. 그리고 이야기를 엮은 스토리텔링은 축제 참가자들의 몰입도와 참여율을 증가시키며, 그 지역의 자연, 신화, 역사, 인물 등을 알리는 교육적인 기능도 발휘한다.

그리고 축제와 스토리텔링이 시장성을 지니기 위해서는 미래의 비전을 보여주어야 한다. 시장성이란 축제에 대한 관심도를 말한다. 이를 위해 먼저 원형이 되는 이야기를 기획하고 설계하며 컨셉트를 개발해야 한다. 즉 OSMU나 MSMU(Multi Source Multi Use)의 방안을 설계하고 실행할 계획을 짜야한다. 특히 지역축제의 정체성을 확고히 하려면 문화원형의 연구를 철저히 하여 지역의 정체성을 대표하는 인물들이나 역사적인 사실들, 또는 지역의 특징들과 연관된 스토리텔링을 만드는 것이 좋다.

미국 몬타나 주립대학의 토비아스Ronald Tobias 교수는 이야기의 원형을 크게 4개의 범주, 20가지 플롯으로 이야기 공식을 만들고, 대부분의 이야기는 이 20가지 원형들의 조합으로 만들어진다고 보았다.

아리스토텔레스는 플롯을 짜는 능력 즉 강력한 이야기 구조를 만들어 내는 능력을 글쓰기에서 가장 중요한 요소로 보았다. 주인공이 처한 상황에 대한 보편적인 진실을 플롯에서 행동으로 구체화해야 한다. 왜냐하면 극적인 행동은 보편적인 것 위에서 구축된다. 즉 이야기 속의 장면은 우리의 삶과 동떨어진 특별한 것에 바탕을 두는 것이 아니라 누구에게나 존재하고 통하는 '원형경험archetypal experience'에 토대를 두고 있기 때문이다.

다음으로 이야기와 축제의 접점을 찾아 의미화하고 축제콘텐츠의 리소스를 창출하는 일이다. 줄거리에 복선을 깔고, 사건과 상황의 반복으로 주인공에게 운명적인 당위성을 부여 한다. 핵심이 되는 축제의 주인공을 매력적으로 만들기 위해 동병상련과 공감을 느낄 수 있도록 가치 있는 의미를 부여한다. 그리고 이야기 주인공은 매우 중요하기 때문에 흡인력이 있도록 만들어야 한다. 예컨대 그 옛날 조상들의 이야기나 어린 시절의 향수, 행복과 장수의 욕망, 문화예술적인 욕구 등을 끌어내면 축제 참가자들에게 깊은 정서적인 해방감을 안겨 줄 것이다. 때로는 관점을 달리하고 이야기를 새롭게 해석하는 역발상적인 스토리텔링도 넣어 이야기의 힘을 불어 넣을 수도 있다.

스토리텔링은 새로운 문화 캐릭터를 탄생시키는 토대가 되며, 새로운 문화아이콘이 상품화되는 것에 기여한다. 스토리텔링과 디자인이 융합된 캐릭터나 아이콘은 해당 지역의 축제에서만 살 수 있는 고유한 기념품이나 상품으로 개발되어 지역 경제에 보탬이 될 것이다. 게다가 이러한 기념품은 지역과 축제를 직·간접적으로 홍보하는 효과를 거둘 수 있다. 결과적으로 스토리텔링은 그 다음 해에도 또 참가하고 싶은 충동을 참가자들에게 불러일으켜 축제를 성공으로 이끄는 근본적인 요인이다. 따라서 스토리텔링은 축제, 관광산업, 지역홍보 분야 등에서 경제적인 수익을 창출하는 데 견인차적 요소가 된다.

스토리텔링과 축제가 결합된 예로 우리는 축제 참가자에게 공통의 믿음이나 전설로 스며드는 중세 역사 이야기인 〈잔 다르크 축제〉, 라 퐁텐의 우화와 지역 특산품인 레몬과 오렌지가 결합된 〈망통 레몬 축제〉, 개별 주제를 가지고 이야기로 무장된 세계 연극 축제가 열리는 〈아비뇽 페스티벌〉 등을 들 수 있다.

2) 이야기와 축제의 융합 사례

프랑스 축제의 기원을 살펴보면 조그만 이야기에서 비롯되는 경우가 많다. 몇 가지 예를 들어보자. 리옹Lyon 시의 '빛의 축제'가 그 대표적인 예이다. '빛의 축제'는 리옹에서 매년 12월 8일부터 4일 동안 펼쳐지는 세계적으로 유명한 전통 행사이며 축제이다. 기원전 43년 로마인에 의해 세워진 리옹이라는 도시 이름 자체도 라틴어로 '빛의 언덕'이라는 뜻을 지닌 루그두눔Lugdunum이다. 루그두눔은 켈트족의 태양신 빛Lugus와 언덕dúnon의 합성어이다.

이 '빛의 축제Fête des lumières'는 17세기에 창궐한 페스트를 이겨내고자 시민들이 촛불을 들고 한 자리에 모여 기도하던 전통에 근거하였다. 1643년 전염병인 페스트가 창궐했을 때, 시의 한 행정관이 성모 마리아가 우리 도시를 보호해 준다면 감사함과 경의를 표하겠다고 공언하였고, 이후 많은 사람들이 성모 마리아를 경배하며 촛불을 들고 한자리에 모여 전염병을 막아 달라고 기도하던 오랜 전통이 이어져왔다. 1852년 노트르담 드 푸르비에르 대성당 옆에 리옹 카톨릭회의 스폰서를 받은 저명한 조각가 파비쉬Fabisch가 성모 마리아 상을 리옹 시가 내려다보이는 곳에 세우면서 신앙과 연대감의 표현인 이 축제가 자연스럽게 재조명되었고, 1999년부터 최첨단 기술을 도입하면서 리옹 빛의 축제는 현대화되었다. 매년 12월 8일 예수 그리스도의 어머니 성모 마리아에게 감사함을 표시하기 위하여 시민들은 자기 집 창문 바깥에 촛불 또는 램프를 밝혔다. 특히 노트르담 드 푸르비에르 대성당은 축제 때 형형색색의 빛깔로 빛의 옷을 갈아입는다. 이와 같이 리옹 빛의 축제는 17세기의 전통과 이야기와 사건이 융합되어 탄생한 축제의 대표적 사례이다.

▲ 리옹 빛의 축제

리용 빛의 축제

1989년 앙리 샤베르 당시 리용 시장이 공공 디자인 정책의 일환으로 '도시조명계획'을 시도하면서 알랭 귈로 등 프랑스의 유명한 조명 디자이너들이 참가해 론 강을 중심으로 도심의 조명을 연출하기 시작한다. 리용 빛의 축제는 이를 바탕으로 1999년부터 본격적으로 시작되어 신비한 빛의 쇼를 펼친다. 밤이 되면 일반 집들의 창문과 발코니에 성모 마리아를 경배하는 작은 램프들이 켜지고 빛의 예술가와 건축가들이 디자인한 놀라운 모습으로 도시가 바뀌게 된다. 밤을 화려하게 수놓는 축제기간 동안 리용을 찾는 방문객 수는 정말 어마어마하다. 짧은 기간임에도 불구하고 리용 인구의 8배에 달하는 약 400만 명의 방문객이 이 축제를 찾는다. 그래서 축제 기간 동안 리용 내 숙소는 만원이다.

1934년에 탄생한 〈망통 레몬 축제〉는 아주 오랜 옛날 이브가 낙원에서 사과가 아닌 레몬 하나를 훔쳐 와서 망통에 심었다는 재미있는 전설의 이야기를 빌려와 해마다 2월 사육제 기간 17일 동안 열린다. 축제 행사로 레몬과 오렌지로 장식한 마차들의 퍼레이드와 가장 행렬이 성공하자 시의회는 카니발에 지역특색을 가미하여 관광산업으로 발전시켰다. 이리하여 매년 그 해의 소재로 선택된 동화나 만화 이야기를 레몬으로 거대한 조형물과 같은 볼거리를 만들어 전시하거나 축제 행렬을 구성한다. 이 축제는 지역특산물과 이야기와 축제가 융합된 관광산업의 성공 사례를 만들었다.

〈잔 다르크 축제〉도 중세 백년전쟁 때의 잔 다르크의 이야기에서 시작된다. 영국과 프랑스 사이의 전쟁인 백년전쟁(1337-1453) 후반에 프랑스를 위기에서 구한 영웅 잔 다르크는 "프랑스를 구하라"는 신의 음성을 듣고 고향을 떠나 영국군과 싸워 이기고, 샤를 황태자(훗날 샤를 7세)를 돕는다. 잔 다르크는 1429년 4월 29일 오를레앙에 도착하여 영국군에게 포위된 오를레앙을 5월 8일에 해방시킨다. 축제 기간은 이를 기념하여 매년 4월 29일부터 5월 8일까지 열흘간이다. 축제가 열리는 동안 오를레앙은 중세 분위기로 돌아가 2천여 명이 '잔 다르크'를 호위하고 중세의 행렬을 펼치고, 기마대 행렬이 있고 역사적인 서사극 등이 공연된다. 1945년부터는 매년 잔 다르크를 뽑는다.

3) 축제 스토리텔링의 구성

(1) 축제의 소재

축제를 만드는 데 먼저 해야 할 일은 축제의 소재를 찾는 일이다. 지역의 특산물, 설화, 역사적 사실, 지역의 인물, 자연환경 등 여러 가지가 축제의 소재가 될 수 있으므로 어느 지역이든 축제의 소재를 찾는 일은 크게 어려운 문제가 아니다. 세계적인 축제에서 사용되는 소재의 사례는 다음의 〈표〉와 같다.

● **소재별 축제사례**

소 재	축제 사례
(농업)특산물	프랑스 망통 레몬 축제, 미국 멘도타(Mendota)의 옥수수 축제, 금산 인삼제
(공업)특산물	앙뒤즈의 도자기 축제, 이탈리아 베네치아 카니발(가면), 일본 세끼 시의 칼(刀物)축제, 이천 도자기 축제
지역의 기후	파리 가을 축제, 캐나다 퀘백 겨울 축제, 일본 삿포로 눈 축제
꽃(식물)	쇼몽 쉬르 루아르 국제 정원 페스티발, 말레이시아 꽃 축제, 네델란드 튤립 축제
음식, 음료	보졸레 누보 축제, 독일 뮌헨 맥주 축제, 홍콩 요리 축제, 남도 음식 축제
역사적 사건 · 인물	잔다르크 축제, 캐나다 스트렛퍼드 세익스피어 축제, 남원 춘향제
문화 (연극,음악, 영화, 만화)	프랑스 아비뇽 페스티벌, 오랑쥬 합창제, 칸 영화제, 앙굴렘 국제 만화 축제

프랑스의 경우 〈망통 레몬 축제〉는 농업특산물인 레몬과 오렌지, 〈쇼몽 쉬르 루아르 국제 정원 페스티벌〉은 정원, 〈아비뇽 페스티벌〉은 연극, 〈앙굴렘 국제 만화 축제〉는 만화, 〈잔 다르크 축제〉는 잔 다르크라는 인물과 잔

다르크의 오를레앙 해방이라는 역사적 사건, 〈보르도 포도주 축제〉는 포도주가 축제의 소재이다.

지역축제에 주민의 적극적 참여를 유도하기 위해서는 지역민의 긍지와 자부심을 고양시킬 수 있는 소재를 가지고 축제를 개최할 필요가 있다. 대체로 지역의 특산물이나 역사적 인물 등이 여기에 해당된다. 중요한 것은 이러한 소재를 가지고 발상의 전환을 통해 창의적인 아이디어를 내는 것이다. 발상의 전환은 다른 관점으로 사물을 보고 생각하는 것이다. 소재에 대한 면밀한 관찰과 새로운 해석은 성공적인 축제 스토리텔링의 밑거름이 된다. 아무리 축제 소재가 좋아도 콘셉트나 주제를 생각하지 않고 스토리를 구성해 간다면 짜임새 있는 축제 스토리텔링 구성이 될 수 없다.

(2) 축제의 콘셉트

가장 어려운 일은 이러한 소재를 가지고 어떠한 콘셉트와 프로그램으로 축제를 만들어 나갈 것인가 하는 문제이다. 수많은 축제들 중에 다른 지역의 축제와 차별화하기 위해서 독창적인 콘셉트가 요구되는 것이다. 콘셉트Concept란 '어떤 시나리오를 가지고 어떻게 연출할 것인가?'에 대한 구상을 말한다. 축제의 성공여부는 대부분 이 단계에서 결정된다.

성공하는 축제 콘텐츠를 만들기 위해서는 우선 축제의 목표를 정립하고, 그 목표를 달성할 수 있는 주제와 콘셉트를 설정하고 이 콘셉트을 놓고 어떤 방식과 어떤 방향으로 이야기를 창조해낼 것인가를 세밀하게 연구해야 한다. 축제의 서사문화적 특성과 구조를 파악해야 하며, 그 지역의 독자성과 정체성을 인식한 뒤 콘셉트을 정해야 한다. 앙굴렘이라는 소도시가 만화라는 하나의 콘셉트에 몰입하여 운명이 바뀐 것은 결코 우연이 아니다. 〈앙굴렘 국제 만화 축제〉가 전 세계에 널리 알려져 유명하게 된 것은 앙굴렘 시당국과 시민들의 단합, 프랑스 정부와 만화협회의 적극적인 지원이 있었기 때문에 가능한 일이었다. 이제 앙굴렘은 만화 속의 경이로운 세계 그 자체가 되어 제9의 예술인 만화의 무한한 가능성과 비전을 보여주고 있다.

따라서 그 지역에 맞는 주제와 콘셉트를 찾기 위해서는 주변의 역사, 신화, 전설, 지리적 특징과 환경에 대하여 심도있게 알아보고 주제에 맞는 문화·예술적 감성을 충분히 넣어야 한다. 사람들을 즐겁고 행복하게 만들어 줄 문화콘텐츠를 찾아야 축제가 성공할 수 있기 때문에 무엇보다 다른 분야와의 연계가능성을 열어놓고 누구나 참여하는 개방정신, 새로운 공간을 추구하는 실험정신, 공연공간의 확장과 다변화, 축제 관람객과 참가자들과의 효율적인 만남을 염두에 두어야 한다.

〈망통 레몬 축제〉의 경우 레몬과 오렌지를 이용하여 어떤 콘셉트로 축제를 개최할 것인가가 문제였다. 망통 레몬 축제가 유명하게 된 이유는 레몬의 주산지라는 지역적 특성을 살려 레몬과 오렌지를 이용한 독특하고 화려한 볼거리를 창출해 낸 콘셉트에 있다. 우리나라의 농산물 축제에서 흔히 하듯이 그냥 농산물을 전시하거나 파는 행사를 축제로 여긴다면 축제로서의 의미가 없는 것이다. 그래서 망통 시에서는 여러 해 동안에 걸쳐 연구한 끝에 축제의 콘셉트를 농특산물을 이용한 대형 조형물을 만들어 공원에서 전시하고, 거리에서 퍼레이드를 벌이는 것으로 정하였다.

망통 레몬 축제의 이러한 콘셉트와 아이디어는 그저 나온 것이 아니다. 망통에서도 이전에는 니스 카니발과 비슷한 축제를 개최하였다. 그런데 한 호텔업자가 리비에라 호텔Hôtel Riviera의 정원에서 꽃과 감귤류를 이용한 전시회를 열면 좋겠다는 아이디어가 떠올라 실행에 옮겼다. 전시회는 많은 호응을 얻어 계속 이어졌다. 드디어 축제는 거리로 나오게 되었다. 작은 오렌지와 감귤나무를 실은 수레가 망통 사람들과 함께 거리를 행진하였다. 이렇게 되자 망통 시 당국에서는 이것을 관광상품으로 개발하는 것이 좋겠다고 판단하였다. 그래서 기존의 카니발에 지역의 독특한 색깔을 부여하는 방안을 연구하게 되었다. 이리하여 1934년에 망통 레몬 축제가 탄생하게 되었고, 2년 뒤부터는 비오베 정원에서 감귤류와 꽃으로 장식한 조형물들이 처음으로 전시된다. 한 호텔업자의 아이디어가 망통 축제를 오늘날처럼 세계 유일의 축제로 만든 계기가 되었다.

콘셉트를 구성하는데 다음과 같은 점을 고려한다.

a. 장르 : 음악, 춤, 연극, 영화, 퍼포먼스.

b. 공연방식 : 무대예술공연, 거리 축제(퍼레이드 포함), 전시

c. 참가방식 : 주최 측의 초청형, 참가 공모형, 자유참가 방식fringe

d. 경쟁여부 : 경연방식(일본의 마쯔리, 영화제, 콩쿨), 비경연

e. 출연진의 수준 : 세계 최고 수준의 전문성, 지역의 아마추어

콘셉트를 구성하는 데 중요한 것은 앞의 예에서 알 수 있듯이 보편적인 주제를 채택하면서도 동시에 독창적이어야 한다는 점이다. 보편성이란 누구나 공감할 수 있는 것이어야 한다는 뜻이며, 독창성이란 자신만의 독특한 정체성이다. 독창성이 없으면 다른 것과 비슷한 축제가 되고, 보편성이 없으면 일반인의 이해와 공감을 얻기 어렵다. 독창적인 콘셉트를 얻기 위해서는 많이 보고, 많이 읽고, 많이 생각하고 서로 토론하는 과정에서 나오는 창의적인 발상이 중요하다. 창의적인 것이란 유일하거나The only one, 처음으로 시도되거나The first one, 질적으로 우수한 것The best one을 의미한다.

(3) 축제의 주제와 프로그램

축제에서 주제는 프로그램 구성의 방향을 제시해 주고, 해마다 변화와 특색을 주어 재방문력을 높이는 역할을 한다. 또한 사람들의 관심을 유발하는 핵심 키워드이기도 하다.

주제선정의 바람직한 원칙으로 첫째, 주제는 축제의 메인프로그램과 관련된다. 일반적으로 축제는 여러 장르의 다양한 프로그램이 있으므로 공연이나 전시 등의 핵심 프로그램과 관련하여 정한다. 둘째, 주제는 전시와 퍼레이드, 개 · 폐막식 공연 등에 주로 적용된다. 셋째, 주제는 콘셉트를 실현하고 전시나 공연 등의 프로그램을 구성하는 방향을 제시해 줄 수 있어야 한

다. 또한 어떤 팀을 초청하는 것이 좋을지를 정하는데 도움을 줄 수 있어야 한다. 넷째, 주제는 너무 추상적이거나 너무 구체적이지 않아야 한다. 너무 추상적인 주제는 프로그램 구성의 방향을 제시해주지 못해서 주제를 위한 주제가 되기 쉽고 관객에게도 아무런 감흥을 주지 못한다. 이에 비해 너무 구체적인 주제는 범위가 좁아서 다양한 프로그램 구성을 제한하는 요소가 되고, 창의성을 발휘하는데 장애가 된다. 다섯째, 주제는 누구나 공감할 수 있어야 한다. 혐오감을 느끼거나 일부의 마니아만 좋아하는 주제는 바람직하지 않다. 주제를 들으면 '한번 가보고 싶다'는 느낌이 들 수 있어야 한다.

축제에 따라 주제가 있는 경우도 있고 없는 경우도 있다. 프랑스의 〈니스 카니발〉이나 〈망통 레몬 축제〉와 하얼빈 〈빙등제〉, 삿포로 〈눈축제〉 등의 전시형 축제는 주제를 선정한다. 그러나 자유로운 창의적 발상을 중요시하는 에딘버러 〈프린지 축제〉나 〈아비뇽 페스티벌〉의 자유참가부문(off)에는 주제가 없다. 주제가 있는 경우에도 주제가 매년 일정한 경우도 있고, 해마다 주제를 달리하는 경우가 있다.

프랑스 〈니스 카니발〉의 주제는 '왕'이다. 니스 카니발의 주제를 왕으로 정한 것은 니스 카니발의 역사와 관련이 있다. 1829~1830년 사이의 겨울에 사르디니아 왕국의 왕 샤를르 펠릭스Charles Felix와 왕비 마리 크리스틴Marie Christine이 니스에 와서 체류하였다. 그 당시 니스 지역은 사르디니아 왕국의 통치 하에 있었다. 당시 지역의 유지들은 카니발 기간 중에 거대한 퍼레이드 행렬을 만들어 군주에게 존경을 표시하고 그를 즐겁게 해주기로 하였다. 이리하여 살레야 광장에서 처음으로 축제 페레이드가 시작되었다. 이때부터 축제의 중심 주제가 왕으로 정해지고 해마다 왕의 이름은 달라진다. 2000년 이후 왕의 이름을 보자.

2000	오딧세이 왕Roi des Odyssées.com
2001	세 번째 천년의 왕Roi du IIIe millénaire
2002	유로랜드의 왕Roi de l'Euroland
2003	희극의 왕Roi de la coMédi@
2004	클론느리의 왕Roi de la Clonerie
2005	광인나라의 왕 메르다이유와 코르니페탕Roi du fol climat Merdaille et Cornipétant
2006	속임수에 잘 넘어가는 왕Roi des Dupes
2007	혼혈 대왕Roi de la Très Grande M l e
2008	라타피냐타 왕과 라미나그로비 그리고 또 다른 가면 쓴 쥐들의 왕 Roi des Ratapignatas, Raminagrobis et autres ramassis de rats masqués
2009	가장 행렬의 왕Roi des Mascarades
2010	파란 행성(지구)의 왕Roi de la Planète Bleue
2011	지중해의 왕Roi de la Méditerran e
2012	스포츠의 왕Roi du Sport
2013	5대륙의 왕Roi des 5 continents
2014	요리의 왕Roi de la Gastronomie
2015	음악의 왕Roi de la Musique

2000년의 주제는 '오딧세이 왕Roi des Odyssées.com'이었다. 기원전 9세기경 그리스 시인인 호메로스의 서사시 『오딧세이』는 '오딧세우스의 노래'라는 뜻으로, 오딧세우스가 트로이 전쟁이 끝난 후 고향인 이타케로 돌아가는 과정을 그린 것이다. 『오딧세이』는 자연의 거대한 힘이나 신들의 미움과 질투도 오딧세우스의 사랑을 막지 못하고, 정적들의 음모와 간계를 물리치고 끝내 사랑을 되찾는다는 휴머니즘적 영웅담이다. '오딧세이 왕'을 2000년 니스 카니발의 주제로 선정한 것은 아마도 서양의 2000년을 오딧세이의 20년간에 걸친 모험과 사랑에 비유하여 21세기에 펼쳐질 격동의 사건들과 희망을 나타내려는 의도로 볼 수 있다. 한편 2002년 니스 카니발의 주제는 '유로랜드 왕Roi de l'Euroland'이었다. 그 이유는 2002년 1월 1일부터 유럽연합의 단일통화인 유로

Euro가 전면적으로 통용되면서 명실상부한 유럽연합지역(유로랜드)이 출발한 것을 기념하기 위해서이다. 2012년 니스카니발의 주제는 '스포츠의 왕'이다. 이것은 2012년 런던 올림픽의 개최에 맞춘 것이다. 이처럼 니스 카니발은 해마다 그 해에 적합한 상징적인 주제를 내세워 축제를 개최한다. 니스 카니발은 지역의 오랜 전통을 바탕으로 한 민속 문화를 독자적인 프로그램으로 개발에 성공하여 예술성과 그 지역민의 정신이 살아 있는 축제로 승화시킨 사례이다.

▲ 2014년 망통 레몬 축제 포스터

〈망통 레몬 축제〉는 어린이들에게 잘 알려져 있는 동화 속의 이야기를 주제로 매년 바꾸는 것을 원칙으로 하고 있다. 사람들에게 잘 알려져 있고 특히 어린이들이 좋아하는 재미있는 동화들을 주제로 설정하고 이를 시각화하여 오렌지와 레몬만을 이용한 대형 전시물들을 이 축제에서만 볼 수 있다는 점을 부각시켰다.

▲ 2014년 망통 레몬 축제 〈문어〉

▲ 2011년 망통 레몬 축제 〈스핑크스〉

▲ 2012년 망통 레몬 축제 〈프랑스 지역〉

● 망통 레몬 축제의 주제와 조형물 설치

개최연도	주제	조형물
2007년	인도	타지마할 궁전, 부처상, 벵골호랑이, 코끼리
2008년	세계의 섬	섬들, 배, 리우 예수상
2009년	세계의 음악	물랭루즈, 락큰롤, 칸츄리 하우스
2010년	영화	영화촬영 셋트, 킹콩, 서부 영화, 인디언, 역마차
2011년	거대문명	피라밋, 스핑크스, 클레오파트라와 안토니우스, 악티움 해전, 로마 병사, 로마 문명
2012년	프랑스 지역	파리 등 프랑스 지역
2013년	80일간의 세계일주	인도, 중국, 일본, 미국의 풍물 등
2014년	해저 20000리	잠수함, 문어, 거대 물고기 등

2. 축제와 마케팅

마케팅이란 소비자의 욕구를 규명해내고 이익을 내면서 이들 욕구를 만족시키기 위하여 제품이나 서비스를 개발하고 배분하며 판매를 촉진시키고 가격을 결정하는 일련의 활동을 말한다. 축제에서 마케팅은 성패의 열쇠라고 말하여도 지나치지 않다. 축제는 그 특성이 감성에 호소하는 상품으로서, 소비행위 자체가 하나의 이벤트이자 경험추구의 대상이다. 따라서 무엇보다도 마케팅 개념의 도입이 필요하다. 따라서 의도적이든 그렇지 않던 간에 축제 소비자의 심리를 파악하고 그에 맞는 적절한 마케팅 전략을 구사한 축제는 성공하고 그렇지 못한 축제는 실패하기 마련이다. 과거에 인기 있고 유명하던 축제도 시대의 변화에 따른 소비자의 선호를 따라가지 못하면 쇠퇴하고, 반대로 인기 없던 축제도 소비자의 선호를 반영한 마케팅 전략을 구사하면 성공한 축제로 거듭날 수 있다. 기업들이 스포츠 행사에 공을 들이는 이유는 투자대비 그 효과가 엄청나게 크기 때문이다. 예를 들어 F1은 세계 4대 스포츠 이벤트의 하나로 전 세계에서 약 6억 명이 중계방송을 시청한다. 이러한 스포츠 마케팅을 통해 기업들은 브랜드 인지도를 높인다.

1) 바람직한 마케팅 전략

그렇다면 바람직한 마케팅 전략을 구사하기 위해서는 어떻게 해야 하는가? 먼저 목표시장을 설정하고 잠재고객의 욕구를 파악하려는 노력이 선행되어야 한다. 즉 축제 소비자, 축제 방문객, 관광객들로 불리는 축제 참가자들의 욕구에 부응하기 위한 프로그램을 구성하고 고객들의 만족을 극대화할 수 있도록 기획된 마케팅 전략이 매우 중요하다. 이를 위해서는 축제 소비자들의 성향을 파악하는 것은 물론이고 휴가기간이나 여행기간을 파악하고 객관적이고 철저한 사후 만족도와 불만사항들을 조사하여 다음 축제에 참고하는 등 축제 기간에 발생할 수 있는 문제점들을 최소화해야 한다.

(1) 니스 카니발의 마케팅 전략

〈니스 카니발〉의 마케팅전략은 카니발의 개최시기와 프로그램을 보면 알 수 있다. 니스 카니발은 프랑스의 겨울방학 기간에 열린다. 프랑스의 겨울방학은 약 3주간 계속된다. 휴가객들이 한꺼번에 몰리는 것을 방지하기 위해 프랑스 전역을 A, B, C군으로 나누어 순차적으로 방학에 들어간다.

니스 카니발의 핵심 프로그램은 꽃마차 퍼레이드, 빛의 행렬, 가장행렬 세 가지이다. 이들 핵심 행렬은 수요일, 토요일, 일요일에 배치된다. 토요일과 일요일에 주요 행사를 배치한 것은 이해할 수 있으나 수요일에 꽃마차 퍼레이드라는 주요 행사를 넣은 것은 의아스럽다. 그러나 그 이유는 간단하다.

프랑스에서 수요일은 학교 수업이 없는 날이기 때문이다. 학교가 쉬는 날이므로 사람들이 많이 올 수 있다. 그러나 직장은 근무하는 날이므로 토요일에 비해서는 아무래도 관광객이 적게 올 수 밖에 없다. 그래서 수요일은 토요일에 비해 입장료를 약 20% 싸게 받고 있다.

행사 개최 시간도 유심히 살펴볼 필요가 있다. 꽃마차 퍼레이드와 가장행렬은 각각 오후 2시 30분에 시작한다. 왜 오후 2시 30분인가? 그것은 축제기간 중 밤늦도록 놀다가 아침 일찍 일어나기 힘들기 때문이다. 느지막이 일어나서 점심식사를 여유 있게 하고 퍼레이드를 보려면 오후 2시 30분이 가장 이상적인 시간이라는 것을 그들은 오랜 경험으로 터득한 것이다. 또한 외지에서 오는 관광객이 도착하는 데 필요한 시간도 고려했기 때문이다.

(2) 〈보졸레 누보〉 축제의 마케팅 전략

프랑스 유명 포도주 축제 중에 〈보졸레 누보Beaujolais Nouveau 축제〉가 있다. 보졸레 누보의 Nouveau('누보' 라고 발음함)는 '새로운'을 뜻한다. 보졸레 누보 포도주가 유명하게 된 것은 품질 자체가 뛰어나서 그런 것이 아니라 탁월한 마케팅 덕분이다.

▲ 2012년 보졸레 누보 포스터

보졸레 누보는 프랑스 남부 부르고뉴의 보졸레 지방에서 그해 첫 수확한 포도를 4~6주정도 단시간에 숙성시켜 만든 포도주이다. 가메Gamay라는 품종의 포도로 양조하는 이 포도주는 발효과정이 다른 포도주보다 짧아 장기간 숙성시킨 다른 포도주처럼 깊은 맛을 낼 수 없는 약점을 가지고 있었다. 이 때문에 1950년대까지 비스트로나 조그만 술집에서 파는 싸구려 포도주였다.

▲ 2014년 보졸레 누보 포스터

이러한 상황에서 포도경작자인 조르주 디뵈프Georges Dubœuf는 다양한 마케팅 전략을 구사하고 전개하여 보졸레 누보를 전 세계에 같은 날 동시에 출시하여 전 세계인이 동시에 마시는 세계적인 축제로 만들었다. 1951년 11월 13일 처음 시작된 〈보졸레 누보 축제〉는 2차 세계대전 직후 와인에 굶주린 보졸레 지방 사람들이 그해 처음 생산된 햇포도로 즉석에서 만들어 마신 데서 유래되었다. 그 해 수확된 첫 번째 포도주를 마실 수 있다는 기대심리를 이용한 보졸레 누보 축제는 1969년부터 생겨난 'Le Beaujolais Nouveau est arrivé!'('보졸레 누보가 도착했습니다!')라는 슬로건과 함께 전통적인 세계 포도주 축제로 자리 잡았다. 이 슬로건은 2005년, 2006년, 2007년에 보졸레 누보의 세계화를 상징하는 영어로 된 슬로건 'It's Beaujolais Nouveau Time.'('보졸레 누보 시간이다')이 되었다가, 2008년에는 'Le nouveau est arrivé.'('새 포도주가 도착했습니다')라는 슬로건이 다시 생겼다.

보졸레 누보는 매년 11월 셋째주 목요일 0시를 기해 전 세계에서 동시에 판매를 시작하는 독창적인 마케팅 전략으로 엄청난 경제적 수익과 가치를 창출하고 있다. 보졸레 누보는 이 시간이 되기 전에는 판매하지 못하도록 규제하고 있다. 이를 위해 보졸레 누보를 경주용 자동차, 헬리콥터, 비행기 등 가장 빠른 교통수단들을 이용하여 전 세계로 경쟁하듯 운송함으로써 이슈화를 만들고 그해 가장 먼저 맛보는 포도주라는 이미지를 강화하였다. 이러한 독특한 마케팅 방식에 힘입어 매년 이맘 때가 되면 프랑스뿐만 아니라 전 세계에서 그해에 생산된 포도로 만든 포도주를 동시에 마시는 보졸레 누보 연례행사를 진행한다. 미국에서는 보졸레 누보를 1주일 뒤에 있는 추수감사절 음료로 할인 판매하는 전략을 구사하고 있다.

이러한 마케팅의 노력으로 보졸레 누보는 연간 약 6천만 병의 생산량 중 50%가 해외에서 소비되고 있다. 보졸레 누보 축제의 성공은 제품 고유의 약점을 강점으로 전환하는 역발상 전략과 철저한 유통 및 판매 관리, 소비자의 기대심리를 자극하는 치밀한 전략 등 다양한 마케팅 전략이 한데 어우러져 이루어낸 결과라고 할 수 있다.

2) 축제 마케팅의 방향

결국 축제에서 마케팅이란 소비자의 마음을 정확히 읽어내고, 어떻게 소비자를 즐겁게 하는 콘텐츠를 연출할 것인가의 문제라고 할 수 있다. 일반적으로 마케팅이란 '어떤 상품이나 용역이 생산자로부터 소비자에게 전달되는 과정에 포함된 모든 활동들'이다. 즉 마케팅이란 생산한 상품을 소비자에게 효율적으로 전달하기 위한 방법이다. 문화콘텐츠와 관련된 축제 마케팅이란 이야기나 주제가 있는 상품을 소비자에게 잘 전달하는 방법이다. 즉 축제가 기획되는 단계부터 시작하여 완성된 뒤, 소비자에게 널리 알리거나 시장을 확대하기 위해 행하는 모든 활동들이다.

저명한 리서치 애널리스트 미들턴Middleton은 마케팅 리서치에 대한 목록을 시장분석, 예견, 고객조사, 상품과 가격연구, 촉진과 판매 연구, 분배연구, 그리고 실행측정 등 6가지로 설정하였다. 축제 마케팅은 당장의 판매에 집중하는 마케팅이 아니라 관계를 키워나가는 마케팅을 필요로 한다. 마케팅의 성공 여부는 단순히 상품교환의 성사에 있는 것이 아니라 시간, 에너지, 감성 등의 자원을 포함하는 가치 창출의 관계를 형성하는 데 있다. 따라서 축제문화콘텐츠를 기획·제작한 후에 적극적인 홍보나 광고를 통해 유통시키고 배급해야 한다.

최고의 마케팅은 좋은 축제 콘텐츠를 만들어 보여 주는 것일 뿐만 아니라 특별한 상황을 즐기기 위해 참가한 관람객들에게 축제 콘텐츠 이외의 외적인 서비스를 철저하게 제공하고 재방문을 유도하는 것이다.

3. 문화산업과 문화상품

세계적인 경영학자 피터 드러커Peter Ferdinand Drucker는 '21세기는 문화산업에서 각국의 성패가 결정될 것이며 최후의 승부처는 바로 문화산업이다'라고 말한 바 있다. 문화산업은 단어자체가 문화라는 요소와 산업이라는 경제적 요소의 이중성을 이미 속성상 지니고 있다. 즉 문화산업은 문화와 예술 분야에서 창작되거나 상품화되어 유통되는 모든 단계의 산업을 의미하며, 문화콘텐츠의 기획, 개발, 제작, 생산, 유통, 소비 등과 관련된 유무형의 재화와 서비스로 정의할 수 있다. 문화적 재화는 저작권이 보호되고, 개인적 · 집단적인 창의성의 결과로 비롯되며, 산업적인 방식과 대량 확산의 방법으로 증대되고 재생산될 수 있는 것이다. 그리고 문화적 실천에 영향을 주는 집단적인 동질성을 만들고 퍼트리는데 이바지하고, 유쾌한 사상, 상징적인 가치, 일상생활양식 등에 대해 정보를 전하는 소비재이다. 문화적인 서비스는 물질적인 자산의 형태를 지니지 않고 문화적인 질서나 사상에 부응하여 문화적 실천을 전하는 것이다. 또 문화산업은 책, 잡지, 영화, 비디오물, 오디오비주얼 시리즈, 멀티미디어 콘텐츠, 소프트웨어 관련물, 장인들의 전통 공예품, 디자인, 게임, 광고, 애니메이션, 캐릭터 상품, 문화재, 방송 영상물, 축제 등 문화 상품과 관련된 산업이며, 창의성의 활용을 통해 문화 · 예술을 상품화하여 대량생산과 대량 소비가 가능한 산업이다.

문화 상품이란 일반 상품과는 달리 한 나라의 정서와 가치 등이 종합적으로 함축되어 있는 상품으로 그 사회 구성원의 정체성과 생활양식을 반영한다. 문화상품의 범위는 상품 자체가 속해 있는 문화산업의 개념적 시각에 따라 범위도 다양하다. 예를 들면 축제는 하나의 거대한 문화콘텐츠이자 문화상품이다. 축제가 창의적이고 종합적인 지식과 경험을 통해 매력적인 문화상품이 되기 위해서는 적절한 전략이 필요하다. 문화콘텐츠 자체가 아무리 우수해도 축제라는 문화상품이 사람들에게 외면 받는다면 수익을 창출할 수 없다. 문화상품의 흥행과 판매는 축제에 있어서 늘 중요한 이슈가 된다.

1) 문화 산업

첨단산업기술을 바탕으로 인류의 미래를 주도할 여섯 가지 분야는 IT(Information Technology), BT(Biology Technology), NT(Nano Technology), CT(Culture Technology), ST(Space Technology), ET(Environment Technology) 기술이다. 이 중에서 창조적 융합기술로 대표되는 CT는 문화culture와 기술technology이 상호 융합하여 만든 복합어로 인문학, 사회학, 경영학, 공학, 예술 등 여러 분야의 지식, 노하우가 포함된 복합적인 기술이며, 미래의 유비쿼터스 사회를 실현시키는 핵심동력이다. 유비쿼터스 사회가 실현되면 언제anytime, 어디서나anywhere, 기기나 네트워크에 구애됨이 없이any device, any network, 어떤 콘텐츠anything일지라도 제공 받을 수 있게 된다. 콘텐츠 간 결합과 산업들의 혼합으로 상상세계가 기술과 예술의 결합으로 현실이 되는 시대가 다가온 것이다. 따라서 CT는 인류의 문화적 삶의 질을 향상시키는 총체적인 기술이다.

문화콘텐츠 산업은 고도성장 분야로서 그 개념이 확실하게 정립되지 않아 국가별로 명칭이 상이하다. 넓은 의미에서 미국은 Information Industry 또는 Entertainment Industry, 영국은 Creative Industry, 일본은 Contents Industry, 중국은 창의(創意)산업, 프랑스는 Industrie culturelle라 부른다. 프랑스는 유럽 국가들 중에서도 문화적 자산과 긍지가 매우 높은 국가로서 현재 축제, 영화, 패션, 디자인 등의 문화·예술 분야에 신기술을 접목해 문화콘텐츠 강국으로 도약하기 위해 많은 노력을 쏟고 있다.

이론적으로 상품의 대량생산과 시장판매에 연결된 자본주의적 생산원리에서 비롯되는 문화산업의 역효과를 비판하는 정치·경제학적 관점을 펼치는 학자들은 문화산업이 이윤 획득을 목표로 문화산업의 생산 주체에 의해 하나의 상품으로 대량 생산되어 시장 판매되는 것으로서 자본의 확대 재생산을 위한 생산영역에 따른 결과물로 간주하여, 문화적 산물의 생산에 자본주의적 생산원리와 생산관계가 침투하며 그 소비양식에서 소외현상이 발생하여 기존 체제를 강화하는 이념을 생성한다고 주장한다. 반면 문화산업이 문화발전과 문화의 민주주의 실현에 크게 기여할 것이라고 생각하는 자유주의 경제학적인 관점을 지닌 학자들은 문화산업으로 대중은 많은 문화지식과 정보를 획득할 수 있고, 창조적인 예술가들의 작품이 대중과 접하는 기회가 확대되어 문화적 도약 수단으로 활용될 수 있다고 낙관적인 견해를 펼친다.

2) 스토리텔링과 문화상품

21세기는 미디어의 발달로 문화콘텐츠를 담는 그릇들이 다양하게 존재하고 있다. 문화가 내용물이라면, 그것을 표현하는 방법은 그릇이다. 시대가 바뀜에 따라 그 내용물이 변하면 그것을 담아내는 그릇도 바뀐다. 또한 그릇이 달라져도 거기에 담기는 콘텐츠가 변화한다. 따라서 기술과 콘텐츠는 따로 떼어놓고 생각할 수 없는 쌍방향적인 관계이다. 매체의 특성과 효과를 잘 아는 문화콘텐츠 전문가들은 문화와 기술이 융합되는 분야의 형식상의 차이를 잘 고려해서 해당 장르에 맞게 원형의 콘텐츠를 잘 변화 · 활용해야 한다. 창의성과 아이디어가 핵심인 축제문화콘텐츠산업은 지식 산업을 기반으로 OSMU 등을 통한 작품화, 상품화, 서비스, 유통 등에서 생산자와 소비자 간의 상호작용에 의한 기술혁신을 이루어야 한다.

좋은 문화상품을 만들기 위해서는 문화의 원형을 재발견하고 늘 새롭고 창조적인 방향으로 생각해야 한다. 그리고 축제 참가자에게 정신적인 만족감과 행복감을 느끼게 하는 문화 상품을 창작 · 기획해야 하며, 소비자의 요구에 부합하는 다른 것들과는 차별화되는 독특한 특징이 부여되어야 한다. 문화상품은 생산과 판매라는 기본적인 시장원리 하에서 그 지역의 독특한 문화를 담아야 한다. 즉 그 지역에서 살면서 느끼는 것들이나 전해내려오는 이야기들을 형상화시켜야 한다.

축제 분야에서 문화상품이라고 하면 스토리텔링에서 탄생한 축제 캐릭터의 상품화가 가장 먼저 떠오를 것이다. 축제 캐릭터 상품은 관람객들에게 축제가 끝난 뒤에도 당시의 체험이나 이야기를 떠올리게 하며 감동이나 추억을 전달한다. 이렇게 매력적이고 우리의 감성을 움직이는 문화상품은 축제의 가치를 높이고, 축제의 분위기를 긍정적으로 확산시킨다.

스토리텔링과 문화상품의 상관관계를 알아보자.

현대인들은 상품자체를 찾는 것이 아니고 상품에 담겨있는 비물질적인 문화나 정신이 담긴 이야기를 찾는다. 이러한 이야기를 창조하기 위해서는 각 지역의 독특한 문화적 특성을 자세하고도 정확하게 파악한 뒤, 축제에 대한 이해와 상상력을 펼치는 것이 우선되어야 한다. 그리고 창작 소재의 콘셉트를 염두에 두고 재미있고 다양한 이야기와 아이디어로 축제의 주제를 드러내는 문화 상품을 구상하여야 한다. 문화상품은 문화적 욕구를 지닌 관객을 대상으로 역사적, 교육적, 체험적 효과가 반영된 것으로 재미와 몰입을 불러일으키면서 품질과 품격, 사용가치와 문화가치가 동시에 반영된 이야기가 담겨 있는 상품이어야 한다.

이야기와 이미지의 결합체로서 문화상품은 축제의 공급자와 수요자 간의 소통을 이어준다. 축제 수요자인 소비자에게 꿈과 감성을 불러일으키는 캐릭터를 이야기해주고, 상상세계의 캐릭터를 예술과 그래픽 디자인 기술에 결합시켜 현실 속의 인물로 만들어주는 구현 작업이 필요하다. 이야기가 들어 있는 축제 캐릭터는 해당 축제의 주제가 반영된 이미지 메이킹 상품이기 때문이다. 또한 축제 소비자에게는 잊지 못할 추억의 매개체라는 중요한 의미를 지닌다. 더욱이 캐릭터 상품의 개발은 축제의 수명을 길게 하고, 지역경제 활성화에 도움을 준다. 그리고 축제 소비자들의 높은 인지도를 이용하여 다양한 분야에서 응용하고 활용하여 캐릭터를 대중화시키고 경제적 부가가치를 올릴 수 있다. 결국 축제 소비자는 상품을 사는 것이 아니라 이야기

▲ 칸 영화제 포스터

와 이미지를 사는 것이다.

성공적인 축제는 쉽게 기억될 수 있는 슬로건과 로고를 이용한다. 매년 하짓날인 6월 21일 일제히 열리는 〈음악 축제〉의 슬로건은 "Faites de la musique. Fête de la musique."(음악을 연주하시오. 음악축제. '페뜨 드 라 뮈지끄. 페뜨 드 라 뮈지끄.'로 발음함)이다. 이를 프랑스어로 읽으면 두 문장의 발음이 똑같아서 쉽게 기억되는 슬로건으로 만든 것임을 알 수 있다. 〈칸 영화제〉의 로고는 칸을 상징하는 종려나무의 잎사귀이다. 화가이며 작가인 장 콕토Jean Cocteau가 디자인한 이 로고는 타원형 중심에 종려나무의 잎사귀가 그려져 있다. 상황에 따라 필름 모양의 로고를 함께 사용하기도 한다. 로고의 하단에 반드시 'FESTIVAL DE CANNES'라는 글귀를 넣어야만 하는 원칙이 있다. 이 영화제 최고상의 이름도 〈황금종려상Palme d'or〉이다.

이상에서 살펴본 바와 같이 프랑스에는 문화 · 예술 축제, 종교 축제, 산업 축제, 스포츠 축제, 역사 축제 등 축제로서 세계적으로 명성을 날리고 다른 나라에 성공 사례로 비추어진 수많은 축제가 있다. 전 세계에서 관광객을 불러들이는 성공적인 문화콘텐츠로서 축제는 반드시 창의적인 콘셉트와 모든 문화산업 분야에 적용이 가능한 스토리텔링이 있으며, 경쟁력이 높은 마케팅 전략이 있다. 축제의 성격, 축제 운영단체의 홍보나 마케팅, 재정자립도, 활성화 방안 연구와 축제 경영마케팅에 대한 전문적 지식과 공연장소의 확보 등 면밀하게 계획된 축제는 지역경제 활성화에 도움을 주고, 나아가 축제 참가자들에게 카타르시스를 느끼게 해주며, 사회구성원들 사이의 유대관계를 긴밀하게 만든다.

축제는 일상의 탈출이며, 미래에 대한 꿈이다.

참고문헌

참고문헌

● **축제에 관한 참고문헌**

김규원, 『축제, 세상의 빛을 담다 (색으로 보는 유럽축제 이야기)』, 시공사, 2006.
김동혁, 『관광과 축제이벤트론』, 신지서원, 2000.
김선형, 『공연 축제 콘텐츠 개발』, 경남대학교출판부, 2009.
김승현, 『축제 만들기』, 열린책들, 2000.
김영순 외, 『문화콘텐츠 마케팅의 이해』, 북코리아, 2010.
김춘식 · 남치호, 『세계 축제경영』, 김영사, 2002.
김홍수, 『축제와 문화 거버넌스』, 한국학술정보, 2007.
남덕현, 『축제와 문화적 본질』, 연세대학교출판부, 2006.
남치호, 『문화자원과 지역정책』, 대왕사2007.
류정아, 『축제인류학』, 살림, 2003.
류정아, 『축제인류학』, 살림, 2003. (살림지식총서 14)
마이클 이, 『세계의 축제 문화기행』, 평단문화사, 2003.
박종호, 『유럽음악축제 순례기』, 한길아트, 2005.
베니야만, 서상원 역, 『유럽에 빠지는 즐거운 유혹2(축제와 문화 편)』, 스타북스, 2006.
신동호, 『축제로 만드는 창조도시』, 한울아카데미, 2009.

오비디우스, 천병희 역, 『로마의 축제들』, 숲, 2010.
와우밸리편집부, 『사계절 세계의 축제』, 와우밸리, 2001.
울리히 쿤 하인 저, 심희섭 역, 『유럽의 축제』, 컬처라인, 2001.
원융희, 『세계의 축제문화』, 백산출판사, 2003.
유럽문화정보센터, 『축제와 문화』, 연세대학교출판부, 2003.
윤선자, 『축제의 문화사』, 한길사, 2008.
윤선자, 『축제의 정치사』, 한길사, 2008.
이영진 · 권대웅, 『문화와 관광』, 학문사, 1999.
이장춘, 『최신관광자원학』, 대왕사, 1998.
이정학, 『축제이벤트』, 대왕사, 2008.
이종영 · 구동모 역, 필립코들러 지음, 『내고장마케팅』, 삼영사, 1997.
장 뒤비뇨 저, 류정아 역, 『축제와 문명』, 한길사, 1998.
정강환, 『이벤트관광전략』, 일신사, 1996.
정경훈, 『문화이벤트 연출론』, 대왕사, 2001.
정경훈, 진종훈, 『축제와 이벤트』, 글누림, 2006.
정근식, 『축제 민주주의 지역 활성화』, 새길, 1999.
정선주, 『세계의 축제』, 삼성출판사, 2005.
조성애, 『축제문화의 제현상』, 연세대학교출판부, 2006.
허용선, 『환희와 열정의 지구촌 축제기행』, 예담, 2003.
Greg Richards 저, 조명환 역, 『문화관광론』, 백산출판사, 2000.

● **프랑스 참고문헌**

Anne-Marie Autissier, *L'Europe des festivals: de Zagreb à Édimbourg, points de vue croisés*, Editions De L'attribut, 2008.

J. de Spiegeleer, R. Sinjan, J. van Dijck, *Les vacances, la plus grande des fêtes françaises*, Tjeenk Willink/Noorduijn, 1976.

Christel Taillibert, *Tribulations festivalières: les festivals de cinéma et audiovisuel en France*, L'Harmattan, 2009.

Pascal Roland, Damien Féménias, et Collectif, *Un festival sous le regard de ses spectateurs : Viva Cité, le public est dans la rue de Betty Lefèvre*, L'universite De Rouen, 2008.

Charles Peytavie, Nol Hautemanière, Philippe Benoist, Éric Teissèdre, *Fêtes et traditions*

populaires en Languedoc-Roussillon et Aveyron.
Serge Panarotto, *Fêtes en Provence : Alpes du sud et Côte d'Azur [Broché]*.
Aoun Josiane, *Guide des fêtes et folklores de France [Broché]*.
Isabelle Mathez, *La France en fêtes*.
Véra Dupuis, *Jeux, fêtes et traditions populaires du Nord*.
R. et S. Michaud, *Guide des fêtes gourmandes en France 2003*.
Emmanuelle Souchet, Nicole Ballon, Linda Castagnie-Wuilleme, Geneviève Ouvrard, *Pays de la Loire*.
M. Nilsen-Morken, T. Merete Stenklov, *Noël en fête*.
Jean-Pierre Pernaut, *La France en fête*.
Emanuele Scorcelletti, Jeanne Moreau, *Le festival de Cannes*.
Jaak Dreesen, Soetkine Aps, *La fête des chiffres*.
Laurent Sébastien Fournier, Dominique Crozat, Catherine Bernie-Boissard, Claude Chastagner, *La fête au présent : mutations des fêtes au sein des loisirs*.
Festival d'Aix-en-Provence, 1948-2008.
M. Chaulet, F. Guignard-Perret, *Lyon fête des lumières*.
Anne-Marie Green, *Un festival de théàtre et ses compagnies : le off d'Avignon*, L'Harmattan, 1992.
Maurice Raphaël, *Le Festival : De deux choses l'une*, E. Losfeld, 1969.
Claude Gaignebet, Marie-Claude Florentin, Le carnaval : *essais de mythologie populaire*, Payot, 1974.
Oleg Kochtchouk, *Carnaval : rites, fêtes et traditions*.
Anne Lombard-Jourdan, *Aux origines de carnaval : un dieu gaulois ancêtre des rois de France*.

● 축제 관련 사이트

http://www.festival-avignon.com
http://www.fetes-de-france.fr/toutes-les-fetes-de-france.htm
http://www.linternaute.com/sortir/evenement/
http://www.francefestivals.com/tous-les-festivals.html
http://leguidedesfestivals.com/index.php?page=calendrier